山東大學中文論叢

Shandong University Journal of Chinese Language and Literature

袁行霈题

《山东大学中文论丛》编辑部 编

山东人民出版社 · 济南
国家一级出版社 全国百佳图书出版单位

图书在版编目（CIP）数据

山东大学中文论丛. 第6辑/《山东大学中文论丛》编辑部编. --济南：山东人民出版社，2021.8
ISBN 978-7-209-10326-8

Ⅰ.①山… Ⅱ.①山… Ⅲ.①社会科学-文集 Ⅳ.①C53

中国版本图书馆CIP数据核字(2021)第145088号

山东大学中文论丛　第6辑
SHANDONG DAXUE ZHONGWEN LUNCONG　DI 6 JI
《山东大学中文论丛》编辑部　编

主管单位　山东出版传媒股份有限公司
出版发行　山东人民出版社
出 版 人　胡长青
社　　址　济南市英雄山路165号
邮　　编　250002
电　　话　总编室（0531）82098914
　　　　　市场部（0531）82098027
网　　址　http://www.sd-book.com.cn
印　　装　山东省东营市新华印刷厂
经　　销　新华书店

规　　格　16开（185mm×260mm）
印　　张　15.25
字　　数　270千字
版　　次　2021年8月第1版
印　　次　2021年8月第1次
ISBN 978-7-209-10326-8
定　　价　48.00元

目 录

封面人物

古原子能说

吕　荧

一

先秦诸子学说中有一家，迄今所知甚少，即阴阳学家。《史记·太史公自序》论六家要旨，曰："易大传，天下一致而百虑，同归而殊途。夫阴阳、儒、墨、名、法、道德，此务为治者也。"六家之中，阴阳家为首，可见其在当时之重要。唯此家著作失传久矣，研究甚有困难。近日读《易》偶得，方知斯学即阴阳电子、离子、原子之学，亦即水、火、木、金、土五行之学。吾人均知古希腊哲人泰勒斯（Thales）约于公元前六世纪倡水为万物原始之学说。其后赫拉克里特斯（Heraclitus）[①]约于公元前五世纪主火为万物原始，倡变化之学说。最后德谟克里特斯（Democritus）[②]约于公元前四世纪初建立古原子学说。故中国古代哲人格物致知，穷其变化本原，创此一学，实极自然，至其年代则远在希腊学者之前。若据《周书·洪范》篇言之，"天乃锡禹洪范九畴，彝伦攸叙"，约于公元前二千年顷阴阳之学已大备。

阴阳之学以学派名，始于战国时齐之邹衍。《史记·孟子荀卿列传》："驺衍，后孟子。驺衍睹有国者益淫侈，不能尚德，若《大雅》整之于身，施及黎庶矣。乃深观阴阳消息而作怪迂之变，《终始》《大圣》之篇十余万言。其语闳大不经，必先验小物，推而大之，至于无垠。先序今以上至黄帝，学者所共术，大并世盛衰，因

① 今译作"赫拉克利特"。

② 今译作"德谟克利特"。

载其禨祥度制，推而远之，至天地未生，窈冥不可考而原也。……称引天地剖判以来，五德转移，治各有宜，而符应若兹。……然要其归，必止乎仁义节俭，君臣上下六亲之施，始也滥耳。王公大人初见其术，惧然顾化，其后不能行之。是以驺子重于齐。”

邹衍之书已不存。就其“深观阴阳消息”言之，即为探究阴阳之理。若夫“先验小物，推而大之，至于无垠”，又“推而远之，至天地未生，窈冥不可考而原也”，则有最早之原子论、电子论在焉。唯邹衍所言之德、雅、圣，大异于儒家言。盖德即五行之德，水、火、木、金、土之德，故曰五德。以某行之德（如土德）王则圣，亦即胜，故曰阴阳主胜，胜必以术。所言之“术”，即水、火、木、金、土等物质之术。盖此五物相生相克，物质不灭，互为终始，故曰五德终始。

故阴阳之学本诸五行之学，即古原子学。其学有术，即古原子能（即《易经》所云“乾元、坤元”，老子《道德经》所云之“元元”）。非仅后世所谓占卜等学。其术盖据天地间阴阳电子结合生成万物变化无穷之理，造成一种原子线，借之“成变化而行鬼神”。此线盖即老子所云“绳绳不可名”之“绳”，孔子所云“素隐行怪”之“素”，列子所云“太素者质之始也”之“太素”（或“泰素”）。此原子线如何制造，为一秘密。经史间有记述，词极隐晦。老子《道德经》曰：“道之为物，惟恍惟惚，惚兮恍兮，其中有象。恍兮惚兮，其中有物。窈兮冥兮，其中有精。其精甚真，其中有信。”殆即是欤。此线之情状，盖于《淮南鸿烈解》所云：“舒之幎于六合，卷之不盈于一握。约而能张，幽而能明，弱而能强，柔而能刚。横四维而含阴阳，纮宇宙而章三光。甚淖而滒，甚纤而微。”此“甚淖而滒，甚纤而微”之线，可用以达人、系人、击人。用以达人者，可通消息，侦某事。即古所谓阴阳消息或游侦。用以系人者，可进入人之肉体与神经，按医学与生理学原理，左右人之喜怒哀乐、愚钝昏庸、轻浮淫荡等等。即古所谓司命，今所谓牵线人。用以击人者，可致人于疾病或死亡。即古所谓天命或鬼神。凡此系人、击人诸事，即《周书·洪范》篇所云之“六极”。

此线盖为木或金或矿石制造之原子线，极细微。常目不能见，常器不能测，能于冥冥中定人之生死祸福。古希腊神话中司命运之三女神，掌人生命之线。克罗妥（Clotho）纺之，拉基西斯（Lachesis）卷而司之，阿特罗颇斯（Atropos）剪之，殆即指此线。此线发出盖需一发射器，其行极速，能行至极远。阴阳之术唯赖是线之行，故曰“五行”。此线行时，当发生原子波，有声有光，唯极微弱。此线系人、击人，需侦知人之所在与人体之部位，故需一应声器为之助。其声有律（节拍），不合其律闻之如常声，盖即阳声；合其律闻之则内有一极低之声，即超低声或超微声，亦即无音之语，盖即阴声。《史记·律书》索隐注云，律有阳六阴六，亦可名之曰阳律阴律。其声当如其线，为“负阴抱阳”者。其术恒借乐声或歌声中人。《礼记·乐记》篇所谓“明则有礼乐，幽则有鬼神”，即为此意。人欲与之语，但合其律与阴声作无音之语（口内微动），即可通话。唯同时即可受原子线之攻击。荷马史诗《奥德赛》述海中有西仑（Siren）[①]三女妖，人过其岛，闻其歌声即将受蛊惑而死亡。其声主要者亦有五，即宫、商、角、徵、羽。以如此微弱之声与线置人于死命，当需一甚长之时间与极痛苦之过程。故孔子曰：“知律而不知音者，禽兽也。”孟子答阴阳家淳于髡曰：“嫂溺不援，是豺狼也。”语多义愤，责之甚严。盖当时斯术之徒害民若水火者，比比皆是也。

二

是术之兴，远在邹衍之前。其记载散见于经史诸子著作中。

《汉书·五行志》云：“《易》曰，天垂象，见吉凶。圣人象之。河出图，洛出书。圣人则之。刘歆以为伏羲氏继天而王，受河图，则而画之，八卦是也；禹治洪水，赐《洛书》，法而陈之，《洪范》是也。圣人行其道而宝其真。降及于殷，箕子在父师位而典之。周既克殷，以箕子归，武王亲虚己而问焉。故经曰，惟十有三祀，王访于箕子。王乃言曰，乌呼，箕子！惟天阴骘下民，相协厥居，我不知其彝伦攸叙。箕子乃言曰，我闻在昔，鲧堙洪水，汩陈其五行。帝乃震怒，弗畀《洪范》九畴，彝伦攸叙。鲧则殛死，禹乃嗣兴。天乃锡禹《洪范》九畴，彝伦攸叙。此武王问《洛书》于箕子，箕子对禹得《洛书》之意也。初一曰五行；次二曰羞用五事；次三曰农用八政；次四曰叶用五纪；次五曰建用皇极；次六曰艾用三德；次七曰明用稽疑；次八曰念用庶征；次九曰乡用五福，畏用六极。（《周书·洪范》篇曰‘威用六极’。学者非之，故易以‘畏用六极’。）凡此六十五字，皆《洛书》本文，所谓天乃锡禹大法九章，常事所次者也。以为《河图》《洛书》，相为经纬，八卦、九章相为表里。昔殷道绝，文王演《周易》；周道敝，孔子述《春秋》。则《乾》

---

① 今译作“塞壬”，古希腊神话中的海妖。

《坤》之阴阳，效《洪范》之咎征。天人之道，粲然著矣。”

武王访箕子及箕子所言，见《周书·洪范》篇。《史记·周本纪》云，武王克殷后二年，问箕子以“天道”。《后汉书·方术列传》称之曰“箕子之术”，注云：“《洪范》，五行阴阳之术也。”则是术夏殷时已用之于政。《墨子》所述禹征三苗，汤伐夏，周伐殷时之异象，殆即是术所致，故亦用之于兵。是术之学，会通天地人三者，故曰“天人之道”。因其为自然之道，故亦曰“天道”。夏、殷以之为治国之大法，故名之曰“洪范”。史家更追溯至伏羲。由此观之，是术肇始于上古，后为奴隶社会统治者之秘密武器。

《史记·孔子世家》云，孔子正乐删诗，定风雅颂“三百五篇。孔子皆弦歌之，以求合韶武雅颂之音”。韶，舜乐也。武与雅颂，周乐也。《史记·乐书》云：“及夫礼乐之极乎天而蟠乎地，行乎阴阳而通乎鬼神，穷高极远而测深厚。”孔子重礼乐，即欲有以应阴阳五行之术，然以韶武为则，不取夏、殷。可知尧、舜不施五行之术于民，而夏、殷以之为治国之大法。禹子启继禹而王，破禅让之制。始用此术谋国者，岂为启乎。然夏、殷用是术治国，终有桀纣之暴政。《史记·殷本纪》述纣暴虐无道。醢九侯，囚西伯，皆殷之三公；烹西伯子伯邑考，为羹赐西伯食之；为炮烙之刑；剖贤者比干观其心。殷人无敢言者。《周本纪》述西伯扩土，殷之祖伊惧以告纣。纣曰：“不有天命乎？是何能为。”天命即谓是术。西伯初无之，其后图强伐纣，得力于姜尚之助。姜太公即为斯术之大师。《封神榜》所叙姜太公神术，盖有所本，非悉为虚构。《史记正义》注齐太公世家，引《六韬》云：“武王问太公曰，律之音声，可以知三军之消息乎。太公曰，深哉，王之问也。夫律管十二，其要有五。宫、商、角、徵、羽，此其正声也，万代不易。五行之神，道之常也，可以知敌。金、木、水、火、土，各以其胜攻之。其法以天清静无阴云风雨，夜半遣轻骑往，至敌人之垒九百步，偏持律管横耳大呼惊之。有声应管，其来甚微。角管声应，当以白虎；徵管声应，当以玄武；商管声应，当以勾陈；五管尽不应，无有商声，当以青龙。此五行之府，佐胜之徵，阴败之机也。”以即为应声器行阴阳消息，作游侦之术。应当[①]器当为五声十二管者。《史记·殷本纪》述武王会诸侯八百于盟津，终未敢伐纣，因“未知天命”。后纣杀比干，囚箕子，“殷之太师少师乃持其祭乐器奔周”。殷亡其声律，周武王于是遂率诸侯伐纣。乃大败之。《礼记·礼运》篇

① “当”疑为笔误，当作“声”。

云："五行之动，迭相竭也。五行四时十二月，还相为本也。五声六律十二管，还相为官也。"阴阳五行之术与声律之关系，于此可以见之。《史记·乐书》记师旷奏清角，暴风大雨俱至，当亦为是术。故《史记》作《乐书》外，又作《律书》以记斯术。声律音乐之学，世多忽之，固大矣哉。

是术为政，见箕子《洪范》。是术为兵，著于《太公兵法》。是术为学，传邹衍之书。《史记·孟子荀卿列传》略述其学。周废而不用，盖文王身受之，知其残酷。纣用是术行暴政，终至灭亡。殷鉴不远，武王弃之。封姜尚于齐，作武乐，行文王周公防御之法。周之文化遂冠三代。

是术之线，常目不能见，常耳不能闻，常器不能测，击人亦不能知。如老子《道德经》所云："视之不见，名曰夷；听之不见，名曰希；搏之不得，名曰微。此三者，不可致诘，故混而为一。"盖即《史记·汉武帝本纪》[①]所述"亳人薄诱忌奏祠泰一"之天神，"泰一"（即太一，亦即太乙）。希腊人则名之曰"生命之线"与"命运女神"。是术击人恒用六极。箕子《洪范》云："六极，一曰凶短折，二曰疾，三曰忧，四曰贫，五曰恶，六曰弱。"极亦殛也，亦击也。是术可于冥冥中置人于夭折、疾病、忧患等灾难，无以知之，无以明之，无以御之，如自天而降者，诚为恶术。是术方其盛时，执牛耳者帝王均尊之为师，敬以国师之礼。殷末，箕子典是术，位称"父师"。典乐者称"太师，少师"。周图强时，姜尚司是术，文王"立为师"。武王亦尊之为"师"为"父"，故称"师尚父"（《史记》）。及战国时，邹衍"适梁，梁惠王郊迎，执宾主之礼。适赵，平原君侧行襒席。如燕，昭王拥慧先驱，请列弟子之座而受业。筑碣石宫，身亲往师之"（《史记》）。太史公论曰："其游诸侯，见尊礼如此。岂与仲尼菜色陈蔡，孟轲困于齐梁同乎哉。"盖以其术凶恶也。

古之人未能御之，敬畏至甚，亦不明其所以，乃名之曰鬼神。造福于人者曰神，施祸于人者曰鬼。盖是线若攻击人之神经，确可令人见种种鬼神幻象。此即"行变化而成鬼神"，亦即"怪迂之变"。《史记·封禅书》记秦缪公"病卧五日不寤，寤，乃言梦见上帝。上帝命缪公平晋乱。史书而记，藏之府。而后世皆曰秦缪公上天"。又《汉武帝本纪》[②]云，"齐人少翁以鬼神方见上。上有所幸王夫人，夫人卒，少翁以方术盖夜致王夫人及灶鬼之貌云，天子自帷中望见焉。于是乃拜少翁为文成将

① 《史记》并无《汉武帝本纪》，此处引文见《史记·孝武本纪》。

② 《史记》并无《汉武帝本纪》，此处引文见《史记·孝武本纪》。

军”。《后汉书·方术列传》记刘根隐居嵩山，有异术，能令人见鬼。太守史祈曾目睹之。皆为此类。近世之催眠术、降神术，盖亦与此同属一理。《中庸》云：“子曰，素隐行怪，后世有述焉。吾弗为之矣。”即言是术之徒。素隐者，盖以素为线龙德而隐者。行怪者，挟五行术作恶于人间者。《中庸》又云：“子曰，鬼神之为德，其盛矣乎。视之而弗见，听之而弗闻，体物而不可遗。”《论语》云：“务民之义，敬鬼神而远之。”《易系传》云：“阴阳不测之谓神。”均言是术。自五行之术流入奸邪小人之手，图利报复，妄施六极为害于人者至众。均为鬼魅象，作盗匪行。是以《易系传》曰：“作易者其知盗乎？”

三

然古之贤者，力图御之破之者，固不乏其人。

《周易序》云：“易者，阴阳之道也。”《易经》前伏羲氏之八卦图，盖即为御斯术而作者。故“八卦”古谓之“八索”。诸卦之象变，盖即依阴阳之道及原子线声波律度之长短，逆而制之，以应来攻之线索，使其使图而不及人。伏羲氏时斯术当甚简易，故其八卦图为受之者，尚未尽阴阳之理，臻于完善。殷末，纣囚文王于羑里，据《洪范篇》所云之“六极”，纣当曾用是术殛之。文王乃推演易之八卦为六十四卦，更作新八卦图以御之。故《易系传》曰：“易之兴也，其当殷之末世，周之盛德邪。当文王与纣之事邪。”《史记·周本纪》云：“西伯盖即位五十年，其囚羑里，盖益易之八卦为六十四卦。”文王八卦图为化之者，实尽阴阳之机，声律之变（必须去图上之文字而用之）。是图盖可以使地面来攻之原子线索化为原子或离子流，消而解之，无所作用。仅图中央之一圆独受天空来攻之线。是术击人，盖如电学之原理，可发出天地二线，二线均及图而不及人，且可消解其地线，故文王得免于难。世云《易经》可以辟邪，当即因此。斯术大备之后，御之有效，自文王始。古今第一人也。阴阳五行之术行攻击之事，以阴声为主，尚阴谋伪诈，教人以奸恶而非仁义。《礼记·王制篇》所云“不以听”之“四诛”，皆为佐此术必需之诡计狡行。后世更益之以反间离间，奸盗淫邪等等。老子《道德经》曰：“将欲歙之，必固张之。将欲弱之，必固强之。将欲废之，必固兴之。将欲夺之，必固与之。是谓微明。”即述古法，阳兴阴取之法也。老子非之，以为非圣人之道，非圣人之明，故曰“微明”。是以君子言易与德，而非五行。

《史记·鲁周公世家》云，周公旦亦“能事鬼神”。后继文王系易之辞，故世称“文王周公之易”。《史记·周本纪》云，周公辅武王伐纣兴周。相成王，“作周官，兴正礼乐，度制于是改”。周公所为皆有关制度，然亦有关防御斯术。《礼记·礼运篇》曰：“故圣人作则，必以天地为本，以阴阳为端，以四时为柄，以日星为纪，月以为量，鬼神以为徒，五行以为质，礼义以为器，人情以为田，四灵以为畜。”周礼诸制与阴阳五行之关系，于此可见。《后汉书》郑玄注云：“九章算术，周公作也。”周公盖深究科学，而后制定防御制度。（如衣冠之制，出行尚左等。盖此线击人宜循左道，即《礼记·王制篇》所云之“执左道”。后世乃称斯术为“左道旁门”。老子《道德经》亦云，“君子居则贵左”。尚左贵左，适阻其道，弱其势也。）但当时之科学无力肃清执斯术为恶之徒，唯有制礼正乐，定衣食住行之常法，与日常生活中行防御之事。制五刑，行法治。以五刑代五行，以法律代声律，并以政治力量制裁之。周公制礼正乐立法而人民安，后世称其德。故《论语》云：“子曰，甚矣吾衰也。久矣吾不复梦见周公。”《礼记·礼运篇》亦述孔子曰：“鲁之郊禘，非礼也。周公其衰矣。”

《史记·孔子世家》：“孔子之时，周室微，而礼乐废，诗书缺。”是时周礼周乐皆废，是术之徒横行无忌。各国交相攻伐，内乱不已。人民苦之。于是孔子适周，问礼于老子，追迹三代之礼。曰“周监二代，郁郁乎文哉。吾从周”。序书传。上纪唐虞之际，下至秦缪，编次其事。学鼓琴于师襄子，正乐删诗，定风雅颂“三百五篇。孔子皆弦歌之，以求合韶武雅颂之音”。礼乐自此可得而述（《乐记》今已失传）。晚而喜《易》，读《易》，韦编三绝。述《易系辞传》。因史记作《春秋》，而乱臣贼子惧。孔子重《诗》《书》，亦重礼乐，力倡仁义道德，设君子小人之大防，即欲有以御斯术。盖欲道之以德，齐之以礼，博之以文，潜移默化，教育斯术之徒。孔子之后，孟子继之。夫邹衍之道法夏殷，奴隶社会之法也。“君臣上下六亲之施”，即人人均施（系）以线，治人民如畜牧时代之治牛马者也。孔孟之道法周，封建社会之法也。以礼与德代五行之术与君臣上下六亲之施，则可免除人民系颈之挽索，援救人民于水火之中。故邹衍之学为世所共弃，而孔子之学[①]后世所宗。

老子亦有其防御之法。《道德经》曰：“是以圣人处无为之事，行不言之教。”“是以圣人之治，虚其心，实其腹，弱其志，强其骨。常使民无知无欲，使

① “孔子之学”笔误，疑为“孔孟之学”。

夫智者不敢为也。为无为，则无不治。”此“无为”之法，即“执古之道以御今之有。”古之良法也。《易系传》亦曰：“易，无思也，无为也。”老子为周守藏室史，固宜知之。此法如伏羲氏之八卦图，唯受之耳。方其弱时，尚可差胜。若其强时，则唯有走避之。故老子“见周之衰，乃遂去。……莫知其所终”。盖被大击而出关，西适流沙，是以终非善法。《道德经》述消极防御法，然由道及德，固与孔子殊途而同归。孔老所言之道、德、圣，与阴阳家所言之道、德、圣（“口耳之王”），相去千里。老子曰：“圣人不仁，以百姓为刍狗。”“民不畏威”，“民不畏死，奈何以死惧之”。又曰：“圣人无常心，以百姓心为心。”“使我介然有知，行于大道，唯施是畏。”述立德行善福民之义，对于终始大圣者流，“君臣上下六亲之施”，深恶痛绝。故老庄之学并后世不衰。《道德经》所述不仅斯术之道，哲意深远。

四

周亡，防御之道遂失。秦汉之时，是术之徒益众，然其徒益滥。《史记·封禅书》云：“邹衍以阴阳主运显于诸侯。而燕齐海上之方士传其术，不能通。然则怪迂阿谀苟合之徒自此兴，不可胜数也。”秦始皇、汉武帝均好方士神仙谈，即阴阳家言。若徐市（《汉书》作徐福）卢生者，怪迂之徒也。若少翁栾大者，阿谀苟合之徒也。后世等而下之，更有流氓无赖之流。其时御之者亦不乏人。然是术或木或金或石，其徒门类甚多，彼伏此起，层出不穷。防御之法，迄无善于文王周公孔子者。唯世人罕知之。《史记·留侯世家》云，张良于下邳圯上遇老父授以太公兵法。太公兵法即阴阳家之兵书，故世传张良曾注《太公阴符》（现传之《阴符经》为后人所作）。张良知是术，于防御之法或有所思。唯后困于吕后，未得行于世。吕后固善是术。汉诛诸王侯名将，吕后之力为多，虽韩信亦唯有引首受杀戮。《后汉书·方术列传》言费长房“能医疗众病，鞭笞百鬼及驱使社公”，“责鬼魅之犯法者”。即为防御斯术，但“后失其符，为众鬼所杀”。众鬼即斯术之徒，以此线击之至死，费长房可谓杀身成仁者。《后汉书》所记能符劾厌杀鬼魅者，尚有麹圣卿、寿光侯等人。符劾法盖仿文王八卦图之理，以文字形状出之。旧传仓颉作文字，鬼为之哭。殆即此故。厌杀法盖甚多。《山海经》记古俗多瘗禽兽以祠神，盖即御原子线。如西山经云祠神“以百牺瘗”，北山经云“毛用一雄鸡，彘瘗，吉玉用一珪”等。此法依理应有效。汉法待考。《三国志·张鲁传》云，后汉末张陵（世称张道陵）于蜀中创五斗米道，以符水禁咒之法教人，此亦为防御之法。（王羲之奉五斗米道，当即因此。）故其后裔称天师，以降妖捉鬼名于世。后汉时，斯术之流毒遍民间，已为一社会问题，有道之士多奋起御之。盖自尊崇儒学之后，阴阳家学不达于朝廷，遂长为民间方术。其流高尚者多兼述黄老孔孟之道，或治神仙占卜等学，奸恶者则兴阴谋图私利残害人民矣。后世称之曰妖法、妖术，宜也。

三国时，诸葛亮以道术闻，亦防御之法也。《三国志·诸葛亮传》曰："亮性长于巧思，损益连弩，木牛流马，皆出其意。推演兵法，作八阵图，咸得其要云。"夫木牛流马者，盖即以此种原子线索为动力，推动其机关使之前进。此盖为第一次用之于造福人类，诚为一伟大科学发明。世传诸葛亮借东风，当为风角之学。其理一如邹衍吹律，寒谷复暖。吕后为云，樊英致雨。即以原子线索大规模发射，激动空气使之成风。《史记·留侯世家》云："太史公曰，学者多言无鬼神，然言有物。"旨哉斯言。诸葛亮之八阵图，不详于史籍。盖推演太公兵法与文王八卦图而作，因时因地因情势布阵，用于兵事以资防御者。古代行军避之有法，见《礼记·曲礼篇》。木牛流马则为运输军粮而作。盖是术用之于攻，需敌人内部有应声之物，即俗云"内应"。故虽粮食亦可掺和某物使其可以应声。同物同声，同类同气（质）。《易经》曰："同类相应，同气相求。"《史记·律书》曰："同声相从，物之自然。何足怪哉。"故同物同类，其线均可应声而至。魏军司马懿固善五行攻击之术。蜀汉欲出祁山，则不免运粮以赴，且作八阵图矣。阴阳五行之学为古原子科学，用之于杀人，大不幸也。自八阵图作，用斯术于兵者罕闻之，民间亦得以稍安。后世礼敬诸葛亮，祀之不绝，即以此故。文王八卦图赖孔子传于书，赖诸葛亮乃传于世。

阴阳之学，五行之志，方术之传，神仙鬼怪之谈，妖异灾祥之记，自《史记》以来，史不绝书。是术之徒固未绝迹。明清亦如是，尤加甚焉。此线甚纤而微，其害人甚缓而慢。人仅知有病，而不知有线。如吾人儿时即知有所谓"游丝"，御佳镜间可隐约见之。梁武帝诗云："晻暧瞩（闭目隐见）游丝。"杜甫诗云："炉烟细细驻游丝。"游丝即此线之集结者。俗云乃蜘蛛或青虫所吐之丝，飞扬于空中者，实误。如试放之，蛛丝虫丝均不可能高翔于空中，游行自若也。梁武帝所云，见之之法也。杜甫所云，验之之法也。斯术危害于中国数千年矣。其为祸之烈，有不可想象者。若夫游丝屡见，时或如细雨之纷飞。阴声时闻，而人多灾病。则必有执是术者于冥冥中普施"六极"于国人，倾危国家。若为彼徐市之后所为，深足警戒矣。

今日就此学所及，可用同一应声器扰乱其声律，同一原子线寻觅其踪迹。设八卦图或放阴极电以化解之。研究韶武雅颂诸乐，严建筑营造之法式，定衣冠器物之形质，绝饮食中附和之药物，左行左居以弱其攻势，屋角置少许酸类以阻其道路。（是线击人恒由角出入，即汉旧仪所谓“沤庾”后之所谓“角端”）然终仍不足以破其线。《中庸》云：“子曰，鬼神之为德，其盛矣乎。……《诗》曰，神之格思，不可度思，矧可射思。夫微之显，诚之不可掩如此夫。”是线度之无方，射之无由，盖以其微。故急要之务在于显微，使之可见可闻可度，当破之较易。夫阴阳散合，无非实者。若能逆而制之，相生相化，生生不已。去恶立善，变害人为福人。斯乃合于易，达于造化，可谓之曰天人之学，圣人之道。

一九五八年八月　北京

2020年2月12日，我院著名校友、山东师范大学吕家乡教授给我发来微信：“吕荧的女儿潘怡发给我一份吕荧先生遗稿，我看了，觉得他对易经等古籍的理解颇有新意。是否可以给《山东大学中文论丛》投稿？”吕荧先生的这份遗稿是先生的手稿，题目是《古原子能说》，共18页。经与潘怡老师电话联系，她同意将此文刊发在《山东大学中文论丛》，并将手稿捐献给山东大学文学院。此文由我院博士研究生初敏整理录入，并经吕家乡教授和潘怡老师审定。

山东大学文学院张洪刚谨记

2020年2月25日

影印《断蔗山房诗稿》序

李士彪

《断蔗山房诗稿》四卷，清满秋石撰。秋石字碧山，别号若谷，又号断蔗山人。生于乾隆十四年，山东兖州府滕县西南柴里（今滕州市西岗镇柴里村）人。十二而孤，事母以孝闻。十五就外傅，笃学嗜诗，从曲阜颜崇椝读书嘤鸣楼，与同门孔继荚、颜逢甲、赵钟骏相切磨，学益进。乾隆三十九年举于乡，后屡赴春闱不第。游京师，日与海内名流相结纳，益肆力于诗。嘉庆十七年任浙江武义县知县，勤于政事，革故鼎新，刑赏至公，多有建树，百姓安之。嘉庆十九年夏移疾归里。道光八年十一月卒，年八十一。著有《断蔗山房诗稿》《归云楼近稿》《为可堂文集》，仅《断蔗山房诗稿》传世。

《诗稿》前有自序，末署"嘉庆甲戌三月时年六十有六"，则距其去世尚有十余年。共收诗五百二十四首，起自乾隆辛卯，终于嘉庆甲戌，历四十余年。观其有《谢王吏部赓山（庚言）删定旧稿即送其出守广信》诗，知此集曾请友人删定，当是择别甚严，去芜存精，故今《诗稿》所辑，皆是妙品。秋石一生诗艺之精华俱萃于此，自序称为"一生心血"，珍重之情，溢于言表。

《诗稿》内容丰富，题材深广。秋石惯于羁旅，塞北江南，多所游历。一行作吏，深识民情。诗中或忆旧怀人，追往伤逝，不胜慨然，笃于友情。或怀古咏史，眷怀家国，感慨兴衰。或写景纪游，送别寄远，咏物记事，叙旧话别，粲然明备。又取邑中孝子贞妇可歌可泣之事，作《续滕风》，感时励俗，义存风劝，笃挚缠绵，一唱三叹。补葩经之缺，得风雅之旨。今日读之，可以考见当时世态人情，应以诗史视之。

《诗稿》所辑，诸体俱备，佳什络绎。五古中感遇述怀之作，语浅旨远，寄托遥深，浑然天成，有《十九首》、阮步兵之气韵，陈子昂、张九龄之风神。近体多模山范水之作，意境清远，饶有风致，如卷一《偶成》“隐约遥山翠黛低，湾环流水路凄迷。小门深掩桃花巷，尽日无人春鸟啼”，《晚泛历下亭》“落日在丛芦，红霞淡秋水。一棹入深烟，人语芰荷里”，置之《渔洋集》中，亦为高作。五律写景，尤为工妙。《寓馆杂兴》其五：“家在湖干住，风光我独监。孤村浮远水，隔岸走高帆。载酒云生屐，看花雨湿衫。蓬庐书万卷，世味少酸咸。”寄情山水，独标高格。《留庄寓中》其三：“散步空林下，斜阳送晚晴。心随云共懒，道与水同清。岁月忘今昔，渔樵识姓名。有人丛竹里，隐隐读书声。”超然世外，心境澄明。《送马德舆（令）归沛》：“秋水一林碧，秋叶半林黄。孤客从兹别，空斋闻雁凉。湖山添旧梦，风雨恋重阳。酒醒残灯里，轻裘夜有霜。”风神极似孟浩然，而整饬过之。《留庄寓中》其一：“湖村悬倒影，三面水湾环。帆杂树中树，云连山外山。夕阳明雨脚，薄雾袅风鬟。尽日渔歌起，空蒙杳霭间。”中间两联，化用南宋诗人戴复古之名句“浮世梦中梦，夕阳山外山”，令人过目不忘。

秋石作诗取径甚宽，不主一家，驱使前贤，为我所用，采得百花，酿成佳蜜。即从诗中求其好尚祈向，亦有迹可寻。《寻僧不遇》：“孤僧不安禅，偶被云拥去。前山乱石中，化作枯松树。”较之贾岛《寻隐者不遇》：“松下问童子，言师采药去。只在此山中，云深不知处。”可谓青出于蓝，更进一层。《效义山》七律二首，神韵极似李商隐《无题》。《秋日书怀（时悼亡后）》中云“诗才空老玉溪生”，可见其诗情所钟。“急雨从西来，微凉新睡足”，直从陶渊明《读山海经》“微雨从东来，好风与之俱”而来，读之令人解颐。《早行》前四句“三星横天西，残月升东岭。扬鞭策蹇蹄，回头见孤影”，对仗精切，又复萧散自然，有渊明风致。“旧梦何处归，此生如泛梗”，又与义山“薄宦梗犹泛，故园芜已平”（《蝉》）相近。集中又有《题何大复集后》《读莲洋集》两诗，对何景明、吴雯颇为推崇。又有《太白》《东坡》二题，赞李白“诗成薄国风”，苏轼“文章海外天”。

卷二有《疲驴》一首，当是秋石游京师时所作，诗云：“六街走马看春忙，自跨疲驴入醉乡。冷雨斜风消受得，清诗只有孟襄阳。”自比孟浩然。此诗堪与渔洋《万山》诗对读：“新钓槎头缩项鳊，楚姬玉手脍红鲜。万山潭水清如昨，只忆襄阳孟浩然。”《济南感旧》其三：“白露西风八月天，荻芦萧瑟晚含烟。水西桥畔消魂甚，谁续渔洋秋柳篇。”便以渔洋传人自许。秋石远承孟浩然，近师王渔洋，而受渔洋影响尤深。《忆游》其六：“越水吴山路杳冥，一帆北渡大江萍。有人独立空波上，眼底金焦两点青。”脱胎于渔洋《瓜洲渡江》：“扬子桥头鸡未鸣，瓜洲城外日东生。风波不惮西津渡，一见金焦双眼明。”《晚步溪边小寺》首联“钟鸣黄叶寺，鸦噪夕阳天”则与渔洋名句“几行红叶树，无数夕阳山”（《将至桐城》）相契。《忆秦淮》“晚烟憔悴宫墙柳，细雨飘零旧院花”，暗用渔洋《秋柳》：“他日差池春燕影，只今憔悴晚烟痕。”《题李仰槐浔江送客图》“更遣何人唱渭城”，化用渔洋《戏仿元遗山论诗绝句》“彦回不作中书死，更遣匆匆唱渭城”。《都中岁暮杂吟》其十一：“池畔行吟杖百钱，南城亭子醉陶然。韦园水木空萧瑟，衰柳残僧对暮蝉。”其结构极似渔洋《秦淮杂诗》：“十里清淮水蔚蓝，板桥斜日柳毵毵。栖鸦流水空萧瑟，不见题诗纪阿男。”流丽悱恻，可咏可诵。《山中怀人戏仿竹枝》其三：“爱杀花开白似银，远山学画黛眉新。无情最是官桥柳，只管殷勤送远人。”前二句显系借用王渔洋《蚕尾续诗集》卷三《钱牧翁喜李长蘅诗谷城山好青如黛滕县花开白似银佳句也予冬夏两过滕不见一花因成绝句》：“薛北滕南屡问津，远山如画黛眉新。唯余底事堪惆怅，不见花开白似银。”而易“如”为“学”，又师李贺。李贺《天上谣》云：“银浦流云学水声。”

秋石自幼即嗜古文，尤工诗，又擅绘事，间为写意山水。集中多有自画自题之什。如《雨中画竹》《画菊留别》《画石》《赵侍御序堂（未彤）同年赠菊数枝因作画以酬》等。《题山村喜雨图》前有小序云：“时当夏初，桑麻静影，嘤鸣三五，咏觞既适。俄而遥山送雨，余润流青，窗几间俱涵生意，兴酣落墨，作山村喜雨图。”观其画则画中有诗，味其诗则诗中有画。如《山阳留别李丹壑（仁树）昆仲》“野岸连云失，孤帆带雨飞”，《重客峄县杂吟》其一“寺高泉是井，村古路成河”，《夕霁送客》“夕照穿云破，晴虹落水圆”，《溪上寄近蓬》其三“人家春水上，山色夕阳东”，皆情景如画，如在目前。

秋石一生主要生活在乾嘉时代，此时诗坛，神韵未退，性灵方滋。神韵易失之肤廓，性灵多流于俗陋。秋石则融神韵、性灵于一体，兼有其美而略无其疵，救弊纠偏，深得诗家三昧。“诗文随世运，无日不趋新。”秋石选句，力避甜俗，时见尖新。《溪上寄近蓬》其四：“白绵风散柳，绿雪水生萍。”雪而能绿，状物传神。《别南溪》：“水流山影活，云散日华清。”着一“活”字，境界全出。《旅夜》“西风吹横北斗星”，想落天外。《寓馆杂兴》其六“残钟度溪水”，余音袅袅。

扉页署“为可堂藏版”，知为作者出资自刻。刻本精良，字大行疏，赏心悦目，洵称善本。偶有舛误，白璧微瑕，不掩其美。如卷二《子房山》颈联“波声七里濑，帆五色湖烟”，“五色”二字显系误倒。

秋石酷嗜作诗，好而乐之，性情所钟，端在于此。用力既专，所得自深。“书痴者文必工，艺痴者技必良”，此之谓也。虽位卑人微，诗名不显，流传不广，少有人知，而诗艺高妙，诗格雅正，诗境清远，诗趣盎然，诗心纯粹，诗味深长，诗意饱满，诗韵飞动，诗情葱茏，诗力雄健。下笔不能自休，洋洋洒洒，气盛言宜，充沛旺盛。往往一题多篇，组诗时见。

秋石之诗，既非学人之诗，亦非才人之诗，而是诗人之诗，未受当时考据风气之影响，卓然自成一家，耐人涵泳，味之不厌。其整体诗风，一言蔽之，清远雅健。秋石立身正大，品格峻洁，诗如其人，美善兼臻，情理俱惬。诗史自当有其位置，后世必有知之者。发掘定位，有待将来。《断蔗山房诗稿》今作为《滕州古籍珍本集成》第二辑印行，期广为流布，冀多遇知音。

（作者单位：鲁东大学文学院）

中国近代翻译诗歌及其主要特点*

郭延礼

摘　要：翻译诗歌是中国近代翻译文学中重要的组成部分，也是出现较早的一种翻译文体。它最早出现于19世纪中叶，其繁盛期在20世纪第一个二十年。近代翻译诗歌经历了一个由零章断句到独立成篇并逐渐转化为单行本的传播过程。它一面世就带有鲜明的目的性：思想启蒙，呼唤国魂。宣扬爱国主义和民主主义是它的主旋律。翻译诗歌题材广泛，内容丰富；但在形式上较之中国古典诗歌变化不大，仍属于“旧瓶装新酒”。翻译诗体的革新要待“五四”之后始见新质。

关键词：翻译诗歌　欧美诗歌翻译　德诗汉译　诗体革新　翻译诗歌主要特点

随着中国近代西学的输入，中西文化交流也进入了文学领域，大约在19世纪后期、20世纪初，就不断有外国诗歌的迻译，虽然在开始阶段，这些翻译诗歌的文本还多是附着在有关西方哲学、历史和社会学的著译中。历史进入20世纪后，翻译诗歌便开始以报刊、单行本为载体，以独立的篇章和专书、专集的形式出现于翻译领域，成为近代翻译文学中较早面世的一种翻译文体。

一、19世纪前半期传教士所译中文诗歌的面世

翻译诗歌最早出现于何时，学术界至今亦无定论。钱锺书先生通过考证，认为

* ［基金项目］本文系国家社会科学基金重点项目“中国近代翻译文学史”（17AZW013）的阶段性成果。

“汉译第一首英语诗”是英国驻华使臣威妥玛和中国文人、后成为清廷总理各国事务衙门高官的董恂合译的美国诗人朗费罗（Longfellow，1807—1882）的《人生颂》，时间是1864年[①]。此说影响很大，几成定论。

20世纪80年代，施蛰存先生主编《中国近代文学大系·翻译文学集》，他在撰写的《导言》中说：“近代外国诗被译为中文，不知起于何时”？他又提道“据钱锺书的考查，他以为同治年间（1864）由英国驻华公使威妥玛和中国人董恂合作翻译的美国诗人朗费罗的《人生颂》……是最早的译诗”。施先生又说：“但是，如果《旧约全书》的中文译本，出版得更早些，那末，我们不妨认为其中的《雅歌》部分，是最早的译诗。”[②]《雅歌》是《圣经》《旧约》中的一个组成部分。据我初步考查，《圣经》的中文译本很多。早在19世纪初叶，一位英国传教士马士曼（J. Marshman）便将《圣经》译成汉语，并于1822年在印度塞兰普尔出版；与此同时，马礼逊（R. Morrison，1782—1834）与米怜（W. Milne，1785—1822）合作，于1819年完成了《旧约》部分的汉译工作，1823年，《圣经全书》出版，名《神天圣书》[③]。也就是说《圣经》中的《雅歌》（爱情诗类）的翻译（译成中文）完成于19世纪20年代，正式出版在1823年。这样看来，施蛰存先生之说也是能够成立的。

也就在此前后，英国传教士麦都思（W. Medhurst，1796—1857）忽发灵感，翻译了英国著名诗人约翰·弥尔顿（J. Milton，1608—1674）的一首诗：《论失明》。[④]弥尔顿是欧洲17世纪最伟大的诗人，在英国文学史上，他的地位仅次于莎士比亚。弥尔顿这首《论失明》的译文，刊于香港出版的中文杂志《遐迩贯珍》（月刊）第2卷第9期第3页。弥尔顿这首诗的首位中译者麦都思是英国传教士中的著名人物，他于1843年来到上海，一方面传教，另一方面，他还注意传播西方文化。来上海后，他就创办了墨海书馆，这是近代著名的一个印刷出版机构，除印刷传教的书外，还印刷一些科学书籍，在当时颇有影响。近代著名学者王韬就曾在这里工作过。麦都思一方面努力学

① 见钱锺书：《汉译第一首英语诗〈人生颂〉及有关二三事》，《七缀集》（修订本），上海古籍出版社1985年版。

② 施蛰存主编：《中国近代文学大系·翻译文学集一》，上海书店出版社1990年版，导言第10页。

③ 此《神天圣书》，后又经资深传教士麦都思、郭士立、裨治文等人修订，改名为《救世主耶稣遗诏书》，于1840年出版。据说太平天国的拜上帝会就接受和采用了此《圣经》译本。

④ 麦都思译弥尔顿的《论失明》诗最早的披露者，见沈弘、郭晖：《最早的汉译英诗应是弥尔顿的〈论失明〉》，《国外文学》2005年第2期。

习中国文化，另一方面又广泛地与中国文人交往，他还曾经与传教士美魏茶（米怜之子）等人参加《圣经》的翻译工作，可见他的中文水平很不错。据统计，在他现存的著作中就有50余种是用中文写的。他还曾在舟山做过英军司令部的中文翻译，对中国文化有一定的了解，又帮助英国驻香港总督兼驻华公使文翰（G. Bonham）解读太平天国的文书，足见他对中国文化和中国国情也有相当的认知。他还是《察世俗每月统纪传》的主要撰稿人之一。这一切都表明麦都思的汉语水平和对中国文化的认知程度较高。通过以上了解，麦都思用中国古老的《诗经》四言体翻译弥尔顿的这首十四行诗也就可以理解了。

弥尔顿是一位集学者、诗人、革命家于一身的文学家，他的《论失明》是一首十四行诗，写于17世纪中叶（1652），麦都思所译《论失明》是目前所知较早的一首汉译英诗，而今天一般读者已难以看到发表该译诗的原始刊物《遐迩贯珍》①，故我只能将它的原文和汉译分别抄在下面：

John Milton, "On His Blindness"

When I consider how my light is spent
Ere half my days, in this dark world and wide
And that one talent which is death to hide
Lodged with me useless, though my Soul more bent
To serve therewith my Marker, and present
My true account, lest he returning chide
"Doth God exact day-labour, light denied?"
I fondly ask. But Patience, to prevent
That murmur, soon replies, God doth not need
Either man's work or his own gifts. Who best
Bear His mild yoke, they serve him best. His state
Is kingly; thousands at his bidding speed
And post over land and ocean without rest;
They also serve who only stand and wait.

---

① 刊《遐迩贯珍》第2卷第9期（1854年9月8日），第3页。

译文

世茫茫兮，我目已盲，静言思之，尚未半生。
天赋两目，如耗千金，今我藏之，其资难任。
嗟我目兮，于我无用，虽则无用，我心郑重。
忠以计会，虔以事主，恐主归时，纵刑无补。
嗟彼上帝，既闭我瞳，愚心自忖，其责我工。
忍耐之心，可生奥义，苍苍上帝，不较所赐。
不较所赐，岂较作事，惟与我轭，负之靡暨。
上帝惟皇，在彼苍苍，一呼其令，万臣锵锵。
驶行水陆，莫敢遑适，彼侍立者，都为其役。

十四行诗是在文艺复兴运动的影响下于16世纪初叶传入英国的一种诗体，并产生了像锡德尼、斯宾塞、莎士比亚、华兹华斯、济慈、雪莱这样一批著名的十四行诗诗人，当然，弥尔顿也是这个队伍中的一员。十四行诗的基本句式是三节四行诗和一副对句，押韵的方式是ABAB、CDCD、EFEF、GG。麦都思的这首译诗之所以采用古朴的四言《诗经》体，大约与十四行诗这一诗体的结构有关。形式古朴而工整，韵律整齐而错落有致。麦都思的这首译诗，以四字短句为单位，语言洗练、形式工整，又有很强的韵律感，是一首工整而颇有韵味的四言古诗。这首译诗也充分说明，麦都思在中国传统文化熏陶下是很有汉语功底的。

白驹过隙，转瞬又是十年，1864年，英国的驻华使臣威妥玛与中国的文人高官董恂合作翻译了美国家喻户晓的诗人朗费罗的著名诗篇《人生颂》，并以书扇的方式传到诗人朗费罗的手中，这在中西文化交流史上也算是一桩美谈，其来龙去脉钱锺书先生已作了充分的阐释和说明，且在学界产生了广泛的影响。于此我在文章的开头已有简略介绍，恕我不另辞费。

钱先生在论述汉译第一首英语诗《人生颂》的时候，大约尚未发现翻译朗费罗诗歌的另一位译者也已悄悄登场，否则，以钱先生的博识广见不会不附加说明的。

距离《人生颂》的问世32年后，在1897年10月出版的《中西教会报》第34册上又刊登了《美国龙飞罗先生爱惜光阴诗》（下文简称《爱惜光阴诗》），署名是：［英］沙光亮口译、叶仿村笔记。这首译诗也属于翻译初期的西译中述式。这首《爱惜光阴诗》，实际上就是钱先生所发现的朗费罗《人生颂》的另一译本。龙飞罗（H. Longfellow）即朗费罗另一不规范的译名。《爱惜光阴诗》的译者沙光亮[①]是南京基督教会的一位英国传教士，笔记者是安徽六合文人叶仿村。

经过对朗费罗《人生颂》和《爱惜光阴诗》原语文本的对比，发现二者是完全相同的一首诗，只是在译成中文发表时，两诗的译者和润色者不同了。此外，二者在译诗艺术上也稍有差异。前者因有董恂的修饰，在语言上显得比较雅洁，又因译为每节七言四句，比较接近中国古诗绝句的排列，亦大体押韵，给人以形式上的工整之感。《爱惜光阴诗》每节的一、三句系八言，八言在古诗中虽不常见，但因为译诗每一节的排列均为八七、八七，也算整齐划一。在韵律上也大体谐韵，原诗九节，每四行为一小节，即每四行为一叶韵单位，韵律为ABAB式，每节换韵，这点同《人生颂》。在排列形式上，仍依照七言古诗，只是其中的单数句（第一、第三句），又杂有八言句式，看来译者是有意为之，既属中国古体诗的范畴，又不同于"古绝"[②]，目的在求形式上的革新。

《爱惜光阴诗》这首译诗在用词上已较自然，纯熟地使用双音词，如"声音""空虚""打盹""似是而非"（第一节），"率真""荒坟""灵魂"（第二节），"安乐""忧愁""格外"（第三节）等，这和同期严复的译诗就有较大不同了（参见下面严复译蒲伯诗）。严复用的完全是文言，而《爱惜光阴诗》较之严复的译诗要通俗晓畅得多，特别是双音词的运用，这在词汇学上则具有更多的近代意义。我认为沙光亮与叶仿村合译的《爱惜光阴诗》较之1864年威妥玛的译文和董恂的译诗都有了较大进步。如果将《爱惜光阴诗》的译文与今人翻译的《人生颂》对读一下[③]，就会相信吾言之不谬也。总之，同一原语文本的两首译诗，后者（《爱惜光阴诗》）较之前者（《人生颂》）在诗意表达与译诗技巧上都有了不同程度的进步，这是可以肯定的。

---

① 沙光亮，应是一位比较活跃的英国传教士，除了他翻译的《爱惜光阴诗》外，仅在《中西教会报》上就发现他发表其他文章的署名有：西沙光亮、大英国沙光亮、英教士沙光亮、沙普照。在近代出版的其他教会报刊上，肯定还会有他翻译和写作的诗文。

② 古绝，古体诗的一种，见王力：《诗词格律》，中华书局1977年版，第52页。

③ 参见杨德豫：《朗费罗诗选·人生颂》，人民文学出版社1985年版，第3页。

二、中国近代翻译诗歌的诞生

上面介绍了西方传教士翻译的三首汉译英诗，根据我对“中国翻译文学”所下的定义[①]，以上三首译诗均不属于中国近代翻译诗歌的范围。要追溯中国近代早期翻译诗歌，我们不能不提到张德彝翻译的一首《安南著名大夫诗》。

大约1869年9月23日（清同治八年八月十八日），原在京师同文馆学习的张德彝奉命随蒲安臣出使欧美并担任通事（翻译），他有意无意中从一张英文或法文报纸上翻译了一首《安南著名大夫诗》，译文系一首五七言杂体诗。张德彝并没有发表这首译诗，而是将它收入在他的日记体的《航海再述奇》稿本中。遗憾的是张氏所译此诗，只能是“养在深闺人未识”了，直到钟叔河先生将其编入《走向世界丛书》的1985年方才面世，自然这首诗在近代也就谈不到有什么影响了。此诗的文本今天很容易看到，受篇幅所限，我这里就不再引用它的原文了。

又过了四年，1873年7月，王韬的《普法战纪》在香港中华印务总局出版，全书十四卷，卷一收入了他与张芝轩[②]合译的《法国国歌》和德国爱国诗人阿恩特（E. M. Arndt，1769—1860）的《祖国歌》。这两首翻译诗歌在当时就引起了很大的反响。《法国国歌》即《马赛曲》，相传是法国一位上尉军官鲁实·棣·厘士（Rouget de Lisle，现通译为卢日·得·里勒，1760—1836）于1792年4月26日夜写的一首歌曲，原名《莱茵军战歌》，此曲充分表达了法国人民与封建势力誓死战斗、争取民族独立、民主自由的革命热情和复仇精神，具有极大的鼓动力量。英国著名学者嘉莱尔（Carlyle，1795—1881）评论此歌曰：“（《马赛曲》）是为世界中自有乐歌以来最能造福人类之著作。凡有人性，闻此歌声，血液必激荡于脉管之中，倘集全军之人或合一团体之人而歌之，歌者之目必暴赤如火而垂泪，而其心则一往无前，自能审择于死与专制与魔鬼三者之间。”[③]

王韬和张芝轩合译的《马赛曲》，译文流畅，音韵铿锵。全诗译文四节，都是

---

① 所谓“中国翻译文学”应当是指中国人在国内或国外用中文（主要指汉语）翻译的外国文学的文本。见郭延礼：《中国近代翻译文学概论》（修订本），湖北教育出版社2005年版，第12页。

② 张芝轩，名宗良，字芝轩，广东南海人，精通法文和英语等。

③ 转引自刘半农：《灵霞馆笔记》，《新青年》第2卷第6号（1917年2月1日），第16页。

七字句，富有整齐美和节奏感，后来梁启超把它收入《饮冰室诗话》。1904年，侠民[①]又重译其第一章并谱曲，题为《汉译法兰西大革命国歌》[②]，刊于《新新小说》第1年第2号（1904年10月26日）。《民报》1907年第13期又把它译为《佛兰西革命歌》。1916年，刘半农又据法文、英文对照，重译了这首诗，仍称《马赛曲》。在近代，这首资产阶级革命的战歌，影响很大。此外，日本著名的政治小说《佳人奇遇》也全文引用了王韬所译的这首法国国歌。

王韬译的德国爱国诗人阿恩特的《祖国歌》在形式上则要更灵活一些，句式长短不一，从四言、五言、七言、九言到十一言，参差错落，跌宕起伏，增加了音韵的抑扬顿挫，在诗体上更趋向自由化。

请看它的最后一节：

此为日耳曼奄有之土疆，
长邀鉴顾于穹苍。
俾我侪心志雄兮膂力强，
尽心爱此宗邦兮志之衷藏。
此乃日耳曼之祖国兮，
渺渺兮余怀望。

这首诗在20世纪初颇受读者欢迎。1902年，奋翮生（蔡锷）编辑《军国民篇》时便将它收入（刊《新民丛报》第11号“军国民之要素”之一节）。蔡锷特别强调：“国魂者，国家建立之大纲，国民自尊自立之种子。”故国家之强盛，必在激励、振兴国魂。他又评论曰：“吾读其《祖国歌》，不禁魂为之夺，神为之往也。德意志之国魂，其在斯乎！其在斯乎！今为录之，愿吾国民一读之。”王韬30年前翻译的这两首西洋诗歌，至此才更显现出它的爱国革命精神。这也可以折射出近代翻译文学的出现和发展，重要的一点是基于思想启蒙和民主革命的诉求。

---

① 侠民，即龚子英，苏州人，1904年《新新小说》创刊，他为发起人之一。辛亥革命前后，曾任上海《时报》的新闻编辑。

② 《新新小说》第2号（1904年10月26日出版）以头版专栏发表了《法兰西革命歌琴谱》，包括以下五部分：叙言、法文马赛尔士歌原词第一章、汉译法兰西大革命国歌第一章、五线谱注法文原词、号码谱注汉文译词。

1890年（光绪十六年），回族学者马安礼又翻译了阿拉伯著名诗人穆罕默德·舍赖弗丁·蒲绥里的《衮衣颂》（今译《斗篷颂》）。蒲绥里（al-Būsīrī，1211—1296）生于埃及的代拉斯城，他是阿拔斯王朝后期著名的诗人。蒲绥里的代表作是长诗《衮衣颂》，全诗162行，是一首宗教颂诗。马安礼将此诗译成汉文，仿《诗经》体，故又称《天方诗经》。译诗共分10篇161章。这首长诗是歌颂伊斯兰教先知穆罕默德的，诗中洋溢着对先知的崇敬，具有浓重的宗教色彩。它是在阿拉伯—伊斯兰世界流传最广的一首颂诗，在阿拉伯文学史和宗教史上均具有很高的地位。这首阿拉伯诗歌中的经典之作，受到全世界的关注，仅有关这首长诗的诠释本就有90余种。这首长诗还不断被人们译成各国文字出版，马安礼的汉文译本（附注释）可以说是第五种重要的译本。马安礼在他的老师、回族学者马复初的鼓励与帮助下完成了这个汉文译本，1890年在成都以中文和阿文合璧的形式正式出版。此诗是中国翻译诗歌中第一首阿拉伯诗歌。

《天方诗经》的翻译出现在19世纪末是值得珍视的，仿《诗经》体的格式增加了这首宗教颂诗的典雅，这是优点；但由于译文采用文言和四字句，也限制了这首长诗丰富的意蕴和民族风格的表达。

在近代前期的翻译诗歌中，还有若干译诗是夹杂在其他专门的译著中面世的。这些译诗，有的是短短的几行，也有的是较长篇幅、独立成篇的诗歌，如前面提到的王韬的《普法战纪》卷一出现的《法国国歌》和德国阿恩特的《祖国歌》，但更多的则是诗歌中的片段。

1898年（光绪二十四年），严复的译著《天演论》出版，书中译了赫胥黎引用英国18世纪诗人朴伯（Pope，今译蒲伯，1688—1744）《人道篇》（*Essay on Man*）的片段，一位英语专家认为，严复的译文“是颇见功力的”[①]。严复还译了丁尼生（A. Tennyson，1809—1892）的长诗《尤利西斯》中的一节。

1902年（光绪二十八年），梁启超又在他的小说《新中国未来记》中译了诗人拜伦《渣阿亚》片段和长诗《哀希腊》中的两节。梁启超所译《哀希腊》的两节采用了中国戏曲的曲牌——《沉醉东风》和《如梦忆桃源》，译者虽然用了中国古典戏曲的曲牌，但并不完全受原曲牌定字、定句和平仄的限制，这两首译诗倒很有自由诗

① 王佐良：《严复的用心》，见《论严复与严译名著》，商务印书馆1982年版，第25页。

的味道。[①]但是，用古典诗体的格律翻译外国诗歌，困难是很多的，诚如梁启超在译拜伦《哀希腊》时所说："翻译本属至难之业，翻译诗歌，尤属难中之难。本篇以中国调译外国意，填谱选韵，在在窒碍，万不能尽如原意。"[②]正因为如此，所以在近代前期翻译诗歌比较少。

诚然，在19世纪后半期，翻译诗歌还多数附属或夹杂在某些著作（如《普法战纪》《天演论》）和文学作品（如《新中国未来记》）中，但也有独立存在的单篇翻译文本。这种情况到了20世纪初已然改观。

三、20世纪初欧美翻译诗歌的大量涌现

在近代翻译的外国诗歌中，被翻译数量最多的是英国诗歌，其中以译拜伦诗最多，特别是他的《哀希腊》，先后有梁启超、马君武、苏曼殊、胡适四人的译文。分别题为《端志安》（1903）[③]、《哀希腊歌》（1905）、《哀希腊》（1909）和《裴伦〈哀希腊歌〉》（1914）。此外，还有苏曼殊所译拜伦的《赞大海》（1909）、《去国行》（1909）、《答美人赠束发䌷带诗》（1909）、《星耶峰耶俱无生》（1909），任鸿隽[④]译的《三十六生日诗》（1914）等。为什么在当时拜伦的诗特别受国人的注目呢？这与中国近代民族危亡的社会现实有关。众所周知，拜伦是英国杰出的积极浪漫主义诗人，反抗封建专制、呼唤独立自由、歌颂民族民主革命，是拜伦诗歌中最常见的主题。处在清王朝统治下的中国人民正是在拜伦诗歌中找到了精神上的寄托和感情上的共鸣，尤其是他仗剑从军，参加希腊的独立军，更令中国青年为之向往和敬佩。鲁迅所说："其实，那时Byron之所以比较的为中国人所知，还有别一原因，就是他的助希腊独立。时当清的末年，有一部分中国青年的心中，革命思潮正盛，凡有叫

---

① 梁启超所译《哀希腊》的译文太长，此处不再引，详见《新中国未来记》第四回，《饮冰室合集·专集》第八十九卷，中华书局影印本，第44—45页。

② 《新中国未来记》第四回《如梦忆桃源》译后按语。

③ 拜伦的诗剧《唐璜》中的一章即《哀希腊》，共十六节，梁启超所译为第一节和第三节。

④ 任鸿隽（1886—1961），科学家，字叔永，四川巴县人。早年留学日本，1913年又留学美国康奈尔大学，攻理化，1918年归国。在美国曾与胡明复、赵元任、杨铨等人发起组织中国科学社，创刊《科学》杂志。1935年赴四川，任四川大学校长。著有《科学概论》。

喊复仇和反抗的，便容易惹起感应。”[①]

除拜伦的诗外，所译英诗还有雪莱（Percy Shelley，1792—1822）的《冬日》（苏曼殊译，1909）和《云之自质》（今译作《云》，叶中泠[②]译，1913），柯伯（William Cowper，1731—1800）的《痴汉骑马歌》（辜鸿铭译，1905），彭斯（Robert Burns，1759—1796）的《颎颎赤墙靡》（今译《一朵红玫瑰》，苏曼殊译，1908）和《译彭斯诗，调寄虞美人》（陆志韦[③]译，1914），丁尼生的《哀波兰》《波兰革命行》（皆陆志韦译，1913）和《六百男儿行》（胡适译，1908），华兹华斯（William Wordsworth，1770—1850）的《贫儿行》和《苏格兰南古墓》（皆陆志韦译，1914），胡德（Thomas Hood，原译虎特，1799—1845）的《缝衣歌》（马君武译，1914）和同诗 *The Song of the Shirt* 的另一译名《缝衣曲》（刘半农译，1917）。近代翻译的英国诗歌虽然主要集中于反对封建专制、礼赞资产阶级民主革命和民族解放运动的战斗主题，但题材已较广泛，反映民生疾苦和歌颂爱情之作也被译入中土。在风格上既有拜伦、雪莱等昂扬奔放的积极浪漫主义诗作，也有彭斯、华兹华斯那纯洁得如幽谷中的清泉、富有抒情色彩和音乐感的乐章，柯伯的滑稽、轻松，胡德的哀婉、朴实，均给中国诗歌爱好者留下了深刻的印象。

其次是德国诗歌翻译。德诗翻译以歌德的诗最多。歌德（J. W. Goethe，1749—1832）是德国18世纪末19世纪初最杰出的诗人和思想家，他的创作把德国文学推向了一个前所未有的高峰。歌德不仅是德国狂飙突进运动的中坚，也是德国古典主义的代表，这位具有世界影响的大诗人，一生特别喜爱中国古典文学。他读过中国小说《好逑传》、戏剧《赵氏孤儿》和若干古典诗歌，据说他晚年未完成的悲剧《爱尔倍诺尔》即受到《赵氏孤儿》的影响，可见歌德对中国文学情有独钟。在歌德一生之中始终凝聚着一个“中国情结”。中国最早翻译歌德诗歌的是马君武。马君武在

---

① 鲁迅：《杂忆》，《鲁迅全集》第一卷，人民文学出版社1981年版，第220—221页。

② 叶中泠，即叶玉森（1880—1933），字镔虹，号中泠，满族，江苏丹徒人。南社社员。著作很多，以词的成就为高，还译过英国丁尼生的《战死者之孀与孤》、美国朗费罗的《矢与歌》。

③ 陆志韦（1894—1970），原名保琦，后以字行，浙江吴兴人。1913年东吴大学毕业，曾任东吴大学附中英文教师。1915年留学美国，1920年获芝加哥大学哲学博士学位。回国后历任东南大学、燕京大学教授、校长。后成为著名心理学家、语言学家。他在大学时代即翻译诗歌，多刊于《东吴》杂志。

留学德国期间译了歌德的《阿明临海岸哭女诗》[①]和《米丽容歌》。前者系摘译自歌德著名小说《少年维特之烦恼》中的一个片段，极写阿明失女后的悲伤。后者是歌德一首著名抒情诗，收入《威廉·迈斯特的学习时代》第三卷作为迷娘歌唱的插曲。此诗曾由贝多芬、舒伯特、舒曼、柴可夫斯基等音乐大师作曲，流传极广。

德国另一位著名诗人海涅（Heinrich Heine，1797—1856）的作品也引起了译者的兴趣。关于海涅的介绍，早在1901年辜鸿铭在他的《尊王篇》（上海别发洋行出版）就曾引用过他的《德国，一个冬天的童话》中的两段诗歌，但因辜氏用的是英文，不为一般中国读者所知。而用中文首先译介海涅诗歌的当是胡适。胡适1913年曾在上海出版的《留美学生年报》第二年本上发表了《译德国诗人亥纳诗一章（有序）》[②]。“亥纳”是早期海涅不规范的译名。胡适把海涅的这首诗译为一首七律，无诗名（今译为《松》），译诗为：

高松岑寂羌无欢，独立塞北之寒山。
冰雪蔽体光漫漫，相思之梦来无端。
梦中东国之芭蕉，火云千里石欲焦。
脉脉无言影寂寥，欲往从之道路遥。

胡适在译诗前有记云：“（海涅）生平长于短章、小诗，其诗亦敦厚，亦悱恻，感人最深。即如此诗，相思之词也。高松苦寒，诗人自况；南国芭蕉，以喻所思；冰雪火云，以喻险阻，颇类吾国比兴之旨，而其一种温柔忠厚之情，自然流露纸上。”

稍后，鲁迅也译了海涅的诗两首，刊于《中华小说界》1914年第2期。译诗无题，两首诗的首句分别为“余泪泛滥兮繁花”和“眸子青地丁”（今译分别题为《在我的眼泪里》和《蓝色的紫罗兰》）。

在德国诗歌翻译方面，有一位青年翻译家尤值得注意，他就是曾留学德国的应

① 谭行等编著的《马君武年谱》（见《马君武诗注》，广西民族出版社1985年出版）1911年条，说马氏曾译过歌德的《少年维特之烦恼》，今未见译著。我疑是指马氏译过该小说的一个片段，即此诗。

② 这首诗胡适译于1912年，而正式发表于《留美学生年报》第二年本，时为1913年1月。见季维龙编：《胡适著译系年目录》，安徽教育出版社1995年版，第7—8页。

时。应时（1886—1942），字溥泉，浙江吴兴（今湖州市）人，他曾两次出国留学[①]。首次留学归国后，于1914年出版了一本他翻译的《德诗汉译》，计收所译德国诗人10人、诗歌11首，依次为乌郎（Johann Ludwig Uhland，1787—1862，今译乌兰德）的《乐师诅咒》（今译《歌手的诅咒》），翕雷（Johann Christoph Friedrich von Schiller，1759—1805，今译席勒）的《质友》，纪善勃赉希（H. Ludwig Griesebrecht，1792—1817）的《救命船》，夏迷莎（Adelbert von Chamisso，1781—1838，今译沙米索）的《长人儿戏》（今译《巨人的玩具》），莱茵聂客（Robert Reinick，1805—1852，今译赖尼克）的《德人诫子》（今译《德国人的劝诫》），许窪伯（Gustav Schwab，1792—1850，今译施瓦布）的《暴雷》（今译《雷电》）和《骑马渡湖》（今译《骑士与博登湖》），戈德（Johann Wolfgang von Goethe，1749—1832，今译歌德）的《鬼王》（今译《魔王》），哈英南（今译海涅）的《俘虏忠愤》，好夫（Wilhelm, Hauff，1802—1827，今译豪夫）的《骑士朝歌》（今译《骑兵的早晨之歌》），裴尔格（G. A. Bürger，1747—1794，今译毕尔格）的《义士歌》。应时《德诗汉译》的编选，在当时毫无参照和借鉴的情况下，他对诗人的选择颇有鉴别力。应时不仅选译了德国文学史上最杰出的三位诗人歌德、席勒和海涅的诗作，而且其他七位也都是德国近代诗歌史上有影响的诗人。其所选的诗作具有典范性，说明应时还是很有文学史眼光的。

《德诗汉译》的翻译，基本上遵循了“信、达、雅”的原则，在翻译中首先要求准确地表达原语文本的含意，然后又要照顾到诗的体制（包括原语诗体和译入语诗体两个面向）和神韵，尽可能做到诗义、神韵与形式三者的统一。《德诗汉译》采用了德文、中文对照的形式。译者将入选诗人作品的原语文本与译文参照排印，既便于两种文本的对照，从而促进译者和读者的互动，也可以为本土读者提供一种准确的德语诗歌文本。在20世纪初中国初步接触西方文学的历史语境中，对于喜爱德国诗歌的普通读者来说，肯定是一种雪中送炭的创举。

对法国诗歌的翻译较少，除王韬等人译的《马赛曲》外，今天能看到的译作就是法国浪漫主义大师雨果（Victor Hugo，1802—1885，原译嚣俄）的作品了。雨果

---

① 应时曾两次出国留学，首次在1907—1908年之交，先在英国伯明翰大学学理科，后转入德国加鲁高等商业学校学德语，1901年2月中旬归国。第二次在1916年，赴德国留学，先在柏林攻读法律，旋因1917年中德宣战，改入瑞士罗山大学续习三年，毕业后又赴巴黎大学研究法律两年，1922年获法学博士学位。此时浙江政法专门学校电召，聘应时为该校教务长，应时遂即回国，从此进入法律界。

除了小说和戏剧创作外，也是一位著名的诗人。关于他的诗歌，除马君武译有《重展旧时恋书》(1914)外，后来成为著名天文学家的高君平也是值得我们关注的一位译者。高君平，即高均(1888—1970)，字君平，因仰慕东汉天文学家张衡(字平子)，自号“平子”，人称“高平子”，南社著名诗人高旭的从弟，江苏金山(今属上海市)人。高君平自幼聪明好学，1904年，16岁的高平子考取了震旦学院，成绩超群，深得校长马相伯的赏识。他爱好天文学，后成为我国著名的天文学家。他曾师从佘山天文台台长、法国神父蔡尚质学习现代天文理论，又跟他学习法文，以是法文水平提高很快。高平子爱好文学，尤喜爱诗歌，《白门悲秋集》中就选有他的《望金陵》诗。他还翻译了雨果的《妙龄，赠彼姝也》(1913)和《夏之夜二章》(1914)。这两首译诗分别刊于《国学丛选》第3集和第6集。《妙龄，赠彼姝也》是一首礼赞青春的歌，全诗共五节，现抄录如下：

(一)

妙龄最难得，慎莫羡壮年。
壮年多辛苦，哀乐生憎嗔。
欢笑多假意，不及汝涕涟。

(二)

少小不知愁，年去谁为惜？
有如长天风，去去到无极。
欢声入寥冥，海鸥逐波没。

(三)

吁嗟彼姝子，聊复少悲思。
汝年正朝葩，春风发天涯。
花枝始欲茂，攀折须待时。

(四)

年华一已长，运厄多悔咎。
结友肝胆倾，覆手盟言负。
欢场乐事多，叹息不忠厚。

(五)

司命纵难逭，薄言且娱忧。

容颜正娇好，烂漫双明眸。
秋波映天光，慧心露欲流。
娱忧且笑乐，无使颜生愁。

高君平的这两首译诗，《夏之夜二章》译为两章七言绝句，而《妙龄，赠彼姝也》，译成了五节五言古体。前四节是五言六句，后一节则是五言八句。他的译诗不拘泥于字句的多少，而侧重考虑的是如何更好地表现诗的内容和意境。高君平虽是自然科学家，但国学功底亦很好，译诗神韵俱佳，姚石子赞为“贵得其意，尤贵得其神”[①]。

此外还有佚名译的法国民歌《威拉下民境遇歌》（刊《大陆报》1903年第7期），文辞质朴，反映了下层劳动群众的思想感情。

美国诗歌，被翻译最多的是朗费罗的诗，前面已经说过，1864年由美国外交官威妥玛和中国文人董恂合作译成中文的一首译诗就是朗费罗的《人生颂》。他的这首《人生颂》，1897年又被英国传教士沙光亮和中国人叶仿村合译为《美国龙飞罗先生爱惜光阴诗》（详见前）。20世纪初，朗费罗的诗更加受到中国翻译家的关注。胡适译了他的《晨风篇》（署名“铁儿译”，刊《竞业旬报》1909年第39期），陆志韦译了他的《野桥月夜·调寄浪淘沙》（刊《东吴》1913年第1卷第1期），叶中泠译了他的《矢与歌》（1913）[②]，吴宓译了他的《伊凡吉琳》（刊《益智杂志》1913年第1卷第3期）。“五四”前夕，颜铸欧、陈稼轩又译了他的《村中锻工》（今译《乡下铁匠》，刊《英文杂志》1917年第3卷第3期）。由此可以反映出朗费罗的诗在中国人民中所受到的欢迎。

俄国大诗人很多，但近代对俄国诗歌却译介得极少。20世纪初最早译介的俄国大诗人普希金、莱蒙托夫的作品并不是诗，而是他们的小说《上尉的女儿》（译为《俄国情史》）和《当代英雄》（译为《银钮碑》）。俄国诗歌最先被译成中文的却是

① 姚石子：《倚剑吹箫楼诗话》。

② 这首《矢与歌》此前安徽休宁人黄寿曾译过，题为《白羽红么曲》，载黄寿曾的诗集《寄傲庵遗集》（1930年排印本）中。今译《箭与歌》，见杨德豫译：《朗费罗诗选》，人民文学出版社1985年版，第56页。按：这首《箭与歌》，“五四”之后，还陆续有人翻译。如吴立译《箭与歌》（刊1920年《民国日报·平民》）、刘哲明译《箭与歌》（刊《新人》1920年第2号）、馥泉译《矢和歌》（刊1921年《民国日报·觉悟》）等。

以写小说驰名于世的屠格涅夫的散文诗，不过当时的译者是误把它们作为小说文体译成中文的。这就是刘半农1915年翻译的屠格涅夫（1818—1883，原译杜瑾讷夫）的四首散文诗：《乞食之兄》（今译《乞丐》）、《地胡吞我之妻》（今译《马霞》）、《可畏哉愚夫》（今译《愚人》）、《嫠妇与菜汁》（今译《白菜汤》）[①]。刘氏在译文前有小序云："（此四篇，成于1878年2月至5月间，时年已六十。）措辞立言，均惨痛哀切，使人情不自胜。余所读小说，殆以此为观止，是恶可不译以饷我国之小说家。"三年后，刘半农又译了屠格涅夫的两首《狗》和《访员》，发表在1918年的《新青年》第5卷第3期上。这次他在文体识别上有了进步，译文后注曰："以上俄国Ivan Turgenev所作散文诗二首，依英人C. Garnett译本译出。"至此"散文诗"这一文体之名称在中国文坛上始正式出现。

另，马君武1915年在翻译托尔斯泰的小说《绿城歌客》（今译《卢塞恩》）时，以五言诗的形式译了其中的一段歌词[②]，这虽然不是独立成篇之作，但在近代俄国诗歌译作极少的情况下，仍有值得略书一笔的必要。

近代翻译诗歌除较集中于英、法、德、美等国外，周作人还译有匈牙利裴多菲（1823—1849）的《故国》（刊《中华小说界》1914年第1卷第2期）和波希米亚民歌《鹧鸪》（发表刊物同上，1914），陈独秀译有印度泰戈尔（Rabindranath Tagore，1861—1941，原译作达噶尔）的《赞歌》（今译《吉檀迦利》，1915），刘半农译有《译诗十九首》（1918）。特别是刘半农，他在"五四"前夕的翻译界异常活跃，通过《新青年》上的专栏《灵霞馆笔记》发表了若干译诗，重要的有拜伦的长诗《哀希腊》，瓦雷的《寄赠玫瑰》，摩亚的《最后之玫瑰》，其中还有泰戈尔的散文诗四首：《恶邮差》《著作资格》《海滨》《同情》。

四、近代翻译诗歌的主要特点

上面我叙述了近代外国诗歌（主要是欧美国家）的翻译情况，从中可以看出近代翻译诗歌的几个主要特点：

第一，近代翻译诗歌在传播途径上经过了一个由零章断句到单独成篇并汇集为

---

① 刊《中华小说界》1915年第2卷第7期。

② 见莫世祥编：《马君武集》，华中师范大学出版社1991年版，第450页。

单行本、由依附于其他著作的传播到独立面世的过程。从上面叙述中看出1907年之前，不仅严复、辜鸿铭所译英国诗歌的零章断句是这种情况，就是王韬、张宗良译的《马赛曲》和阿恩特的《祖国歌》、梁启超译的拜伦的诗、马君武译的菲律宾黎萨尔的长诗绝命词[①]也是如此。

王韬等人译的《马赛曲》是附在《普法战纪》中传入中国的，拜伦的《渣阿亚》片段和《端志安》中的两节，则是通过梁启超的小说《新中国未来记》中的主人公黄克强和李去病聆听一青年的英文唱歌而最早公之于世的。马君武译的菲律宾爱国者和文学家黎萨尔的绝命词《临终之感想》是在他的《茶余随笔》中与中国读者见面的。

1907年之后，这种情况发生了根本的变化：不但大量的翻译诗歌以单篇的形式发表在报刊中，而且还出现了苏曼殊编译的诗集《文学因缘》《潮音》《拜伦诗选》[②]和《汉英三味集》，应时译的《德诗汉译》，以及辜鸿铭译的《华英合璧：痴汉骑马歌》，这六个翻译诗歌集包括了英国、法国、德国和印度等国十多位著名诗人，如拜伦、雪莱、彭斯、华兹华斯、柯伯、雨果、歌德、海涅、席勒、豪夫的诗歌。中国人民因之得以首次了解与欣赏到这么多外国著名诗人的诗篇，这对于开阔人们的艺术视野和推动中国的诗歌创作都有积极的影响。另一方面，在传播媒介上这种由夹杂在书中的零章断句到单篇文本的独立发表，再到以专集或专书形式的正式出版，也表明近代翻译诗歌在传播层次上的逐步升级。翻译诗歌作为近代文学中的一个分支，也逐渐融入近代新的传播媒介。

第二，近代翻译诗歌一开始就带有鲜明的目的性。当时的译者大多是爱国志士或思想进步的文人，他们翻译外国诗歌主要还不是基于文学因素的考虑，更重要的是为了鼓动民气，呼唤国魂，宣扬爱国主义和民主主义。王韬首译法国国歌和德国爱国诗

① 马君武译的黎萨尔的《临终之感想》，见马君武1903年3月12日写的《茶余随笔》（莫世祥编：《马君武集》，华中师范大学出版社1991年版，第110—111页）；施蛰存在其主编的《中国近代文学大系·翻译文学集三》中也将这首译诗收入（选自《教育必用学生歌》，作新社1904年版），题为《菲律宾爱国者黎沙儿绝命词》（题后注“题为译者所加”），署：“黎沙儿作、译者未署名。”两相对照，除偶有一二误排外，余均同。按：此诗最早见于陈撷芬主编《女学报》第2年第3期（1903年5月11日），题为《黎沙儿绝命词》。

② 《拜伦诗选》的出现年限，由于苏曼殊有意无意地误署年份，署作1908和1912年版，但人们从未见有此两种版本，所见者为1914年日本东京三秀社出版的本子。

人阿恩特的《祖国歌》虽是作为《普法战纪》历史叙事中的插曲，但已有鼓舞民气的寓意，后经奋翮生（蔡锷）在《新民丛报·军国民篇》和梁启超在《饮冰室诗话》中的转载和评论，已使这两首译诗具有更为鲜明的功利目的。蔡锷这样评论《祖国歌》："吾读其《祖国歌》，不禁魄为之夺，神为之往也。德意志之国魂其在斯乎，其在斯乎！"[①]王韬译的另一首法国国歌《马赛曲》，后来也经侠民和《民报》转载改译，更加突出了它的政治色彩和宣传效用。再如，近代翻译界之所以出现译拜伦热，多半也系源于社会政治的因素，他的《哀希腊》先后有四人（梁启超、马君武、苏曼殊、胡适）翻译，主要是基于诗中反对封建专制、争取民族独立的战斗内容。诚如梁启超通过他小说中的主人公李去病所说："《哀希腊》虽属亡国之音，却是雄壮愤激，叫人读起来，精神百倍。……句句都像是对着现在中国人说一般。"[②]他如陆志韦译英国诗人丁尼生的《哀波兰》和《波兰革命行》，胡适译丁尼生的《六百男儿行》[③]，都是基于爱国主义和尚武精神的思想主题。配合近代反抗外来侵略、争取民主自由斗争的需要译介外国诗歌，从而为救亡图存、建构民族国家的现实斗争服务，这是近代翻译诗歌的一个突出特点。

第三，近代翻译诗歌题材广泛、内容丰富。

近代译者为了思想启蒙、开启民智的需要，翻译诗歌除突出救亡图存的爱国主义主题外，在题材方面还是比较广泛的。如马君武等人翻译的英国胡德的《缝衣曲》就是书写缝衣女的劳苦生活和不能有所爱的内心痛苦，胡适译的苏格兰女诗人安妮·林德赛（Anne Lindsay，1750—1825）的《老洛伯》（1918）和英国奥斯汀·多布森（Austin Dobson，1840—1921）的《奏乐的小孩》（1919），颜铸欧和陈稼轩译的朗费罗的《村中锻工》（1917），都从不同侧面书写了劳动人民的勤苦劳作和悲惨命运。在翻译诗歌中讴歌爱情的主题也为数不少，像苏曼殊所译彭斯的《颎颎赤墙靡》（今译《一朵红玫瑰》，1908）、拜伦的《答美人赠束发䄌带诗》（1909）、黄侃所译拜伦的《留别雅典女郎》（1908）、马君武所译歌德的《米丽容歌》（1914）。他如歌颂自然风光和乐观向上、积极进取精神的，如胡适所译朗费罗的《晨风篇》

---

① 《新民丛报》第11号（1903年7月5日）。

② 见《新中国未来记》第四回。

③ 狄膺（原名福鼎，字君武，江苏太仓人，南社社员，法国留学生）亦译此诗，题为《轻骑六百》。

（1909）和勃朗宁（R. Browning，1812—1889）的《乐观主义》（1914）。题材的广泛，使近代翻译诗歌包含了丰富的思想意蕴，不论对近代思想启蒙抑或是诗歌创作，都产生了积极的影响。

第四，近代翻译诗歌在形式上的惰性：较之中国传统诗体变化不大。

诚然，为了使翻译诗歌更好地适应表现域外内容的需要，近代翻译家从较早的梁启超开始就注意翻译诗体的革新。即以翻译拜伦的《哀希腊》为例，梁启超尝试着用词曲长短不一的句式来译，苏曼殊则喜用五言古诗的形式，马君武用的是七言歌行体，胡适则用的骚体，但不管何种体式，仍未能超出古典诗歌的体制。近代翻译诗歌的一个根本弱点就是以古典诗歌的形式，用文言翻译外国诗，不论是五言、七言，抑或是骚体或词的长短句，其语言既是典雅的文言，句式、音节、韵律又为古诗所限，就很难完美地迻译外国诗，读者总感到它们并不像英国诗、法国诗、德国诗和印度诗，而带有浓郁的中国诗的风味。试读以下译诗：

此地是艺文旧垒，技术中潮，
即今在否？
算除却太阳光线，
万般没了！

——梁启超译拜伦《端志安》

燕子归何处，无人与别离。
女行薆谁见，谁为感差池。

——苏曼殊译豪易特《去燕》

白日暗西下，四空入杳冥。
小星灭不见，龛火余微明。
微明耿不熄，并我故国情。

——周作人译裴多菲《故国》

暴君昔起遮松里，当时自由犹未死。
曾破波斯百万师，至今人说米须底。

吁嗟乎！本族暴君罪当诛，异族暴君今何如？

——马君武译拜伦《哀希腊歌》

吾生唯知猛进兮，未尝却顾而狐疑。
见沉霾之蔽日兮，信云开终有时。
知行善或不见报兮，未闻恶而可为。
虽三北其何伤兮，待一战之雪耻。
吾寐以复醒兮，亦再蹶以再起。

——胡适译勃朗宁的《乐观主义》

读这些译诗，均有“似曾相识”之感。翻译外国诗歌用中国古典诗体，又用文言，很难成功。这种情况并非仅限如上所举的翻译家，其他如在近代曾译过外国诗歌的王韬、严复、戴宗球、辜鸿铭、应时、叶中泠、陆志韦、任鸿隽、高君平、颜铸欧、杨铨、鲁迅等人也均受到这种局限。这里再举严复的例子。

前面说过，严复曾在《天演论》中译过英国诗人蒲伯的《人论》(*Essay on Man*)，严复译为《人道篇》，此诗译文被英语专家王佐良教授赞为“译文是颇见功力的”。但有趣的是：如果我们把王佐良的译文和严复的译文对照来读，就可感到，这完全是两种不同的诗。请看：

原文：

All Nature is but Art, unknown to thee;
All Chance, Direction, which thou canst not see;
All Discord, Harmony, not understood;
All partial Evil, universal Good:
And, spite of pride, in erring Reason's spite,
One truth is clear, Whatever is, is right.

——Essay on Man, I, 289-294

严复译文：

元宰有秘机，斯人特未悟；
纪事岂偶然，彼苍审措注；
乍疑乐律乖，庸知各得所？
虽有偏沴灾，终则其利溥。
寄语傲慢徒，慎勿轻毁诅；
一理今分明，造化原无过。

王佐良译文：

整个自然都是艺术，不过你不领悟；
一切偶然都是规定，只是你没看清；
一切不协，是你不理解的和谐；
一切局部的祸，乃是全体的福。
高傲可鄙，只因它不近情理。
凡存在都合理，这就是清楚的道理。

众所周知，严复翻译是极其严谨的，往往“一名之立，旬月踟蹰”[①]，尽管如此，他的译诗仍受到传统诗体和文言的限制。这是近代翻译文学中内容和形式矛盾的一个重要侧面。“旧瓶装新酒”，只是不得已而为之，绝非良策。只重视内容的“新意境”，而不同时着意于诗体形式的变革，翻译诗歌就难以取得大的成就。这并非对近代翻译家的苛求，而旨在说明文体形式发展到近代，是非变不可的了。

第五，翻译诗歌对近代诗歌变革在文学观念和创作实践上的影响。

近代诗歌创作一直处在变革之中，从黄遵宪早期“我手写我口”的探索到梁启超所提出的“诗界革命”，再到南社诸子（如高旭、马君武）和资产阶级革命派诗人（如秋瑾、宁调元）的创作实践，他们对诗的探索仍多局限在内容层面，而对诗歌形式的改造，则着力不够。梁启超在《饮冰室诗话》中说：“过渡时代，必有革命。然

① 《〈天演论〉译例言》，《天演论》，商务印书馆1981年版，前言第11页。

革命者，当革其精神，非革其形式。”诗歌形式的探索和突破，始终未得到应有的重视。这固然与近代文学所担负的救亡图存的政治使命有关，同时也与近代功利主义的文学观有直接影响。

近代翻译诗歌对中国近代诗歌创作肯定是有影响的，这有近代诗的创作实践为证。梁启超所提出的“欧西文思”、新思想、新意境，就是文学革新要吸取的西方新观念、新精神、新内容。审美范围的扩大，现实内容的强化，通俗化、大众化的走势等诸多面向，翻译诗歌都或多或少地对其有着影响。但这种影响此前多认定在观念上，即诗歌一定要随着时代的变革而变革，随着时代的前进而前进，而具体到翻译诗歌对近代诗歌创作特别是形式层面的影响则似乎微乎其微。这是因为中国古典诗歌历史悠久，它光辉的成就已形成一个超稳定的状态，固定的形式，严谨的格律要求，很难有大的突破。翻译诗歌对中国诗歌创作真正发生影响是针对“五四”之后的新诗。这点，胡适的“新诗”创作就是明证。胡适第一首新诗是1916年写的“两个黄蝴蝶，双双飞上天”，但他却把“五四”前夕（1919年2月26日）翻译的美国印象派诗人莎拉·蒂斯黛尔（Sara Teasdale）的《关不住了》称为“是我的‘新诗’成立的纪元”①。胡适为什么如此看重这首译诗呢？原因就是这首译诗《关不住了》，不仅是通篇的白话，而且译者在诗的形式层面（语言、句式、音节、韵律）也倾注了心血，使它更具备了“新诗”的元素；而胡适此前所写的新诗，与这首译诗（还应包括译诗《老洛伯》和《奏乐的小孩》）相比，“实在不过是一些刷洗过的旧诗”，因为“这些诗的大缺点就是仍旧用五言七言的句法”②。胡适所译《关不住了》，其革新不仅是内容的革新，而且还有形式的革新，从语言、音节、句式到韵律，统统是新的，胡适称之为“诗体的大解放”。胡适从他译诗的实践中找到了通向“新诗”的路径，这是翻译诗歌对中国诗歌创作影响的一个成功的例证。朱自清先生在他的《现代诗歌导论》中也曾指出这点。其实，这种成功的例证早在十多年前就发生了，惜乎无人像胡适那样进行理论的总结。1906年，李叔同作了一首《春郊赛跑》的歌曲，刊于他自己创办的《音乐小杂志》创刊号上（1906年2月在日本出版），词作者署名息霜，即李叔同，歌词云：

---

① 胡适：《〈尝试集〉再版自序》，《尝试集》，人民文学出版社1998年版，第186页。

② 胡适：《〈尝试集〉自序》，《胡适全集》第十卷，安徽教育出版社2003年版，第30页。

跑跑跑，看是谁先到。杨柳青青，桃花带笑。万物皆春，男儿年少。跑！跑！跑！跑！跑！锦标夺得了。

这首歌词在李叔同创作的70余首歌曲中是最自然流畅、明白如话的了，尤其适合少年儿童，称它为“白话诗”“白话歌词”绝不是过誉。但1906年出现的这首“白话诗”，其基因仍来源于外国歌曲的歌词，即德国诗人哈恩的歌词《木马》，请看《木马》歌词的第一节：

跳，跳，跳！小马跳舞了。骑着木马，骑着石马，马儿不要乱蹦乱跳！小马跳得好！跳跳跳跳跳。

由胡适和李叔同成功的两例，正可说明近代翻译诗歌特别是其后期对中国诗歌创作的影响。这里又让我想起：黄遵宪晚年写的《军歌》《小学校学生相和歌》和《幼稚园上学歌》，是否受到过日本和欧美诗歌/歌曲的影响，也是值得学界关注的问题。总之，我认为近代翻译诗歌，对近代诗歌创作在观念上（文学随时代而变革）和创作实践上都有着积极的影响，并对“五四”之后的新诗也有着春风化雨的催生作用。

近年来文学界比较关注中国近现代文学的转型与变革研究，在其转型与变革中外国文学（包括翻译文学）对中国文学究竟有哪些具体影响（哪怕是细微的影响）。这个问题十分重要，是该课题研究中关键的一环。但有关这方面的研究，当下还很不深入，亟须加强，因为这种研究要比一些华而不实的逻辑推论更接近事实的真相，要明确在学术研究上，逻辑推理不能代替对研究客体的实际考察和具体分析。要想推进学术的发展，必须倡导这种脚踏实地、具体分析的学风。在这方面，我愿与有志之士共勉！

（作者单位：山东大学文学院）

黄公渚选注《玉台新咏》的学术贡献*

张　蕾

摘　要：黄公渚选注《玉台新咏》是民国期间出版的“学生国学丛书”系列的一种。此书虽将读者定位为“学生”，但丝毫没有降低学术品位。《绪言》立足于中国古代诗歌史、文体史，基于诗学观念的变迁重估《玉台新咏》的价值；洞悉《玉台新咏》的谨严体例，读出了其中的多重“系统”；围绕“源流派别”及“作者之得失”评点诗人诗作，不为旧说所囿。精选186首诗作注，弥补了《玉台新咏》注本匮乏之憾。诗人小传注重突出传主的文学成就、特殊经历、个性风采；词语注释简明切用，释义与释事分寸得当；校勘异文，体现出《玉台新咏》所收诗的复杂版本。与通行注本比勘，黄注断句、补脱、正误颇为可取，具有多方面的文献学价值。

关键词：黄公渚　《玉台新咏》　选注

《玉台新咏》是六朝时期著名的诗歌总集，千秋褒贬，影响不绝。民国时期是《玉台新咏》研究的重要阶段，体现了由感性判断向理性论考的转型。黄公渚先生选注《玉台新咏》也鲜明地体现了转型的特点。笔者曾撰文论说民国时期的《玉台新咏》研究实绩①，限于篇幅，对黄公渚先生的学术贡献未及展开。今重读《绪言》及注文，略陈管见，就正方家。

---

* 基金项目：河北师范大学人文社科重点项目“《玉台新咏》衍生文献整理研究”（S2020Z002）阶段性成果。

① 张蕾：《民国时期的〈玉台新咏〉研究》，《燕赵学术》2011年第1期。

一

黄公渚（1900—1964），名孝纾，号匑庵，别号霜腴，山东大学前辈学者、资深教授，与执教于此的冯（沅君）、陆（侃如）、高（亨）、萧（涤非）等著名学者合称“五岳”，其生平著述详见李振聚《黄孝纾家世、生平及著述考》[①]。黄公渚先生选注《玉台新咏》是王云五、朱经农主编“学生国学丛书”系列的一种，完成于民国二十二年（1933），次年由商务印书馆出版。此书虽将读者定位为“学生”，但丝毫没有降低学术品位，实现了丛书“编例”所谓“使学生披沙而得金，贯散以成统”，“示学生研究门径”的初衷。

《绪言》洋洋七千言，堪称专题论文，开篇便为《玉台新咏》“高调”定位：

> 《玉台新咏》一书，实为中国诗学界美术作品之鼻祖，亦为有诗以来，提倡美术化最昌盛时代，内中所采诸诗，皆富有情感，极缠绵悱恻之思，为研究美术诗文者，第一部有系统之专书，选者之艺术眼光，诚可谓卓绝千古。[②]

黄公渚先生以“鼻祖”“第一部”“卓绝千古”称赏《玉台新咏》，为艳体诗正名，是前所未有的大胆。古人肯定这部总集，大抵总要攀附经典，找到其“犹有讲于温柔敦厚之遗”[③]，才显得名正言顺。即使在民国时期，宣称“吾于此二选，宁右孝穆而左昭明”的梁启超，仍然很“客观”地以承认“其风格固卑卑不足道”[④]为前提，来论其可取、可贵之处。黄公渚先生的果敢独断则是立足于中国古代诗歌史、文体史，基于诗学观念的变迁对《玉台新咏》的价值作出的重新评估。他甚至发明了以“美术”“美术化”等词来形容齐梁诗歌的审美追求。“美术化”大致是指魏晋以来所标榜的偏离寄寓政治教化，倡导文学独立的诗学倾向。曹丕的“诗赋欲丽”，陆机的

① 李振聚：《黄孝纾家世、生平及著述考》，《满族研究》2019年第2期。

② 黄公渚选注：《玉台新咏》，商务印书馆1934年版，第1页。本文所引皆出此版本，以下简称“《选注》”，仅注页码。

③ ［清］永瑢等：《四库全书总目》卷一八六《玉台新咏》提要，中华书局1965年版，第1687页。

④ 梁启超：《南陵徐氏覆小宛堂景宋本〈玉台新咏〉》，见吴松等点校《饮冰室文集点校》，云南教育出版社2001年版，第3705页。

“缘情绮靡”，都被看作对诗大序所谓“经夫妇，成孝敬，厚人伦，美教化，移风俗，莫善乎诗”之说的反拨，是开启文学自觉时代的宣言。至梁代，的确可以说进入了“有诗以来，提倡美术化最昌盛时代”。这从萧纲诫子而提出的“文章放荡”说，萧绎区分文笔所谓“至如文者，惟须绮縠纷披，宫徵靡曼，唇吻遒会，情灵摇荡”[①]，就能得到印证。而在如此大环境下问世的文学总集也颇能映现时代的特征。诚如罗根泽先生所言，“玉台新咏的编辑，不惟显示了徐陵的文学观，而且显示了当时的文学观，因为伟大的总集的编辑，每是时代的结晶”[②]。《玉台新咏》选诗围绕特定的主题题材，传扬男女之情、女性之美，“内中所采诸诗，皆富有情感，极缠绵悱恻之思”。要之，言情是《玉台新咏》选诗的题材特征，肯定情就抓住了中国古代诗歌的根本；唯美是特定时期的诗歌艺术要义，弘扬美就扣紧了时代的脉搏。故选家的艺术眼光，可谓“卓绝千古”。

然而《玉台新咏》因大量选入宫体诗，为其所累，长期以来，口碑不佳。如唐宋人谓其“限于淫靡”[③]，“赏好不出月露，气骨不脱脂粉”[④]，清人谓其“所录皆靡靡之音”[⑤]，对其内容风格全盘否定。其实这种先入之见除了诗教中心说的评判立场所致，也与误读或不读而人云亦云密切相关。故而为《玉台新咏》这部总集“翻案”，大抵都是以细读文本，对其价值的重新审视为起点。特别是刊刻家、藏书家的序跋，都极力为其争取正当的地位。黄公渚先生在《绪言》中征引了不同时期的三段跋文，即宋陈玉父、明赵均及清朱彝尊所作之跋，明此书之文学意义及文献价值，在此基础上分析《玉台新咏》作为艳体选本屡遭鄙薄的原因：“世人往往好訾议艳体诗歌，以为靡丽佻巧，有伤骨气，遂或薄之而不为。”进而指出，哀艳之词最易打动人心，《玉台新咏》所录作品有其题材优势：

欲求其动人之易，与感人之深，故发为哀艳之词，虽多半托于征人羁旅、

① ［南朝梁］萧绎：《金楼子·立言》，见陈志平、熊清元校注《金楼子疏证校注》，上海古籍出版社2014年版，第770页。

② 罗根泽：《中国文学批评史》（一），上海古籍出版社1984年版，第137页。

③ ［唐］高仲武：《中兴间气集序》，见［唐］元结、殷璠等《唐人选唐诗十种》，上海古籍出版社1978年版，第302页。

④ ［宋］刘克庄撰，王秀梅点校：《后村诗话》，中华书局1983年版，第6页。

⑤ ［清］王士禛：《带经堂诗话》卷四，人民文学出版社1963年版，第101页。

思妇孤嫠之所讴吟怨慕，而其揽物寄兴，风花雪月，各因其所处之境，以写其感触之不同，大抵意在言外，使读者体会于无形，而不以排比对偶伤其气，雕文刻镂掩其真，故能推陈出新，幽窈曲折，浑灝流转，无美不臻，无变不尽，无格不备，使入者惝怳迷离，神摇志夺，莫可穷其涯涘。非若错采镂金，徒取眩人耳目，究其旨趣，茫然莫知其所归宿者，所得同日而语也。读者能专心致志，熟玩深思，自有探讨不穷之胜境，涵咀既久，以之为诗，则凡所谓甜熟之口吻，油滑之腔调，生硬晦涩之意义，填砌堆垛之弊病，不烦涤荡，自不能奔凑笔底，此可断言者也[①]。

这真是深谙艺术辩证法的通达之言。黄先生认为，感人至深的作品，不因讲究排比对偶、雕文琢句等形式之美而损害其真气；题材类型相同的作品，也会因作者处境不同，写出千变万化的感受，“使读者体会于无形”，“神摇志夺”，“有探讨不穷之胜境”。这些论断，都需建立在“爱好美术之观念，为古今之所同然”的共情之上，阐释起来才不会与编者的初衷南辕北辙。

《绪言》称《玉台新咏》为“有系统之专书”，也堪称灼见。《玉台新咏》的“有系统”除了主题题材的自成体系，还在于编辑体例的严谨自洽。徐陵序云此集“撰录艳歌，凡为十卷”。后人注意到这十卷又以时、以体相分。就时而言，前六卷收录自汉至梁已故诗人之作；卷七、卷八收录当时在世诗人之作，其中卷七又单收萧梁皇室诗作。一卷之中，已故诗人以卒年先后为序编排；在世诗人按官秩排序；皇室诗人以萧衍居首、萧纲次之，以下诸王以年齿为序编排。[②]就体而言，前八卷为五言，卷九为七言歌行，卷十为五言二韵之绝句体，九、十两卷内部又各以时代相次。黄公渚先生自是洞悉《玉台新咏》这种“时”与“体”经纬交织的谨严体例，故而又读出了其中的另一“系统”，即如此编排，不独展示了艳体诗从萌芽到昌盛的历史，又可见出五古、七古、绝句、歌词等多种体式在汉魏六朝的萌生、发展轨迹。关于前者，黄先生指出：

---

① 《选注》，第5页。

② 参见曹道衡：《试论〈文选〉对作家顺序的编排》，《文学遗产》2003年第2期；傅刚：《〈玉台新咏〉编纂时间再讨论》，《北京大学学报》（哲学社会科学版）2002年第3期。

> 第一、二卷，是纯收古体之绮丽者；第三、四卷，已为艳体萌芽时代；第五、六卷，是艳体潮流澎湃时代；第七卷，专载当时帝王之作；第八卷，为艳体极盛将衰时代，而妇人之作附焉。①

类似表达从清代注本中也可找到。如程琰所引齐次风的评语："以上二卷，词皆古意"②（评卷二）；"此卷诗艳体，犹与古调相间"③（评卷三）；"艳体已成"④（评卷五）；又如卷八之末程琰的总结："三、四卷是宫体间见，五、六卷是宫体渐成，七卷是君倡宫体于上，诸王同声。此卷是臣仿宫体于下，妇人同调。转盼之间，《玉树后庭花》竞歌，而《哀江南》之赋又作矣。"⑤都是对《玉台新咏》编选体例的准确把握。黄先生的梳理同样明晰，视野更为开阔。他认为"艳体"诗题材风格渊源有自，从"古体之绮丽者"萌生发展而来，至梁代达其顶峰，朝野纷纷，妇人与焉，但"极盛将衰"，是其不可避免的宿命。如此，追溯其兴，预示其衰，回应了古来"览者可以睹历世文章盛衰之变"（陈玉父跋），近世"欲观六代哀艳之作及其渊源所自，必于是焉"（梁启超跋）的判断，是对此集价值的深切体认。

除了围绕艳体诗的兴盛过程勾勒的一系统，黄先生还放眼整个诗歌史，整体阐释五七言古诗的源流正变：

> 古诗之兴，自三百篇始，及风雅之亡，于是一变而为屈原之《离骚》，再变而为西汉之五言。故五言诗者，实祖述三百篇，而变《离骚》复杂之辞，以别为一体。班孟坚云："自孝武立乐府而采歌谣，于是有代赵之讴，秦楚之风。"徐伯鲁云："武帝以李延年为协律都尉，举司马相如等数十人，造为诗赋略，论律吕以合八音。"盖变乐府为五言，此其时也，乐府既有五言，于是枚乘、苏武、李陵之作，相继崛起，遂为五言古诗之首。而七言之兴，亦导源于汉武，《古文苑》云："武帝作柏梁台，诏群臣二千石，有能为七言诗者，乃得

---

① 《选注》，第1页。

② ［陈］徐陵编，［清］吴兆宜注，［清］程琰删补，穆克宏点校：《玉台新咏笺注》，中华书局1985年版，第93页。本文引此书皆为此版本，以下所引仅简注书名、页码。

③ 《玉台新咏笺注》，第131页。

④ 《玉台新咏笺注》，第226页。

⑤ 《玉台新咏笺注》，第385页。

上坐，自梁王以下，作诗者二十五人。”后世以为七言之始，是已，然柏梁体制，实为联句之宗，而非一人全篇之作，至后汉张衡作《四愁诗》，而七言之体益著，溯厥本源，盖亦变《诗》《骚》之体而为之者也。五七言诗之兴，既如上述，然声调格律之变化，实历魏晋，以逮宋齐，洎乎萧梁，而后至盛且备。①

黄先生指出，五七言诗皆“变《诗》《骚》之体而为之”，汉武帝立乐府、建柏梁极大地推进了五七言体之兴。至于“声调格律之变化”，自汉至梁，亦班班可考，而《玉台新咏》提供了便捷的考察样本。这是《绪言》联系选目重点讨论的又一个问题。

二

与重新定位、重估价值的综合论说相映照，抽样分析是《绪言》的又一重要内容。在选注的82位诗人诗作中，黄公渚先生具体评点了65位诗人（无名氏之作以一题一人计）及其部分入选作品，围绕“源流派别”及“作者之得失”，既有整体风貌的评说，又不乏单篇秀句的赏读，流贯着诗歌史、诗体史的意识，充分发挥了评点这种传统批评方式“形散而神完”“外杂而内整”②的优长。

首先，效法锺嵘《诗品》追源溯流的遗风，勾勒五、七言诗之源流派别。

所评除参考《诗品》所归结的《国风》《小雅》《楚辞》三个系列，还点出诗人或诗作之间的相因嗣承。如谓《古诗》“触物比类，抒写性情，虽不事雕饰，而温丽真挚，弥不可及，其妙处全在怨诽而不乱，深得《小雅》之旨，故觉去古未远”；谓枚乘《杂诗》“其源出于《国风》，敦厚温柔，渊雅纯正，故味淡而实腴，声希而弥远，为五言者，必以此为正宗”；谓张衡《同声歌》“秾艳在骨，而不沦于猥亵，益意有寄托，语特婉至，而其气又足以包举之，其体制则源于《楚辞》，纯从美人香草，脱化而出，然已开六朝艳体之宗派矣”③；谓繁钦《定情诗》“妍丽而不失之于

① 《选注》，第6页。

② 黄霖：《中国古代文学中的评点（上）》，《古典文学知识》2016年第5期。

③ 《选注》，第7页。

薄，复杂而不失之于碎。……其源杂出于《诗》《骚》，故能于五言中别树一帜”[①]；谓谢惠连“其源盖出自陆机，《捣衣》之作，情致缠绵，已为齐梁艳体之先声矣”[②]；谓王鉴《七夕观织女诗》“盖学陆机者也，而排比、对偶，已近谢惠连、王僧达一派”[③]；谓丘迟诗“深得潘岳、谢朓之丽，自有一种奇秀之气，扑人眉宇”[④]；谓费昶“其七言《行路难》一篇，风骨遒上，感喟遥深，颇有鲍照之体”[⑤]，都是围绕选注篇目致流别，辨清浊。

其次，抓住关键诗人，融入诗史情怀。

黄公渚先生对体式风格相当敏感，每每据此发掘点评对象的价值及其在文学史上的应有地位，如上文所引“五言之正宗”“五言中别树一帜”“齐梁艳体之先声”等命名。而对代表性诗人诗作的评述，尤着意从多个侧面见出其文学史意义。例如沈约、萧纲分别是永明、宫体诗派的重要作家，也是黄公渚先生选注篇目数量居首的两位诗人，其评语即较为详赡。如评沈约：

> 源出于鲍照，而清靡之处，时复过之，其《春咏》一首，俨有五言排律之雏形，其《携手曲》一篇，通体平仄皆叶，已大备五律之声调，而《六忆诗》则又别开唐及五代填词家小令之门径矣，七言《望秋月》一篇，淋漓酣畅，顿挫抑扬，极文章之能事，论其体制，纯从古赋中得来，可谓别具一格。[⑥]

“源出于鲍照”之说采自《诗品》“宪章鲍明远”，以下则联系《玉台新咏》所选篇目言说沈约的诗歌成就。在黄公渚先生看来，从体式的角度观察，沈约无疑是六朝时期一位集成性诗人，特别是其倡导的永明新体，对近体诗有开创之功。评语所谓“有五言排律之雏形”“大备五律之声调”“别开唐及五代填词家小令之门径”都是对其领诸体之先声的肯定。至于《望秋月》一篇，“论其体制，纯从古赋中得来”，也是七言体别开生面之作。可以说辨体的意识流贯于点评的始终。再如评萧纲：

---

① 《选注》，第8页。
② 《选注》，第12页。
③ 《选注》，第11页。
④ 《选注》，第15页。
⑤ 《选注》，第16页。
⑥ 《选注》，第15页。

> 梁简文帝之诗，错彩镂金，穷极工巧，顾其丽质天生，自然婉媚，一篇之中，每有瑰词秀句，绝无庸音凡响，信能力去陈腐，务为新颖，于诗中别创一派，不得以绮靡短之。五言如《洛阳道》之“金鞍照龙马，罗袂拂春桑”，《折杨柳》之“叶密鸟飞碍，风轻花落迟”，《拟沈隐侯夜夜曲》之“蔼蔼夜中霜，何关向晓光”，《同刘谘议咏春雪》之“入池消不积，因风堕复来”，《蜀国弦歌篇》之“通星上分野，作固下为都”等句，体物寄兴，其味无穷，虽初盛唐诗人，亦希有此境，中晚唐以降，更无论矣。而其七言《杂句春情》之什，已骎骎乎具有七言律诗之形，《和萧侍中子显春别》“别观蒲萄带实垂”一首，又为七言绝句之滥觞。故论诗于六朝，其能变化古诗之体而自为一体，以开唐人五七言律诗绝句之门户者，惟简文帝与沈约之作为备焉。[①]

体悟之准确，点评之精彩，识见之高远，都令人感佩。黄公渚先生认为，对于作为梁代文学新变领袖的萧纲应予以重新评价，其诗“力去陈腐，务为新颖”，故能“别创一派”，正是新变思潮下的具体实践，而历来“以绮靡短之”，掺杂了太多非文学因素。黄先生摘其秀句，以为初盛唐诗人之高标；辨其体式，赞其开唐诗近体之门户，充分估量了六朝文学之于唐诗高峰的奠基作用。

勾连六朝与唐宋的理念也时见于对其他诗人诗作的点评。如谓左思《娇女诗》“写小儿女情状，历历如绘，而不落于纤琐，以其才大缺气盛，故足包蕴一切耳。杜甫《北征诗》，已用此体。至李商隐之《骄儿诗》，尤刻意摹仿焉”[②]，徐陵诗“清逸华赡，风骨健举，已辟唐初王杨卢骆之轨”[③]，“张率《拟乐府长相思》，沉郁顿挫，已为李白之先声”[④]，江洪诸诗“实开唐宋人无数法门”，姚翻《代陈庆之美人为咏》“则为唐词小令之所本焉”[⑤]。点评中的历史主义情怀与《绪言》“选者之艺术眼光，诚可谓卓绝千古”的论断，彼此阐发，互为表里。这种通达的诗歌史观，即使在当今仍具启发意义。

再次，在比较中鉴别品质高下、诗人得失，提炼诗史价值。

---

① 《选注》，第17页。

② 《选注》，第10页。

③ 《选注》，第19页。

④ 《选注》，第19页。

⑤ 《选注》，第20页。

比较批评也是中国古代传统的批评方法，黄公渚先生的比较批评包括源流品鉴、同题比照、同类相较等几个方面。源流品鉴，主要是比较具有嗣承关系的诗人诗篇的高下。如评杨方《合欢诗》："盖夺胎于《同声歌》，故其谋篇造句，犹有古音，然以例之张衡之作，尚隔一尘，置之齐梁，则又为佼佼者焉。"①评刘铄《代行行重行行》："词藻亦自畅茂，其体则源于陆机之《拟古》，而工力不逮焉。"②是为"流"逊于"源"。而评潘岳："文藻清绮，源虽出于王粲，而密致华赡，殆欲过之。"③评鲍照："源出于张华，兼有张协之体，惊才绝艳，超迈群伦，笔力之独到处，直欲上追建安，其五言思能入巧，新声秀句，在在有之，而七言尤为挺拔闳肆，以六朝之大，惟照一人而已。"④此为后出转精。可见文章之升降并非一定取决于时代之先后，个中复杂因素需要具体分析。

同题比照包括题目相同或题材相类的作品的比较。如评江淹拟古之作："《古离别》《班婕妤》二首，虽相去尚远，然胎息之深，神采之王，殊不在陆机《拟古》以下。"⑤评陆机《乐府》诸篇："波澜壮阔，气体高耸，直驾傅玄而上之。"⑥评萧子显《燕歌行》："揽物寄情，颇工清怨，虽则苍凉悲壮不如魏文帝原作，然能尽变其体，别为一派，其识力之高，殊不可及。"⑦皆以同类为参照，品鉴特点及高下。又如秦嘉夫妇的赠答诗，被称为"写实派之创作"⑧，徐悱亦有《赠内》之作，却得评："词采有余，而温厚不足，较之秦嘉《赠妇诗》，相去敻绝，可见古今人不相及者，亦只是时代性限之而已。"⑨又是时代烙印造就了品第高下。

女性诗人入选《玉台新咏》是这一群体留名存诗的幸运，黄公渚先生作了饶有兴味的比较：

---

① 《选注》，第11页。

② 《选注》，第12页。

③ 《选注》，第10页。

④ 《选注》，第13页。

⑤ 《选注》，第14页。

⑥ 《选注》，第10—11页。

⑦ 《选注》，第19—20页。

⑧ 《选注》，第8页。

⑨ 《选注》，第16页。

> 刘勋妻王氏《杂诗》，虽只三韵，亦复风致楚楚，持以较之徐淑，已有古近之别，然情深一往，怨而不怒，犹为不失《古诗》之遗响。[①]
>
> 鲍令晖诗……虽其端重沉挚逊于徐淑，而词采华美，足与刘令娴敌。[②]
>
> 刘令娴《答外诗》，端庄流丽，章法井然，虽新巧处不及鲍令晖，而质实差胜焉。[③]

此与《诗品》“徐淑叙别之作，亚于《团扇》矣”[④]同以女性诗人作比的思路一致。不过，对于秦嘉夫妇之作，《诗品》未著其源，黄公渚先生则为其寻源，且评曰：“秦嘉《赠妇诗》……盖源于李陵者也。徐淑《答诗》，则本于《国风》，故能以沉痛之笔，达其幽忧悱恻之思。”[⑤]秦嘉夫妇的往还赠答已具典型，此后时代相距愈远，愈增巧思丽辞，亦是文学风气变迁的折射。

此外，点评“间采旧说”，却不为旧说所囿。例如评释宝月《行路难》：“声情激越，一气流转，在六朝七言中，亦为能手。”并转引《诗品》所云一段公案：“是东阳柴廓所造，宝月尝憩其家，会廓亡，因窃而有之。廓子赍手本出都，欲讼此事，乃厚赂止之。”此事有“中国诗学最早诗歌剽窃案”之称[⑥]，黄公渚先生却质疑：“然徐陵在彼时何独不知其事，而仍以归之宝月者，亦必有所据，今不可详考矣。因附著于此，以备一说。”[⑦]虽无结论，仍启人思考。

值得注意的是，黄公渚先生对诗人风格的体悟还有些异于成说之例。如曹丕诗风历有“洋洋清绮”[⑧]、“便娟婉约”[⑨]之说，黄先生对其《燕歌行》却以“磅礴凌厉，雄健浑成”相评；又如阮籍《咏怀诗》，黄先生也未取“言在耳目之内，情寄八荒

---

① 《选注》，第9页。

② 《选注》，第13页。

③ 《选注》，第19页。

④ ［南朝梁］钟嵘：《诗品》，见曹旭《诗品集注》（增订本），上海古籍出版社2011年版，第250页。

⑤ 《选注》，第8页。

⑥ 曹旭：《诗品集注》（增订本），上海古籍出版社2011年版，第567页。

⑦ 《选注》，第14页。

⑧ ［南朝梁］刘勰：《文心雕龙·才略》，见范文澜《文心雕龙注》，人民文学出版社1998年版，第700页。

⑨ ［清］沈德潜：《古诗源》，中华书局1963年版，第107页。

之表”，“厥旨渊放，归趣难求”[①]之类的定评，而谓之“俶诡雄奇，艳逸奔放，如天马行空，不受羁勒”[②]。黄公渚先生作为工于诗词的行家里手，其异说的内在理路是值得追索与深味的。

三

注释是文学经典的重要传播方式，文学史上有“千家注杜”的佳话。就文学总集的注释而言，与《玉台新咏》成书于同一时代的《昭明文选》，隋唐时期即注家蜂起，从萧该、曹宪发轫，到公孙罗、许淹、李善、五臣等继踵，选学发展为“显学”，正是以注释的繁盛为标志。与《文选》因悠久的注释传统催生出蔚为大观的衍生文献的传播路径相比，《玉台新咏》的境遇就显得寂寥甚至尴尬。清吴兆宜的笺注长期享有“唯一”之名，虽在康熙十四年（1675）即已完成，但直到乾隆三十九年（1774）才经程琰删补以刊行。之后屡经刊刻，遂成为通行本。黄公渚先生的选注（以下简称“黄注”），虽篇目数量不及原编的三分之一，仍在一定程度上弥补了《玉台新咏》注本匮乏之憾。黄注在选目之精，涵盖之广，释义繁简切当，具有校勘价值等方面都颇值探究。

黄注精选186首，涵盖原编各卷。其中卷一13首，卷二14首，卷三17首，卷四16首，卷五18首，卷六20首，卷七12首，卷八11首，卷九34首，卷十31首。选目较多的诗人是：萧纲18首，沈约13首，鲍照、吴均各12首，谢朓、何逊各6首，陆机、费昶、萧绎各5首，基本反映了原编为宫体诗张目的编辑旨趣。关于两汉名篇选注偏少的问题，《绪言》解释因其“已见本丛书《古诗源》，故不复重选”。实际上，全书有23首属重选，除汉代秦嘉《赠妇诗》二首外，谢惠连《捣衣》、颜延之《秋胡行》、鲍照《玩月城西门》《拟乐府白头吟》、吴迈远《长相思》、江淹《古别离》《班婕妤》《休上人怨别》、何逊《日夕望江赠鱼司马》、吴均《春咏》、谢朓《玉阶怨》《王孙游》等，皆亦入选沈德潜《古诗源》。可见避重并非铁律，首要考虑的仍是所选篇目的代表性。

黄注之前，已有古注。尽管四库馆臣对吴兆宜的《玉台新咏笺注》（以下简称

① ［南朝梁］锺嵘：《诗品》，见曹旭《诗品集注》（增订本），上海古籍出版社2011年版，第151页。
② 《选注》，第9页。

“吴注”）颇有微词：“是书引证颇博，然繁而无当。”[①]但吴注的贡献也不容抹煞，诚如《清史列传》所云，“其笺释词藻，颇足备参考”[②]。黄注即以吴注为参考，对其可取之处，时有采纳。仔细比勘又可发现，黄注之于吴注并非只在繁简取舍之间，而是依凭独到的注释理念、深厚的学养积累，吸收旧注又自为新注，为所需人群提供了足资参考的读本。

首先，诗人小传注重突出传主的文学成就、特殊经历、个性风采，以增知人论世之效。如徐幹小传，吴注为：“《魏志》：徐幹，字伟长，北海人。为司空军谋祭酒。”文后有程琰转引《先贤行状》所作的补充：“幹操翰成章，轻官忽禄，不耽世荣。建安中，太祖特加旌命，以疾休息。”[③]黄注则为：

> 徐幹，字伟长，三国魏北海人，仕为司空军谋祭酒掾属，五官将文学。与孔融、陈琳、阮瑀、应玚、刘桢、王粲号建安七子。轻官忽禄，有箕山之志。著《中论》，辞义典雅，为世所称。[④]

黄注较吴注本的重要变化，其一，官职指称准确。“司空军谋祭酒”后所加“掾属”二字，与《魏志》相合，似是吴注误脱；“五官将文学”亦《魏志》所载，启人联想徐幹与曹丕的交集关联。其二，点出“建安七子”名号，确定徐幹的文学归属。其三，明其代表作，“著《中论》，辞义典雅，为世所称”。加之“轻官忽禄，有箕山之志”的性情，如此则将徐幹的形象大致勾勒出来。又如曹丕小传，除注其名、字及嗣位、受禅之事同于吴注外，黄注又增“性好文学，博闻强识，以著述为务，有《典论》诗赋百余篇”[⑤]几句，描述魏文帝的另一面；曹植小传则增“十岁善属文，援笔立成，甚为武帝所爱。文帝忌而疏之，既就国，每欲求别见，幸冀试用，终不能得，怅然绝望，遂发疾薨”[⑥]一段，突出诗人前后境遇的落差。陆机小传较吴注增述其父祖荣耀及二陆初入洛为张华所重的佳话；张衡小传补述《二京赋》的创作背

① ［清］永瑢等：《四库全书总目》卷一九一《玉台新咏》提要，中华书局1965年版，第1735页。
② 《清史列传》卷七〇，中华书局1987年版，第5738页。
③ 《玉台新咏笺注》，第36页。
④ 《选注》，第22页。
⑤ 《选注》，第28页。
⑥ 《选注》，第30页。

景，皆能起到知人论世的作用。王僧达小传中“幼聪敏”“性好游猎，与闾里少年相驰逐”“自负才地，以不得宰相为恨”[①]等语皆为吴注所无，却可传神表现传主个性特征；“以高阁谋乱事陷之，赐死”二句，将吴注“以狂逆下狱，赐死”的泛泛之语交代得具体清晰，从中可窥黄注与吴注取舍史料的不同倾向。再如左思小传述“洛阳纸贵”之典，王献之小传道“大令”“小令”的由来，谢朓小传引沈约“三百年来无此作也”之叹，张率小传录梁武帝手敕：“相如工而不敏，枚皋速而不工，卿可谓兼二子于金马矣。”皆为文坛掌故，读来趣味盎然。

略有不妥的是，刘勋妻王氏小传直接截取《杂诗》原序，对此诗作者也有失考之处[②]。庾信小传中“元帝使聘于周，被留不遣。明帝、武帝并好文学，并恩礼之”，“周”当为“西魏”，“明帝、武帝”前则可冠“周”或“北周”之名。或许因行文求简，而对庾信历仕三朝的复杂人生有失准确交代。

其次，词语注释简明实用，释义与释事分寸得当。

征引式注释自李善注《文选》发凡起例而成为经典的集部古注方式，而“释事忘义”的诟病也由来已久。吴注征引语典事典虽不如李善注做得极端，但仍得“引证颇博，然繁而无当”的苛评。况且凡遇《玉台新咏》与《文选》选录相重的诗篇，吴注每每径引或约取李善注，虽亦参照以疏通文意为长的五臣注，但对于普通读者特别是初学者而言，仍不免时有辗转达意欲明反晦之感。黄注则很好地协调了释义与释事的关系，不必引典解说的词语，则直接释以今义，故注文多简明切用。

黄注化繁为简之例，如王僧达《七夕月下》“远山敛雰祲”句，“雰祲”一词，吴注征引《晋书·范隆传》、邢劭《文宣帝哀策文》及《说文》、颜师古《汉书注》等多种类型的文献，未免烦琐，而黄注则舍弃释典，直云：“谓云雾之气也。”[③]又如王鉴《七夕观织女》“赫奕玄门开”句，吴注分别征引陈琳《武军赋》与高允《鹿苑赋》文句以明“赫奕”“玄门”之典，一为“举先以明后”，一属“引后以明前”，皆是李善注《选》的路数。黄注则直陈其意：“赫奕，盛美貌。玄门，犹天门也。”[④]有五臣简约遗风，弥补了吴注“忘义”之憾。

---

① 《选注》，第76页。

② 如署名纪容舒的《玉台新咏考异》考证此诗作者历有三说：魏文帝、曹植、王宋。

③ 《选注》，第76页。

④ 《选注》，第65页。

黄注并非一味求简，也颇有详注之例。如王僧孺《在王晋安酒席数韵》“伴饮杯中醁”之“醁”，黄注曰：“醁，闾欲切（ㄌㄨ），醽醁也，美酒名。”且引《荆州记》：“渌水出豫章康乐县，其间乌程乡有酒官，取水为酒，极甘美，与湘东酃湖酒，年尝献之，世称酃渌酒。”[①]把“醽醁”之为美酒的由来解说得明明白白。黄注既详于吴氏的引典引注“《吴都赋》：飞轻轩而酌绿酃。注：绿酃，酒名”[②]而引《荆州记》，也胜过李善注《吴都赋》时引《湘州记》只解“醽”而未释“醁”[③]，因而完善而恰切。

又如徐幹《室思》“故如比目鱼，今隔如参辰”，前句，黄注袭吴注引《尔雅》释“比目鱼”；后句吴氏阙注，黄注则详释“参辰”：

> 参辰，二星名，即参商也。参居西方，辰居东方，相背而出，永不相见。故以为喻。昔高辛氏有二子，曰阏伯、实沈，日寻干戈，以相侵讨。帝迁阏伯于商丘，主辰，商人是因，故辰为商星。迁实沈于大夏，主参，唐人是因，以服事夏商，及成王灭唐而封叔虞，故参为晋星。见《左传》。[④]

黄公渚先生结合古代天文学知识与《左传·昭公元年》所载子产之言，将“参辰”之意及出处娓娓道来，也堪称“博物君子”。

黄注地名，多古今对应。释宝月《行路难》首句“君不见孤雁关外发，酸嘶度扬越”中“扬越”一词，吴注阙如，黄注则曰：“古者江浙闽粤之地，为越族所居，谓之百越，如於越在浙江，闽越在福建，扬越在江西，南越在广东，骆越在安南，是也。”[⑤]详解百越，对于读者而言，不独有增广知识之益，也加深了对“关外”与“扬越”的空间感受。王微《杂诗》“箕帚留江介，良人处雁门”句，黄注既承袭李善、吴兆宜引典释“箕帚”之意，还特别注解“江介”“雁门”这两个地理名词：

---

① 《选注》，第129页。

② 《玉台新咏笺注》，第241页。

③ 李善注“飞轻”句引《湘州记》：“湘州临水县有酃湖，取水为酒，名曰酃酒。”见［唐］李善注《文选》，上海古籍出版社1986年版，第230页。

④ 《选注》，第23页。

⑤ 《选注》，第179页。

江介，介犹界也，指沿江一带之地言。……雁门，郡名，战国赵置，秦汉因之。今山西旧代州宁武之北部，及朔平南部，大同东部北部，皆其境。[①]

而吴注从李善注仅征引《楚辞》说明“江介”的典源，又引《汉书·地理志》注“雁门”：“雁门郡，秦置。”只比李善所注“《汉书》有雁门郡”略增信息。相形之下，黄注地理方位，有助于读者理解地域阻隔引发的思妇念远之痛，可知详注地名并非无心之举。再如江淹《休上人怨别》结句“桂水日千里，因之平生怀”，是为沈德潜所评“佳句”[②]。黄注曰：“桂水，源出湖南蓝山县南，东北流经嘉禾、桂阳二县，合舂水入湘。”又取李善注点明“因之”句意：“言因桂水以通情也。”[③]恰是吴注所忽略处。读者若能联系起句“西北秋风至，楚客心悠哉”，则更解诗中游子之思。因此就品读诗意而言，黄注地名与句意远胜于吴注对李善注语典的择取。此外，“匈奴”“乌孙”之类，虽非地理名词，但黄注联系现代地理环境或行政区划，沟通古今，唤起读者直观的空间感受，于诗意的理解自是大有裨益。

黄注针对丛书读者群体的需求，对于文史、自然、社会、宗教等领域的专名以及通假、古今字等语言现象皆有通俗释义；对于疑难字、多音字，除采用反切、直音的传统注音方式，还使用北洋政府教育部颁布的国音字母注音。凡此种种，皆是其简明实用的表征。

再次，校勘异文，体现出《玉台新咏》所收诗的复杂版本，从另一侧面可证黄注的学术性。以石崇《王昭君辞》为例，黄注据《玉台新咏》唐写本残卷、宋刻本及《文选》校异多达五处。如关于王昭君之名，黄注曰：“序文明言改昭为明，宋刻仍作《王昭君辞》，误也。唐写本正作‘明君’。”[④]诗中“乃造匈奴城”一句，黄注：“乃造，《文选》作‘遂造’。唐写本作‘遂入’。”“甘为秋草并”一句，黄注：“为，《文选》作‘与’。”[⑤]唐写本残卷《玉台新咏》为敦煌遗书，罗振玉《雪堂校刊群书叙录》校考颇详，黄注吸收学界新成果校勘，提升了注本的学术品位。

通过比勘可以发现，吴注本中某些以小字插入原文的“一作某”的校语，黄注

① 《选注》，第68页。
② ［清］沈德潜：《古诗源》，中华书局1963年版，第303页。
③ 《选注》，第102页。
④ 《选注》，第45页。
⑤ 《选注》，第46页。

多点明异文所出。如陆云《为顾彦先赠妇往返四首》之“永隔路万里”，“隔路”下，吴氏插注：“一作路隔。”“雅步袅纤腰”句“袅”字下吴氏插注：“一作擢。”[①]又如陆机《拟迢迢牵牛星》“昭昭天汉晖”，“天”下吴氏注：“一作清。”[②]江淹《班婕妤》“绫扇如团月”，“绫”“团”字下吴氏各有插注“一作纨”“一作圆”[③]，黄注皆指明异文出自《文选》[④]。

吴氏未出校者，黄注亦有校勘。如陆机《拟东城高且长》“时逝忽如遗”“一唱万夫欢”二句，吴氏并未出校，黄注则云：“遗，《文选》作‘颓’……欢，《文选》作‘叹’。”[⑤]又如王僧孺《春思》“复闻黄鸟思，令作相思曲”二句，吴氏亦未出校，黄注校曰：“思，一作‘吟’。《文苑英华》作‘声’。今，《艺文类聚》作‘全’。”[⑥]“一作”当是据明五云溪馆活字本《玉台新咏》校勘。徐悱妇《题甘蕉叶示人》“夕泣以非疏”，黄注：“‘以’与‘已’通。《古乐府》《诗纪》作‘已’。”[⑦]皆是吴注失校之处。

复次，黄注的订误之用。与通行的吴注点校本比勘，黄注在断句、补脱、正误等诸多方面，颇为可取，兹略举几例。

1.前述王微《杂诗》“箕帚留江介”一句，吴注“江介”出典：“《楚辞》：哀江介之悲风。”[⑧]黄注作：“《楚辞》：悲江介之遗风。”[⑨]此句出《哀郢》，黄注为是，吴注有误。不过，李善注误引在先[⑩]，吴氏承袭其误，或因与曹植《杂诗》“江介多悲风”混淆所致。

2.颜延之《秋胡行》“愧彼《行露》诗”，黄注：“言贞女不犯霜露而违礼，而我贪生以弃义，比之为劣，故有愧焉。”[⑪]

按，此句注文，黄注、吴注皆引李善注串讲文意，吴氏注明其为“旧注”，但

① 《玉台新咏笺注》，第107页。
② 《玉台新咏笺注》，第98页。
③ 《玉台新咏笺注》，第178页。
④ 三诗校异分别见《选注》第60页，53页，100页。
⑤ 《选注》，第52页。
⑥ 《选注》，第218页。
⑦ 《选注》，第219页。
⑧ 《玉台新咏笺注》，第221页。
⑨ 《选注》，第68页。
⑩ ［唐］李善注：《文选》，上海古籍出版社1986年版，第1400页。
⑪ 《选注》，第82页。

中华书局点校本末句作："比之为劣哉，有愧焉。"[①]误"故"为"哉"，连带造成了断句之误。

3.姚翻《代陈庆之美人为咏》，黄注陈庆之仕历："中大通二年除南北司二州刺史。"[②]吴注作："中大通二年，南北司二州刺史。"[③]后者误脱"除"字。

4.鲍照《代白纻歌辞》题注中，黄注引《南齐书·乐志》载周处《风土记》所记吴黄龙中童谣："行白者，君追汝，句骊马。"[④]吴注点校本将这首童谣误断为："行白者君，追汝句骊马。"[⑤]是不谙古音所致。"者""汝""马"三字古音同属鱼部，为童谣的韵脚，黄注是。

5.王叔英妻刘氏《和昭君怨》"丹青失旧图"句，黄注摘引《西京杂记》释典："……画工杜陵毛延寿，安陵陈敞，新丰刘白、龚宽，下杜阳望，同日弃市。"[⑥]吴注亦引此书，"新丰"以下，点校本作："新丰刘白龚、宽下杜阳望，同日弃市。"[⑦]断句之误显见，因不解"下杜"为地名所致。

总之，黄注虽为选注本，仍具有多方面的文献学价值，表现出前辈学者的深厚学养。除上文所言，还可补充的是，黄公渚先生对徐陵序的注释，为读者完整解读《玉台新咏》带来了便利。通行的吴兆宜笺注本中，徐序原有吴氏注，但乾隆三十九年程琰首次刻印《玉台新咏笺注》时，却以吴氏亦曾笺注《徐陵集》，"徐笺中吴注有专刻"为由，仅保留序文而将序注刊落。此后刊刻，皆承此例，殊属憾事。黄注徐序，对四库本《徐孝穆集笺注》有所参照，而在繁简处理、典故取义等方面又断以己见，足资参考。

黄公渚先生选注《玉台新咏》的特点及成就，《绪言》所体现的卓越识见，让我们看到普及性与学术性的相通共融，这是真正的大家小书。当年出版的"学生国学丛书"中，尚有其选注的多部经典，本文的解读，只是掀开一角窥其一斑而已。

（作者单位：河北师范大学文学院）

---

① 《玉台新咏笺注》，第137页。

② 《选注》，第220页。

③ 《玉台新咏笺注》，第500页。

④ 《选注》，第175页。

⑤ 《玉台新咏笺注》，第412页。

⑥ 《选注》，第166页。

⑦ 《玉台新咏笺注》，第360页。

论钱基博与《韩愈志》

钱　寅

内容提要：钱基博先生深谙传统学术，特别是集部之学。而在集部之学中，关于韩愈的研究更是其研究的“一贯之道”。钱氏研究韩愈的成果主要体现在《韩愈文读》《韩愈志》上，其中《韩愈志》又是对韩愈整体、全面的研究。在《韩愈志》中，用传统学术的方法对韩愈展开讨论，同时又避免了写成单纯的人物传记。“志”是传统史学的体例之一，钱氏用人物志的方式不仅讲明了韩愈这个人，而且宏观地观照了古文运动的发展史，以人述史、以史论人。在对韩愈文学的品评上，钱氏也注重对前后历史的观照，在比较中分析韩愈作品的特点和风格，进而能够提出新的看法。

关 键 词：《韩愈志》　钱基博　古文运动

一、二十世纪三十年代的韩愈研究与《韩愈志》的出版

钱基博先生对韩愈的人生与文学颇具卓见，故先辑录《韩愈文读》，后写作《韩愈志》。《韩愈文读》为文选之体，有学习文章之用。而《韩愈志》则知人论世，详述韩愈生平与文学成就，是文学史个案研究的重要成果，也是重要的学术范式，足以窥视子泉老的深厚学养。《韩愈志》写成于1929年，初版于1935年，实际上早在子泉老18岁前后就已经有心作有关韩愈的研究。

韩愈在中国文学史上占据着重要的地位，苏轼誉其“文起八代之衰”。虽然在唐宋以来的评价里，韩愈也受到过一些“微言讽刺”[①]，但是评价的主流仍然是在不

① 钱基博：《韩愈志·叙目》，中国书店1988年版，叙目第2页。

断建构韩愈在道德、儒学、文章等方面正面的形象。时至20世纪初，新思想不断涌现，特别是伴随新文化运动产生的“文学革命”，将传统文人的文章模范逐个打碎，造出“桐城谬种”“选学妖孽”等批判对象，如众所周知周作人对韩愈文章的轻蔑。尤其二十世纪二三十年代以来，正值国家动乱，一方面各个政治势力此消彼长，你方唱罢我登场，另一方面新思想、旧思想杂糅并存，互争胜负。当时，有关韩愈的研究或评述也呈现出不同思想之间的碰撞。1932年陈登原在《金陵学报》第2卷上发表了《韩愈评》[①]，文章首先奠定“文人无行、文人无用”的论调，进而批评韩愈“无非一文人”。陈登原认为韩愈身处藩镇与阉祸之际，不能为削藩镇、治宦官进一策、谋一计，却只盯着佛道这些不相干的宗教问题大做文章，而且就算为了儒学道统而辟佛，韩愈在岭南与大颠和尚的交谊，也说明了韩愈反佛、辟佛而不能远佛。此外，其《平淮西碑》曲意裴度而无视战斗功臣李愬，理所当然应该抹去，进而指出韩愈逢迎权贵等不端矫作之行。陈登原的长文比较具有代表性，用学术的方式推翻了宋代苏轼以来对韩愈文学与人品的推崇。这可能与彼时盛行的反传统思潮有关，同时也有历史上的渊源。陈氏持论大多从颜元、李塨以及王安石中来，这些学者虽在不同方面有着显著的建树，但一直以来未曾占据古代学术的要津。紧承此观点的汪浚以“馥泉”为笔名在《社会评论》1935年第1卷上发表了随笔《韩愈的丑相》[②]，进一步刻画了韩愈“文人无行”的形象。1934年《文学》第2卷刊载了李嘉言的《韩愈复古运动的新探索》[③]，认为韩愈的复古运动和辟佛主张紧密相连，不仅是文章上的复古更是学术和思想上的复古，并且指出六朝之文与佛教的密切关系，也正因此层关系韩愈要辟佛复古势必要革除六朝文学之习气。这种研究则是单纯围绕文学史问题的讨论。除了学院派的学术界对韩愈有多方面的讨论外，彼时的宗教界也时常拈出韩愈辟佛之事进行讨论。如明心作《韩愈谤佛论》[④]和《韩愈谏迎佛骨论》[⑤]，分别发表于《北平佛教会月刊》1934年和1935年的第1卷，从佛教界的角度来批评韩愈在唐代辟佛行为的不正当性。

从二十世纪三十年代的韩愈研究成果粗略来看，古代文章家、道学家所建构的

---

① 陈登原:《韩愈评》,《金陵学报》1932年第2卷第2期。

② 馥泉:《韩愈的丑相》,《社会评论》1935年第1卷第6期。

③ 李嘉言:《韩愈复古运动的新探索》,《文学》1934年第2卷第6号。

④ 明心:《韩愈谤佛论》,《北平佛教会月刊》1934年第1卷第1期。

⑤ 明心:《韩愈谏迎佛骨论》,《北平佛教会月刊》1935年第1卷第4期。

韩愈崇拜至此已经崩塌，韩愈重新回归为可褒可贬的历史人物。至于如何评价历史人物，很多时候在于评价者手中的棱镜折射出了哪一道光线。反传统者，特别是对道学与儒学愤愤不平的“新青年”，用手中的棱镜折射出韩愈阴暗的一面，当然他们所折射出的不仅是韩愈的阴暗面，还有历史上很多被奉为圣贤之人的阴暗面。佛教徒用佛教的经典和义理作为棱镜，去折射韩愈在辟佛时的错误。而文学史研究者则用自己的棱镜去折射文学发展问题。正是在这样众说纷纭的情境下，子泉老的《韩愈志》经过复勘增订正式出版。这部小册子虽然很薄，却是长期积累的丰硕成果。子泉老以史家的标准要求自己，博征史料、考核详实，不虚美、不隐恶，不仅厘清韩愈生平，也将韩愈置入古文运动历史中去考察，将个案研究嵌入文学史研究当中，所谓“尽古文之流变，明韩氏之功罪”[①]。

二、在文学发展史中“志”韩愈

通常来说，对历史人物的研究，其生平状况往往是首先需要提及的。但是，从《韩愈志》的章节安排来看，子泉老并没有开门见山地叙述韩愈生平，而是将“古文渊源篇”放在第一章，其次才依次是“韩愈行实录”“韩愈佚事状”“韩友四子传”“韩门弟子记”“韩文籀讨集”。这样的章节安排逻辑，正体现了子泉老在文学发展史中看待韩愈的思路。

子泉老在“古文渊源篇”一章中，论述了古文风气的出现。首先，他承认韩愈在古文运动上的重要意义。其云：“古文者，自韩愈厌弃魏晋六朝骈俪之文，而返之于六经两汉，从而名焉者也。”[②]子泉老认为所谓“古文”确实是由韩愈提倡而光大，这就意味着韩愈在中唐以降的古文运动中的领袖地位。但是，子泉老同时认为古文运动的渊源要早于韩愈。对于六朝文章，子泉老总结了三个问题：

> 一则启心闲绎，托辞华旷，虽存巧绮，终致迂回，宜登公宴，本非准的；而疏慢阐缓，膏肓之病。典正可采，酷不入情，此体之源出谢灵运而成也。
>
> 次则缉事比类，非对不发。博物可嘉，职成拘制。或全借古语，用申今情，

---

① 钱基博：《韩愈志·叙目》，中国书店1988年版，叙目第2页。

② 钱基博：《韩愈志·古文渊源篇第一》，中国书店1988年版，第1页。

崎岖牵引，直为偶说；唯睹事例，全失精彩！此则傅咸《五经》，应璩指事，虽不全似，可以类从。

次则发唱惊挺，操调险急；雕藻淫艳，倾炫心魂，亦犹五色之有红紫，八音之有郑卫，斯鲍照之遗烈也！①

这三个问题在六朝文学史中不断发挥着影响，直接造成了“清辞巧制，止乎衽席之间。雕琢曼藻，思极闺闱之内”②的风气，特别是江左朝野相习，产生了所谓的“宫体”。面对“宫体”文学的卑弱风气，在当时已经有人想要试图通过自己的努力和呼吁来扭转文风。子泉老举出裴子野、刘勰、徐陵、庾信等南朝文学家为例，说明在江左文坛内部已经开始意识到文风骈俪空洞的问题。同时，在淳朴尚质的北朝苏绰“倡言古文”，引领了北朝文坛的风气，而且“古文之称自此始”③。另外，由南朝入仕北朝的王褒、庾信等也展现出与江左文坛不同的风格。可见这些生活在南北朝时期的文士已经有不少人开始反对骈俪浮靡的文风了，不过江左余风还是延宕到了唐朝。

依子泉老之言，唐兴百年骈俪犹存，“于是萧颖士、李华始奋起崇尚古文”④。除了萧颖士、李华二人之外，子泉老在叙述“古文渊源”时，还提到贾至、元结、独孤及、梁肃等人的作用。这些人看似与韩愈没有太大的关系，但是如果放在文学发展史中考察，则可以看出“导韩愈之前茅，而开古文之筚路者，必以萧颖士、李华诸人为权舆也”⑤。对这些看似与韩愈无关的诸人进行研讨，反而有助于在文学史脉络中找准韩愈的位置。正如子泉老所作的比喻：“盖独孤诸公之于愈，如陈涉、项羽之启汉高焉！”⑥

在《韩愈志》的第二章中，子泉老考述了韩愈的生平学行。其所参稽的文献有吕大防的《文公集年谱》、程俱《韩文公历官记》、洪兴祖《韩子年谱》、樊汝霖《韩集谱注》《韩文公志》等等，以及对这些文献的补正、考订之作。总体上看，这

① 钱基博:《韩愈志·古文渊源篇第一》，中国书店1988年版，第1—2页。

② 钱基博:《韩愈志·古文渊源篇第一》，中国书店1988年版，第2页。

③ 钱基博:《韩愈志·古文渊源篇第一》，中国书店1988年版，第4页。

④ 钱基博:《韩愈志·古文渊源篇第一》，中国书店1988年版，第5页。

⑤ 钱基博:《韩愈志·古文渊源篇第一》，中国书店1988年版，第5页。

⑥ 钱基博:《韩愈志·叙目》，中国书店1988年版，叙目第2页。

些参考资料皆是有所考核、翔实可信的，基本能够支撑起对韩愈生平的正确认识。但是子泉老也指出："诸家之于韩愈，如孔颖达之疏《五经》，义尚墨守，例不破注，遇有舛违，曲相弥缝，《春秋》为贤者讳之义也。"[①]由于传统思想和意识形态的束缚，学者对韩愈的评价多有弥缝曲护。而子泉老所要叙述韩愈生平，则不是为了塑造一位引领学术的圣贤大家，而是将韩愈当作活生生的一个人来看待，正视其优点和缺陷，所谓"美恶不掩，直道而行，其文则史"[②]。正如龙珍华所言："既不没萧颖士、李华、贾至、独孤及、梁肃等对韩文的先驱之功，也不掩'韩愈之前有元结，犹陈涉之开汉高'的史实；既不忌梁肃'振六朝之颓波，拔韩愈于未显'，但盛名湮没的不平，也不讳'服食养生'（《行实录》）、'丰肥喜睡'（《佚事状》）、'轻薄多诋'（《佚事状》）、'忘情红裙'（《佚事状》）等逸闻；既不避'愈发言真率，无所畏避，操行坚正'的赞赏、谏佛之忠与平乱之功的记录，也不吝'文起八代之衰，而诗亦参李、杜之长，融裁以别开一派'之肯定。"[③]

除了韩愈生平可以考实的事迹之外，子泉老还辑录了很多关于韩愈的传说佚闻。如从朱国桢《涌幢小品》中辑出韩愈随征淮西献"间道之计"[④]，从蒋超伯《南漘楛语》中辑出韩愈在潮州作文驱鳄鱼之后复有刺史"以毒法杀之，鳄害乃绝"[⑤]，从柳宗元《龙城录》中辑出韩愈、柳宗元等三人夜坐谈鬼神之事[⑥]，等等。子泉老总共搜集二十件类似的逸闻，以为"不尽实录，亦复可喜，庶以侈耳食，备异闻云尔"[⑦]。此外，对于韩愈旧闻中涉及鬼神仙道之说，子泉老亦不甚排斥，"仍其旧录，按而不断，其信其否，付之读者"[⑧]。为什么要将这些涉及灵异之事保留呢？盖因其以为："在我尽斥曰迷信，古人自徵其实有，倘必执我之所不悦，而武断古人之所遇，摈绝之而不书，宁所以昭实录！所以《左氏春秋》，不废神鬼；亦以典籍攸征，未可以

① 钱基博：《韩愈志·叙目》，中国书店1988年版，叙目第3页。

② 钱基博：《韩愈志·叙目》，中国书店1988年版，叙目第3页。

③ 龙珍华：《钱基博先生"志"韩愈》，见张三夕主编《华中学术》第三辑，华中师范大学出版社2011年版，第86页。

④ 钱基博：《韩愈志·韩愈佚事状第三》，中国书店1988年版，第49页。

⑤ 钱基博：《韩愈志·韩愈佚事状第三》，中国书店1988年版，第53页。

⑥ 钱基博：《韩愈志·韩愈佚事状第三》，中国书店1988年版，第46页。

⑦ 钱基博：《韩愈志·韩愈佚事状第三》，中国书店1988年版，第55页。

⑧ 钱基博：《韩愈志·叙目》，中国书店1988年版，叙目第4页。

意废削。”[1]可见，子泉老所秉承的史家精神，不以自己的立场而轻易排斥古人，正所谓“庶几史家传疑之旨”[2]。

在韩愈生平之外，子泉老还依次安排了“韩友四子传”“韩门弟子记”两章节，从同辈友人和晚辈后学两个角度来深化对韩愈的认识。韩友四子，分别是李观、欧阳詹、柳宗元、樊宗师。所谓嘤其鸣矣、同声相应、同气相求，从这四个人的行事文章，可以看出韩愈的为人，亦可看出其文章所受同辈文风的影响，以及韩愈对同时代文士的影响。正如子泉老所言：“文衰八代，韩愈继之！同声有应，莫如四子！”[3]韩愈学生众多，而子泉老所考述者有：张籍、李翱、皇甫湜、沈亚之、孙樵、孟郊、贾岛、卢仝、刘乂、李贺等，大多各有文名，颇具典型。这些人不尽是韩愈授业之徒，也有从韩愈交游的晚辈，也有书信往还的后学。此一来可以看出韩愈奖掖后学之功，一来可以看出韩愈在文学发展史上承前启后的作用。

《韩愈志》的最后一部分是“韩文籀讨集”，乃子泉老“自十八岁读《昌黎集》，细诵而深思，长吟而反覆，亦既三十年于兹……会心不远，写之眉间，积久覆视，时有独到，怡然自得，董理为篇”[4]。此正是子泉老对韩愈及其周边文人的文章品评的辑录。从《韩愈志》的章节安排上看，子泉老在古文发展史的大框架下理解韩愈，并讨论韩愈的生平文章。这正表明了子泉老在古文复兴发展史中理解韩愈的初衷，也表明了虽称“志人”实为“志史”的治学心迹。

三、从“内部系统”对韩愈文章的评定

什么是“内部系统”？简单来说，即以紧扣文学创作为讨论的落脚点。路海洋已指出：“钱氏韩文研究的落脚点可以分成两大系统：外部系统与内部系统。外部系统是指韩愈文学创作以外的因素，即《韩愈志》中所考查的韩愈自身经历、社会遭际、友朋切磋、弟子承衍诸端；内部系统则是扣紧文学创作，其大体可以分为七个层次：古代各体文学、古文、韩愈古文、各体韩文、各篇韩文、韩文章节、韩文词

① 钱基博：《韩愈志·叙目》，中国书店1988年版，叙目第4页。

② 钱基博：《韩愈志·叙目》，中国书店1988年版，叙目第4页。

③ 钱基博：《韩愈志·韩友四子传第四》，中国书店1988年版，第72页。

④ 钱基博：《韩愈志·韩文籀讨集第六》，中国书店1988年版，第135页。

句。"[①]显然，我们之前对子泉老《韩愈志》篇章结构的探讨，集中理解了"外部系统"，也就是"志史"的层面。在《韩愈志》第六部分"韩文籀讨集"中，可将子泉老对韩愈文章的品评辑录视为扣紧文学创作的讨论，这是从"内部系统"着手的。

对于韩愈文章的品读，子泉老相当自信，其言：

> 韩文披阅数过，自谓极尽利钝。林琴南穷老尽气，治此书未能逮吾十一；以琴南读书太少，又思不深入；而吾则贯串群书以读一书，好为深湛之思；宜有以胜之也！[②]

此言绝非"文人相轻"的自夸之言。林纾虽为晚近桐城文章的代表人物，但其乃文人而非学者。在华中师范大学的师生口耳之间，至今仍流传着子泉老每日读书背书的轶事。正是由于子泉老生平手不释卷，故而有着"集部海内罕对"的自信。

韩愈不仅文章出众，而且是儒学上的重要人物。子泉老对其儒学地位也给予了肯定："要之游文《六艺》，留意仁义，盖儒家之支与流裔云。"[③]这种肯定实际上奠定了评价韩愈文章风格、气韵以及思想的基础。正是因为韩愈之文有着传统儒家的风格，所以才能够文质相匹。这在"八代之衰"的文坛风气中有着重要的意义。子泉老十分赞同刘熙载《艺概》中对韩文的评价，将韩文视为针对文风的"补虚消肿良剂"[④]。

同时，子泉老也认同《旧唐书·韩愈传》中"经诰之指归，迁雄之气格"的评价，并申述其意：

> 大抵行气布局学司马迁，选字造句出扬雄也。……韩愈议论学贾谊、董仲舒。序跋似刘氏向、歆。传记模《国策》《史记》。碑表出班固、蔡邕。而运之以司马迁之灏气，泽之以扬子云之奇字。韩文起八代之衰，只是集两汉之成。[⑤]

这段论述不仅疏明了《旧唐书·韩愈传》的评价，而且将韩愈古文的风格、底

---

① 路海洋：《论钱基博的韩愈古文研究》，《苏州科技大学学报》（社会科学版）2017年第3期。

② 钱基博：《韩愈志·韩文籀讨集第六》，中国书店1988年版，第128—129页。

③ 钱基博：《韩愈志·韩文籀讨集第六》，中国书店1988年版，第109页。

④ 钱基博：《韩愈志·韩文籀讨集第六》，中国书店1988年版，第109页。

⑤ 钱基博：《韩愈志·韩文籀讨集第六》，中国书店1988年版，第109—110页。

蕴直接两汉文章。然而，直接两汉的不过是气韵行文等方面，而其“原道析理、轩昂洞豁，汲孟子七篇之流”，“托物取譬、抑扬讽喻，为《诗教》比兴之遗”①，又更古朴一层，且承接儒家之传统。在这一点上，子泉老以为韩愈甚至要超过了扬雄：“韩愈《五原》《对禹问》之作，洞爽轩阔，笔力横恣，定得力于孟轲，而与扬雄之僻涩以为古者异趣。”②

虽然，在古朴的层面韩愈直接《孟子》《诗经》等儒家传统，但在“奇字瑰句”方面韩愈又得益于扬雄：“运以司马迁之逸气浩致，以上窥周秦诸子之闳肆。缀以扬子云之奇字瑰句，以下概班、范二书之雅健。”③子泉老评价韩愈之文不仅气韵、格调等方面能接续古风，同时字词奇雅也颇得妙趣。如此，既有“逸气浩致”，又有“奇字瑰句”，二者皆备当为上品。子泉老还指出，若只有字词的奇雅而无气韵，则如扬雄“有奇字瑰句而欠逸气浩致”，如章太炎“尽有奇字瑰句而不能运；句都死著纸上”④。

韩愈为唐宋八家之首，若将其文与另七家之文相比，则可得见韩文之长。子泉老云：

> 就造辞论：韩、柳疏而能密，而欧、苏、曾、王，则下笔骏快，能疏而不能密矣！就结篇论：韩、柳密而能疏，而欧、苏、曾、王，则匠心布置，能密而不能疏矣！特是柳之出笔峭，而韩之来势雄，所以面目各异！⑤

这是从“造辞”“结篇”两方面来区别诸家之异趣，北宋诸家仅得唐二家之一端。而韩愈之后学，效韩愈之文也多各得其一个方面：“韩愈之文，李翱得其笔，皇甫湜得其辞，皆于气上欠工夫，欧阳修得其韵，苏氏父子得其气，又于辞上欠工夫，韩愈所以为不可及！”⑥可见在子泉老心中，韩愈之文包罗万象、蔚为大观，后学者不可得而全。倘若学者真能得韩愈一体，也能够有所成就：“韩愈文有两种笔力：《原道》笔能奔放，如风发云涌，笔力之能雄肆者也；《对禹问》语有断制，如刀斩斧截，笔力之

① 钱基博：《韩愈志·韩文籀讨集第六》，中国书店1988年版，第112页。
② 钱基博：《韩愈志·韩文籀讨集第六》，中国书店1988年版，第112—113页。
③ 钱基博：《韩愈志·韩文籀讨集第六》，中国书店1988年版，第110页。
④ 钱基博：《韩愈志·韩文籀讨集第六》，中国书店1988年版，第110页。
⑤ 钱基博：《韩愈志·韩文籀讨集第六》，中国书店1988年版，第111页。
⑥ 钱基博：《韩愈志·韩文籀讨集第六》，中国书店1988年版，第111页。

能崭峭者也。王安石崭峭而不雄肆；苏东坡奔放而欠崭峭；各得韩愈之一体。”[①]苏、王二人，仅各得韩愈一体，便足以立定唐宋八家之地位。尤其是王安石笔力“崭峭”如老吏断狱，但是如子泉老所言韩愈“留意仁义”，其笔力崭峭却不刻骨。子泉老比较韩愈与王安石云：“韩愈雄峭而能浑化，远胜安石之巉刻见骨。”[②]

在对韩愈文章的品评上，子泉老向上将韩愈与扬雄、司马迁等汉代文章家作对比，向下则与唐宋八家相对比，在对比中讨论韩愈文章的特点和风格。此外，子泉老认为要想了解韩文流变，还要品读韩门弟子之文：“韩门弟子，文章有名者，莫如李翱与皇甫湜，而孙樵则衍湜之一体。不并论三家，不足以穷《韩文》之流变也。”[③]可以看出，子泉老讨论韩愈之文，并非独抱《昌黎集》一部书，而是上下采摭，遍览群书，然后才能在比较中正确评价韩愈之文。此即子泉老与林纾相比之言“贯串群书以读一书”的具体体现，也体现了子泉老博学能约的学者风范。这是很多文人品评文章难以企及的高度。

总　结

子泉老深谙传统学术，特别是集部之学。而在集部之学中，关于韩愈的研究更是其研究的“一贯之道”。子泉老研究韩愈的成果主要体现在《韩愈文读》《韩愈志》，其中《韩愈志》又是对韩愈整体、全面的研究。在《韩愈志》中，用传统学术的方法对韩愈展开讨论，同时又避免了写成单纯的人物传记。“志”是传统史学的体例之一，子泉老用人物志的方式不仅讲明了韩愈这个人，而且宏观地观照了古文运动的发展史，以人述史、以史论人。在对韩愈文学的品评上，子泉老也注重前后历史的观照，在比较中分析韩愈作品的特点和风格，进而能够提出新的看法。这些都为后来文学史或文学家的个案研究提供了很好的学术范式。此外，《韩愈志》的附录里辑录了一百余则有助于韩愈研究的文献条目，为韩愈研究提供了丰富的材料。

（作者单位：河北工业大学人文与法律学院）

---

① 钱基博：《韩愈志·韩文籀讨集第六》，中国书店1988年版，第113页。

② 钱基博：《韩愈志·韩文籀讨集第六》，中国书店1988年版，第115页。

③ 钱基博：《韩愈志·韩文籀讨集第六》，中国书店1988年版，第129页。

陶渊明在民国时期的接受和传播

——以《自祭文》为代表*

于　洋

内容摘要：陶渊明的《自祭文》是历代文人有意效仿创作的一个母题，民国时期的“自祭”主题在特殊的时代背景下产生出新的活力，对陶渊明及其《自祭文》的接受亦见诸报端。从形式内容的因循到突破，从单纯地抒发个人志趣到激烈地批判时政，从隐士的闲情到女性话语的建构，从平易畅达的魏晋散文到现代“自祭体”杂文的滥觞……民国读者对陶渊明及其《自祭文》的接受，都体现出鲜明的时代特点。陶渊明及其开创的“自祭”主题展现出独特的精神包容性和文学再生力。

关 键 词：陶渊明　《自祭文》　民国期刊　接受

陶渊明开创的自祭主题已经被诸多的文人墨客仿写或改写过，至民国亦有效仿者。《民鸣》月刊是民国时期有名的报纸，1931年该报纸收录了这样一篇《自祭文》：“维年月日，卜时云吉，谋诸老妻，陈其所食，既果吾腹，大放厥词，为文自祭，以调以嬉……”①该文对陶渊明《自祭文》的继承和发展，无论是从形式还是从内容上，几乎都是一以贯之的。开头即交代致祭的时间、背景和原因，中间展现作者的具体事迹及对人生和死亡的思考，最后以豁达超旷的情感结尾。“呜呼哀哉，伏惟尚

* 本文承蒙山东大学文学院李剑锋教授多次指点，李老师就选题、材料搜集、写作等给予笔者诸多指导，特此说明，谨致谢忱。

① 方朝豫：《自祭文》，《民鸣》1931年第3卷第6号。

飧！”是惯用的结束句式。这篇仿作是在作者酒足饭饱后所作的，作者方朝豫在文中表现了自己参透生死、豁达淡泊的人生志趣。“百岁有终，浮生若梦，乘化长归，何劳悲痛”[①]，这同陶渊明的基本旨趣是相通的。但方氏更多的是抒发自己悠游自在的生活，这一点和陶渊明不同，陶渊明是自食其力而安贫乐道的人，而上述自祭文的作者更像是功成名就后退隐田园的人，境界上相比陶渊明差了一截。

类似的仿作在同时代的报刊中很多，如名为“病骸”的作者写的《自撰墓志铭》[②]也是套用陶渊明开创的形式，所描述的内容亦不出对人生的总结和思考。同时陶渊明《自祭文》本身所具有的平易畅达、朴实有味的特点也恰恰是晚清以来梁启超“新文体”和五四运动后的“文学革命”所推崇的。通过研究相关报刊可以发现：不论是内容还是形式，“自祭体”都被继承了下来，这为民国时的新变打下了基础，下文主要就内容的新变与形式上的突破作一考察。

一、尖锐的现实批判和政治讽喻

一些《自祭文》虽然形式上没有什么突破，但在内容上却有极大的突破甚至极其另类的描摹。如《某公务员自祭文》开篇交代写作的时间和背景，紧接着自叙身世：“非但为人，位列缙绅。上有所教，惟命是遵，下有所效，作则以身。循规蹈矩，不卑不尊。”[③]几句话体现了作者身为公务员的职责和内心对自己的定位，从中不难发现他是立志要做一个好官的，这和陶渊明所崇尚的“勤靡余劳，心有常闲”是不同的，陶渊明选择了归隐，而作者选择了出仕。这和时代背景有关，晚清到民国这一时期，西方列强对中国国家权益的疯狂掠夺严重冲击了中国的传统社会。被动挨打的同时，有救国心的中国人也在不断向西方学习先进的科学技术（洋务运动）、政治制度（辛亥革命）、思想文化（新文化运动）。那时发展起来的“公务员”和公务员制度，成为国家机器不可缺少的一部分，一直影响至今。《某公务员自

① 方朝豫：《自祭文》，《民鸣》1931年第3卷第6号。原文部分内容如下：“日出而游，月明而睡，饮食醉饱，以终余岁，人欲难尽，天道宁知，亦足乐也，姑妄言之，百岁有终，浮生若梦，乘化长归，何劳悲痛，眷言出处，或有未知，诔之异日，能无溢词，及此身存，不惭毛举，呜呼哀哉，千秋万古！”可以看出，当时的《自祭文》有很多仍旧是借题发挥的仿作。

② 病骸：《自撰墓志铭》，《宁波小说七日报》1909年第11期。

③ 挽秋：《某公务员自祭文》，《春风》1946年第4期。

祭文》不仅从侧面反映了当时的公务员制度，而且在内容上提供了历史的线索："且恭且敬，允文允武。耻为顺民，堪称忠臣。乡土虽变，国岂无人？亡秦必楚，此志长存……"[①]在当时那样一个内忧外患的环境中，仍有报国之士致力于恢复失地，耻于做亡国奴和汉奸，希望为民族独立、国家富强贡献自己的一份力量。从这个意义上讲，这已不是一篇简单的自祭文了，而更像是来自底层官员的呐喊。

这些情况在陶渊明的《自祭文》中是不存在的，在后来历代的仿作中也很少见，陶渊明从"乐天委分，以至百年"开始到结尾，平静地抒写了他对于死亡的思考。面对不可逃遁的死亡，陶渊明选择的是泰然处之，字里行间可以感受到他面对死亡时的平和、安详和淡定[②]。陶渊明的《自祭文》中心思想一以贯之，文风平易畅达，但在这篇《某公务员自祭文》的后半部分，作者几乎进行了一个一百八十度的大转弯，他在文中激愤地说："魂兮归来！抚我幼婴：儿若成人，莫求令名。为商为贾，钞票盈庭。囤积居奇，莫惧时评。钱能通神，遇祸休惊。操纵物价，谁敢不平！既富必贵，扬名显亲。毋效尔父，愚蠢亡形。愿佑吾子，死而有灵。呜呼哀哉！尚飨！"[③]这同之前那个有着一腔爱国热情的青年判若两人，曾经正直爱国的父亲教导自己的孩子去做投机倒把、囤货居奇的商人，同时宣扬金钱和物质至上，这是使人难以想象的。"毋效尔父，愚蠢亡形"从中亦可见作者对当时社会现实深深的失望和无奈。陶渊明虽然也当过彭泽令，也曾后悔为官，但是在他的《自祭文》里没有去抨击政治，也没有批判社会，更没有以那种近乎辛辣的反语去教导自己的孩子去做投机倒把，操纵物价的事情。相反的，陶渊明在《命子》诗中说："名汝曰俨，字汝求思。温恭朝夕，念兹在兹"[④]，他希望孩子温和谦恭，还说："福不虚至，祸亦易来。夙兴夜寐，愿尔斯才"[⑤]，陶渊明甚至觉得："尔之不才，

---

① 挽秋：《某公务员自祭文》，《春风》1946年第4期。

② ［晋］陶渊明撰，龚斌点校：《陶渊明全集》，上海古籍出版社2015年版，第164页。原文载："识运知命，畴能罔眷。余今斯化，可以无恨。寿涉百龄，身慕肥遁，从老得终，奚所复恋！寒暑愈迈，亡既异存，外姻晨来，良友宵奔，葬之中野，以安其魂。窅窅我行，萧萧墓门，奢耻宋臣，俭笑王孙，廓兮已灭，慨焉已遐，不封不树，日月遂过。匪贵前誉，孰重后歌？人生实难，死如之何？呜呼哀哉！"这是陶渊明《自祭文》原文中的一段，基本是对于自己生命的思考和认识，全文并没有明显的政治批判。

③ 挽秋：《某公务员自祭文》，《春风》1946年第4期。

④ ［晋］陶渊明著，龚斌校点：《陶渊明全集》，上海古籍出版社2015年版，第18页。

⑤ ［晋］陶渊明著，龚斌校点：《陶渊明全集》，上海古籍出版社2015年版，第19页。

亦已焉哉”[1]，即使孩子们没有什么成就，他也觉得可以。

而《某公务员自祭文》的作者几乎是含着一腔愤懑，展开了对当时政治环境及拜金风气的激烈批判。这篇文章原发表于1946年的《春风》杂志上，当时的南京国民政府在抗战胜利后，首先做的不是整顿经济、恢复民生，而是借抗战胜利之机，对外以战胜国的名义收缴敌伪资产，对内商业投机从而剥削民族资本家，很多财富都落入了“四大家族”的口袋。“1947年，中国战区联军参谋长和在华美军指挥官魏德迈痛斥国民政府的无能与腐败，指名道姓，列举孔宋控制的福建公司与扬子公司是囤积投机，非法炒作之首恶。”[2]如此情形下，文章后半部分荡起的大转折和反讽，就不足为奇了。这篇文章形式上依旧是按照陶渊明《自祭文》来写，但其内涵已经完全突破了“自祭”这一主题，更像是对自己抱负无处施展的哀悼以及对这个不公平社会的鞭挞和控诉。

二、女性视角的介入和社会风俗的变迁

除去一般的仿作和政治讽喻，最具时代特色的当属女性视角下的《自祭文》创作了，这类作品在封建时期文人士大夫的集子里无论如何是看不到的。“维神州多故之年，怨女伤心之夜，薄命女子亲沽浊酒，手制蔬肴，艺名香，焚冥镪，以自祭曰……两小无猜，竟卿卿而我我；同窗有侣，爰去去复来来。竹马青梅，郎非无意；年华豆蔻，妾正騃痴。方期良缘可缔，庸料始愿成灰，则以慈姑买卜，术士多言，喻水火兮相克，谓命运兮实蹇。类含沙兮射影，同精卫兮呼冤！”[3]这是一篇关于男女爱情的文章，女主人公同男方本是青梅竹马的一对，当女方正期待着缔结良缘时，出现了始料未及的变故，即男方父母不同意，以两人八字不合，命里水火相克为由，从中干扰阻挠，反对这门亲事。面对这样的情况，女主人公伤心欲绝，既悔恨当初的山盟海誓，又哀叹自己红颜薄命，同时也有对传统封建礼教的愤恨与不满。“类含沙兮射影，同精卫兮呼冤！”从中可以感受到女主人公当时的心情，这篇自祭文与陶渊明的《自祭文》大相径庭，已经毫无豁达可言，取而代之的是十足的哀怨，甚

① ［晋］陶渊明著，龚斌校点：《陶渊明全集》，上海古籍出版社2015年版，第19页。

② 李弘：《图说金融史》，中信出版社2015年版，第312页。

③ 楼桑邨民：《拟某女士自祭文（有序）》，《万岁》1932年第1卷第8期。

至可以说是一篇感叹个人身世、哀悼自身命运的“自悼文”。文章也提供了一个观察当时社会风俗变迁的窗口。辛亥革命后，旧的封建制度虽然被推翻，但是民间的传统思想却依旧存在，这并不是一朝一夕可以改变的。西方先进的思想同中国传统的文化发生了激烈的碰撞，这反映在社会生活的各个方面。中国接受外来的新事物、新思想也存在一个过程，当自由恋爱，男女平等的新观念同中国古代“父母之命，媒妁之言”的旧思想发生冲突时，年轻一代如何面对父辈们的不解，老一辈如何面对儿女们的叛逆？这种“代沟”至今犹是社会关注的问题。

如果说上文是进步女青年自由恋爱的烦恼，那么西江张贞兰的《自祭文》就可以算是颇具有现代性意义上的进步女青年的自殇了：“癸卯之夏，噩梦初醒。残灯无焰，浊酒无馨。梦余幻影，自奠生灵。两行热泪，洒向冥冥。呜呼婉侬，生于浊世，幼读诗书，粗明大义。何者为名？何者为利？名利无关，飘然西去。呜呼婉侬，天性豪纵，梦即如真，生原是梦。感此素心，其谁与共？放眼茫茫，何妨自恸。呜呼婉侬，夙秉规箴。半生冷眼，一片痴心。别离泪尽，沧海愁深。欲披肝胆，谁是知音。呜呼婉侬，才真为累，吊古伤情。看花溅泪，莲性堪怜，蚕丝可畏。欲断愁根，应先忏慧。忆尔丰度，无异常人。梅花性格，白雪精神。念尔志向，洒然出尘。梦中有梦，身外有身。怜尔寸心，明如月朗。惜尔早逝，超然长往。吊尔幽魂，苍苍莽莽。祝尔升天，勿羁泉壤。云暗纱幮，尘侵书幌。风声萧索，雨声凄怆，杯酒重斟，名香三上。魂兮有灵，是维尚飨。”[①]这是一篇女性创作的《自祭文》，其中“梅花性格，白雪精神”一句，颇具巾帼不让须眉的豪情。在封建社会，“女子无才便是德”，但随着社会的发展与时代观念的改进，到晚清已经出现了专门为女子开设的学堂。女子教育的普及，让更多女性找到了抒发自己心绪的途径，难怪有评论家感叹道：“女子多才，反为情殇，乌呼！亦满腹之牢骚也！”[②]从这个角度来看，陶渊明的自祭文题材，不仅在政治批判运动中焕发生机，在社会风俗的展现和女性话语的建构方面，也展现出独特的社会适应性。尽管这些文章形式上依旧沿袭了陶渊明《自祭文》既定的套路，但在内容上产生了新的飞跃。

---

① 张贞兰：《自祭文》，《大陆》1904年第2卷第1期。

② 诗云子：《西江张贞兰自祭文》，《立言画刊》1939年第28期。

三、形式的侵夺与体裁的创新

随着陶渊明《自祭文》内容的发展和革新，其形式也渐渐被突破，即名为“自祭”，实际上是“他祭”。陶渊明的《自祭文》是他写来祭奠自己的，之后也有很多人写文章祭奠自己，如初唐王绩的《自作墓志铭》，明朝张岱的《自为墓志铭》等等。但在民国时期出现了把自己想象成他人，然后为他人代作自祭文的情形。如《戏代汉奸拟自祭文》：“呜呼哀哉！维我汉奸，其类亦异；或盗国有心，或猎官无耻！或大奸巨猾，求荣作篱下之依人；或老朽昏庸，就木等尸居之余气；或贪污不肖，犹逃獬豸之刑；或睚眦寻仇，偏作豺狼之噬……人不祭我我自祭兮，怅无同情之泪溅……呜呼哀哉兮，孰若羽化而登仙？魂兮归来兮，我死谁怜！呜呼哀哉！尚飨。”[①]从题目就可以看出，这不是汉奸自己为祭奠自己写的自祭文，如果汉奸真的有这个觉悟也就不会去当汉奸了，这恰是作者自己以汉奸的口吻，从汉奸的角度出发，给汉奸作的“自祭文”。从严格意义上来讲，这并不能算作“自祭文”，而应该算作“他祭文”。“他祭文”的叙述视角一般是全知视角，或者大都以第三人称视角为主，穿插着第一人称视角书写。陶渊明的《祭程氏妹文》和《祭从弟敬远文》，就是典型的“他祭文”，陶渊明以自己的视角，对他妹妹和兄弟进行追忆和哀悼，是作者自己写的祭奠别人的文章。而《戏代汉奸拟自祭文》，本质上是作者替汉奸写的“他祭文”，但是在文中，作者又自觉地把自己当作一个汉奸，亲自以汉奸的口吻来创作，这其实是对“自祭文”形式上的“侵夺”。

包括《拟某女士自祭文（有序）》也是这样，在序言中作者交代了这篇自祭文创作的原因：“某女士既交谪于其家，辄为愚述其以前种种，忿然曰：‘毋宁死，君其为我提刀而自祭焉！’愚笑诺，因戏拟之。”[②]是作者听完情感受挫的女主人公的陈述，答应为她作一篇“自祭文”。这在严格意义上讲也不算是“自祭文”，而应该算是“他祭文”，因为创作主体和受祭对象不是一个人。和《戏代汉奸拟自祭文》一样，作者在文中同样采用了“受祭对象”的视角，把自己想象成那名爱情受挫的女性，以她的口吻组织全文。两篇文章的题目中虽然都含有“自祭文”三个字，在

① 勺园：《戏代汉奸拟自祭文》，《扫荡》1940年第2期。

② 楼桑郁民：《拟某女士自祭文（有序）》，《万岁》1932年第1卷第8期。

结构上也都是模仿陶渊明的《自祭文》，但是实际上都是作者以受祭主体的口吻代拟的“他祭文”。这种现象在中国历史上并不少见，颇有“史家笔法”，一方面是能遥体人情，同受祭主体产生共情，感同身受地在“自祭”框架下倾诉；另一方面又能跳出来，站在旁观者“他祭”的视角下予以评价和议论。

体裁上的突破也随着新文化运动的深入逐渐显露，有一篇完全用白话文写的自祭文，情感真挚，颇为动人：“我又有什么可说的呢！毫不珍惜地消耗了十八个无知的春秋，十四岁以前的生活还是天真的，快乐的，无忧无虑的，虽然现在也变成萎了的花朵和枯了的落叶，但模糊的影子始终是绚烂的，奇丽的，再向前走着生活也就渐渐淡暗了。蒙上一层薄薄的阴翳那是与日俱增的，于是我堕入九里雾中。彼时我已变成一个可怜患着沉重过度色盲的人，分辨不出快乐，欣喜，悲哀，感伤的颜色……”①这篇自祭文的作者是一个因患重病而不久于人世的青年，在哀悼自己的命运。再如民主人士自撰的墓联：“许国自同盟，以教育造共和，白首清贫贞素愿//盖棺有定论，于身世无渣滓，青山明月证灵魂”②铿锵有力，掷地有声，读罢让人肃然起敬。

到这个时候，陶渊明《自祭文》所创制的形式已经被完全突破。他人代拟自祭文从叙述视角上对自祭文题材的形式进行了突破；白话自祭文、自祭墓联以及即将出现的自祭小说、自祭现代诗完成了对陶渊明《自祭文》体裁上的创新。

四、《自祭文》的新生——“自祭主题”的现代书写

新民主主义革命揭开了中国历史上新的一页，这场革命的文艺阵地上亦不乏借用“自祭”主题抒发自己情感的斗士。鲁迅所作的散文诗集《野草》中，有一篇题为《墓碣文》的散文诗：“……于浩歌狂热之际中寒；于天上看见深渊。于一切眼中看见无所有；于无所希望中得救……有一游魂，化为长蛇，口有毒牙。不以啮人，自啮其身，终以殒颠……抉心自食，欲知本味。创痛酷烈，本味何能知……痛

① 阙名：《自祭文：雹碎春红　霜凋夏绿》，《公教学生》1942年第2卷第3期。

② 凌总、董容等撰：《凌总董容众病中自撰墓联》，《湖南平江私立启明女学校三十周年纪念册》1937年4月刊。

定之后，徐徐食之。然其心已陈旧，本味又何由知……”[①]对这一段文字向来有诸多解释，其中一种即革命者欲牺牲自己，告别旧我，迎接新我。这篇《墓碣文》是革命者自撰的，是一种理想的、为了实现希望的自祭；推翻旧社会，打破旧制度当然会有流血和牺牲，革命者大概预料到自己将会面临的纠结甚至死亡，但他依旧向着未来前进了，在最后他似乎安慰自己道：“待我成尘时，你将见我的微笑！”[②]这篇《墓碣文》也可以看作一篇“自祭体”的悼文，悼念牺牲的众多革命战友，向旧我、旧社会、旧制度宣战，祭奠那些已经逝去的英魂。也许当时他们是孤独的，没有人能理解他们，但他们知道历史前进的步伐是不可逆的，为此他们愿意献出自己的一切，这篇《墓碣文》何尝不能理解为一种革命者面对死亡的独白呢？其次，鲁迅著名的杂文集《坟》及其命名都折射出陶渊明《自祭文》的潜在影响[③]，这在鲁迅的通讯中是有相关材料作为支撑的[④]，其中亦涉及现代版画史上著名的人物赖少其先生，他的版画《自祭曲》[⑤]也是借陶渊明《自祭文》的题材发挥的。

陶渊明开创的“自祭”传统一直影响着中国的文人，即使是新文学的健将鲁迅也不能免俗。自己才是最了解自己的人，无论自己的过去如何，总是无法决绝地与之一刀两断，总是抱有一些留恋，总是希冀能存留下只言片语，以供自己回忆。对时间流逝的无奈，对往日种种的总结，同时带有自己志趣的抒发，生前身后事的交代和嘱托……“自祭体”的魅力吸引着历代文人。受新民主主义革命思潮的影响，“自祭”主题的形式和内容都发生了巨大的变化，除鲁迅的杂文、散

① 鲁迅：《野草·墓碣文》，《鲁迅全集》第二卷，人民文学出版社2005年版，第207页。

② 鲁迅：《野草·墓碣文》，《鲁迅全集》第二卷，人民文学出版社2005年版，第208页。

③ 鲁迅：《坟·题记》，《鲁迅全集》第一卷，人民文学出版社2005年版，第4页。原文载：“此外，在我自己，还有一点小意义，就是这总算是生活的一部分的痕迹。所以虽然明知道过去已经过去，神魂是无法追蹑的，但总不能那么决绝，还想将糟粕收敛起来，造成一座小小的新坟，一面是埋藏，一面也是留恋。至于不远的踏成平地，那是不想管，也无从管了。”这是鲁迅原先对于杂文集《坟》题目的阐释，后他在《坟·写在〈坟〉后面》中说：“逝去，逝去，一切一切，和光阴一同早逝去，在逝去，要逝去了。——不过如此，但也为我所十分甘愿的。然而这大约也不过是一句话。当呼吸还在时，只要是自己的，我有时却也喜欢将陈迹收存起来，明知不值一文，总不能绝无眷恋，集杂文而名之曰《坟》，究竟还是一种取巧的掩饰。”

④ 鲁迅：《日记二十四（1935年）》，《鲁迅全集》第十六卷，人民文学出版社2005年版，第531页。原文载：“六日昙。上午寄河清信并短稿三篇，悄吟稿一篇。午后得阿芷信。得十还信。下午得王志之信。得青曲信。得《自祭曲》一本，赖少其寄赠。”

⑤ 杨志华：《介绍〈自祭曲〉》，《鲁迅研究月刊》1990年第4期。

文诗以及赖少其的版画创作外，其他文学体裁也出现了以“自祭”为主题的颇具有战斗色彩的作品。它们虽然在主题上保留了陶渊明《自祭文》的特色，但在内容和意境上多有突破，同时代潮流结合得十分紧密，从中可以获得大量历史信息。如笔名为“芦荻”的作者所写的《自祭曲》（诗歌）：“银色的海坠下青年的梦/而今不再浮泛起波涛了/独绻恋于晚来的西风/想起昔日生活的多事/凉爽的白露是未来的/人的心早已凋老了/世故的加重作成生命的刑罚哪！”[①]世故的磨砺让当时的青年感到苦恼，发出了陶渊明《归园田居（其一）》“误落尘网中，一去三十年”[②]似的感慨。

与上引“芦荻”《自祭曲》不同，另一篇《自祭》新诗显得更具有战斗色彩和悲剧意义：“以煎熬于饥馑——/血液的升华的火花/燔起惨受摧残的生命/自祭于未亡肉体之前。//祭灵魂的贞忠/祭气节的壮烈/祭精神的不挠/祭良心的鲜赤/祭意识的正确/又祭我纯洁无瑕的名号！//我未同流于市侩/未合污于狗之群/因而于将死之刹那/举行可纪念的自祭！”[③]作者的笔名也很富有深意——“啣仇”，似乎在寄托着创作者的一腔悲愤。他的胸中有仇恨在，他仇恨的对象是“市侩”“狗之群”，他祭奠自己“灵魂的忠贞”“气节的壮烈”“精神的不挠”“良心的鲜赤”“意识的正确”和那“纯洁无瑕的名号”。不禁引起人的猜测，这可能是一个经历了挫折和失败而不幸遭到迫害的革命者书写的，也可能是以那样的革命者为原型写的。

还有不少文学体裁借“自祭”的主题来表达自己对于科学民主、自由平等的向往和追索，如道屏的《自为墓志铭》[④]以辛辣的笔法讽刺了社会现状，表达了对于政府官僚机构的不满，新派文人的巨大影响也可从中一窥。不少自由民主的进步思想通过自祭主题的文章表达出来：或杂文，或诗歌；或古代散文，或现代白话文；或篇幅较长的“自为墓志铭”，或短小精悍的墓联……陶渊明开拓的自祭主题，成为

① 芦荻：《自祭曲》，《红豆》1935年第3卷第3期。

② ［晋］陶渊明著，龚斌校点：《陶渊明全集》，上海古籍出版社2015年版，第26页。

③ 衔仇：《自祭》，《青年画报》1945年第1卷第4期。

④ 道屏：《自为墓志铭》，《佛海灯》1936年第2卷第1期。原文：“我虽穷困不堪，而极爱奢华，好住精舍，好穿鲜衣，好吃美食，好坐汽车；且嗜茶成癖，嗜电影成癖，嗜书成癖，嗜清洁成癖，嗜×成癖，嗜朋友成癖。百金到手，顷刻即尽，对长辈不喜跪拜，对权势不好拍马。拂逆我者与之绝言谈，不好委曲求全。遇不平事，虽不关我，亦攘臂大呼，直指某也是，某也非，毫不假情，因此招人暗算，诽谤与中伤，纷至而沓来，余亦不惧，好抱不平如故也。有狂气，好骂人，犹好骂政府，骂官僚，骂和尚。文好鲁迅，周作人，林语堂，丰子恺等”讽刺之辛辣，语言之巧妙可见一斑。

新民主主义革命运动文艺方面的有机载体，同时也随着历史的步伐产生了新的接受和影响。

结　语

民国时期，是中国近代历史上颇为动荡的时期。西方列强的入侵带来的不仅是屈辱和血泪，也将西方先进的科学技术、政治制度以及思想文化传播进来，中国传统社会的方方面面都受到了冲击。在这样的历史背景下，陶渊明及其开创的“自祭”母题也随着时代潮流的变化，发生了相应的改变。从形式内容的因循到突破；从单纯地抒发个人志趣情怀，到激烈地讽刺批判时政；从隐士的闲情到女性话语的建构；从平易畅达的魏晋散文到现当代“自祭体”杂文的滥觞……民国读者对中国传统文化名人陶渊明及其《自祭文》的接受，都体现出鲜明的时代特点。从当时流行的报刊文章中，我们不难整理出一条关于陶渊明及其《自祭文》在民国时期接受程度的线索，这不仅对于陶渊明及其《自祭文》的接受十分重要，还为我们提供了一个察观文学史的新角度。

（作者单位：复旦大学中国古代文学研究中心）

作为时空漂浮物的祥子

——论老舍的《骆驼祥子》

李国华

内容提要：老舍以小说为个人主义的史诗，但在家国观念的影响下对个人主义持批判态度，认为个人主义有其内在的矛盾。这就构成了老舍写作《骆驼祥子》的意识形态框架，使他刻意将祥子抛掷在北平城的社会空间中，祥子遭遇各种功能性挫折，成为时空的漂浮物。《骆驼祥子》的情节时间也因此是跳跃的，小说呈现出明显的空间性。

关 键 词：老舍　骆驼祥子　时空漂浮物　个人主义　音乐

夏志清在叙述老舍创作的变化时注意到："在《离婚》里，老舍斥责中国人胆小怯弱，叫他们加强英雄行为，所以还很个人主义。但是在《牛天赐传》里，他就表示很怀疑，在一个普遍腐败的社会里，个人英雄主义究竟有什么用。到了《骆驼祥子》，老舍就积极地主张集体行动的必要了。没有具体证明，很难说老舍得出这样的结论是自动的还是受了左派的压力。"[①]一个重要的问题就这样被他含沙射影、含糊其词地狠狠放过了。事实上，未曾如叶圣陶、茅盾等作家一样亲与五四、五卅和大革命的老舍，虽然不可能沿着叶、茅之路发展，但却仍有可能发展出反思和批评个人主义的意识。而且，在《二马》马威对个人英雄主义者李子荣的告别声中，在《小坡的生日》东方小孩的共同玩闹当中，已经透露了一些消息。身处异域的老舍痛

① 夏志清著，刘绍铭等译：《中国现代小说史》，中文大学出版社2001年版，第153页。

感国家社会之于个人的意义，没有某种群体性政治提供保障，个人未便独自发展。做一个民族国家的好国民的意识促使老舍思考牺牲个人以为国家的命题，并由此逐步发展出对于个人主义的反思和批评。

但是，所谓反思和批评个人主义，绝不意味着老舍认同叶圣陶、茅盾的道路选择，更说不上对于当时左翼和共产党的认同。且不论老舍在《猫城记》中对于左翼运动、国际共产主义运动的辛辣讽刺，即使是在《骆驼祥子》中，将祥子送上末路的老舍，也并未对曹先生的空想社会主义和阮明从属的组织工人运动的势力稍加辞色。在个人主义和群体政治之间尚有广阔的中间地带，并无非此即彼的紧张关系。穆时英的迷惘和鲁迅对叶永蓁《小小十年》的评价，有助于理解老舍的特殊性。穆时英曾被期待为左翼的后起之秀，但他自己却说“二十三年来的精神上的储蓄猛地崩坠了下来，失去了一切概念，一切信仰；一切标准，规律，价值全模糊了起来”[①]，“我不会有一种向生活，向主义的努力”[②]，“我是过着二重，甚至于三重，四重……无限重的生活的”[③]。写《黑旋风》的作者并未走上群体政治之路，以此类推，老舍也自有其选择的余地。鲁迅评价叶永蓁《小小十年》：“在这里，是屹然站着一个个人主义者，遥望着集团主义的大纛，但在‘重上征途’之前，我没有发见其间的桥梁。”[④]“遥望着集团主义的大纛”的叶永蓁的确告别了个人主义，但加入的“集团”却是国民党部队[⑤]，他不是没有“重上征途”的桥梁，只是自己另有打算。由此可见，老舍可以自由选择。充分考虑老舍是自由选择，这是考察其反思和批评个人主义的重要前提，其后则需考察其批评的特殊性。

一、“音乐的生活”

老舍于1930年4月抵达上海，寄住郑振铎家写完《小坡的生日》。7月7日，老舍在北京师范大学做讲演，他慷慨激昂地说：

---

① 穆时英：《白金的女体塑像》，现代书局1934年版，自序第1—2页。

② 穆时英：《关于自己的话》，《现代出版界》1932年第4期。

③ 穆时英：《我的生活》，《现代出版界》1933年第9期。

④ 鲁迅：《小引》，见叶永蓁《小小十年》，生活书店1933年版，小引第2—3页。

⑤ 参见方韶毅：《〈小小十年〉之后的叶永蓁》，《读书》2009年第12期。

> 在最近二三十年我们受了多少耻辱，多少变动，多少痛苦，为什么始终没有一本伟大的著作？不是文人只求玩弄文字，而精神上与别人一样麻木吗？我们不许再麻木下去，我们且少掀两回《说文解字》，而去看看社会，看看民间，看看枪炮一天打杀多少你的同胞，看看贪官污吏在那里耍什么害人的把戏。看生命，领略生命，解释生命，你的作品才有生命。[①]

将“伟大的著作”与民族痛苦、社会民生联系在一起，意味着老舍不仅关注家国之于个人的意义，更关注个人之于家国的贡献，表达了明确的淑世情怀和责任伦理。相对于《二马》在伦敦时空中叙述爱中国的问题，老舍此时的议论无疑有了更具体的现实意义。

不过，从愤词到小说理论与实践，老舍需要合适的桥梁。这个桥梁就是他1930年以后频繁谈起的“音乐”，如1932年老舍发表了一首新诗《音乐的生活》。在诗中，老舍这样写道：

> 我，宇宙之琴的一个单音，
> 想在琴曲中试试我的轻颤；
> 假如我在调和的群响里消失，
> 似雨滴落在“海母亲”的怀里，
> 感谢那弹琴的圣手，也许是上帝，
> 使我伴着“音姊妹”们游戏。
>
> 宇宙之琴的弦上，不只有工，尺，上，四；
> 山，海，狮，凤，风，雨，花影的徘徊，
> 有声与无声的，是并非全无颜色的音符；
> 还有我的一首小歌，在黄蝶的翼上，
> 陪衬着东岳上的松涛。
> 我不愿听音乐，除非我在音乐里；
> 假如我在音乐里，能不能还听得见自己？

① 老舍：《论创作》，《齐大月刊》创刊号，1930年10月10日。

噢，弹，琴手，弹那宇宙之歌，
在和音的梦中只有一切是自己。

别说我不甘静寂，
我愿随着余音飞入静寂之乡：
山静如雪，
海平如镜，
在那里把我的无音之曲，
放在夜莺的梦中，
叫她睡得加倍的甜蜜。①

“我”与山、海、狮、凤、风、雨、花影等全部“有声与无声的”一样，是并非全无颜色的音符，是“音姊妹”，在琴手的弹奏下，调和成了音乐。音乐，也就是宇宙之歌，和音的梦，是“一切”，是情感或意义的说明。因此，“我”要听见“自己”，就必须听到“一切”；在和音的梦中，只有“一切”是“自己”。“我”作为宇宙之琴的一个单音，只有汇入琴曲中，在调和的群响里消失，与“音姊妹”们一起游戏，才能成为“自己”。一旦成为“自己”，与音乐同体，就算是随着余音飞入静寂之乡，也会是无音之曲，放在夜莺的梦中，能够叫她睡得加倍的甜蜜。在这里，夜莺隐喻的是歌唱者或诗人。歌唱者或诗人获得了在调和的群响中轻颤的单音，也就是获得了音乐，因此能够睡得加倍的甜蜜。

在“我”与老舍之间建立指涉关系，无论在隐喻的意义上，还是在精神分析的意义上，都是成立的。老舍如此理解单音与群响的关系，不但与中国传统音乐美学上所讲究的天人意识一脉相承，而且暗示着老舍正在努力构建个人与群体的和谐关系。蔡仲德认为在中国传统音乐美学中，“‘天人合一’、人际关系与天人关系的统一，始终是人们的追求，阮籍如此，嵇康也如此；儒家、道家如此，佛学也如此；道学家如此，其他文人也如此”②。老舍自非传统文人，阴阳五行的思想也未必会在其意识中起多么重要的作用，但不可否认的是，老舍将单音与群响的关系与宇宙、

① 老舍：《音乐的生活》，《齐大月刊》1932年第2卷第4期。
② 蔡仲德主编：《中国音乐美学史》上册，人民音乐出版社2004年版，第19页。

姊妹勾连，不能不说是传统天人观的一种现代延续。而在这一延续中，老舍充分展现了自己对中和位育（“调和的群响”）之美的向往。这就在更深的层面上延续了中国传统。李泽厚认为：“中国美学的着眼点更多不是对象、实体，而是功能、关系、韵律。从‘阴阳’（以及后代的有无、形神、虚实等）、‘和同’到气势、韵味，中国古典美学的范畴、规律和原则大都是功能性的。它们作为矛盾结构，强调得更多的是对立面之间的渗透与协调，而不是对立面的排斥与冲突。作为反映，强调得更多的是内在生命意兴的表达，而不是在模拟的忠实、再现的可信。作为效果，强调得更多的是情理结合、情感中潜藏着智慧以得到现实人生的和谐和满足，而不是非理性的迷狂或超世间的信念。作为形象，强调得更多的是情感性的优美（‘阴柔’）和壮美（‘阳刚’），而不是宿命的恐惧或悲剧性的崇高。”[①]老舍对单音所可发挥的功能、单音与群响的关系的思考，对调和的群响的追求，以及对有声无声的区分，都与李泽厚对中国古典美学的概括是一致的。当然，在这种一致中，也有深刻的不一致，即老舍关注的重心是单音如何得到说明，而非群响如何得以调和。这就意味着，在老舍追求调和的过程中，始终会有一种不可调和的张力；对于老舍而言，个人与群体的和谐将始终是乌托邦幻象。不过，必须肯定的是，这一幻象构成了极大的人生动力和叙事动力；无论是老舍的人生选择，还是老舍长篇小说的形式化，都与此密切相关。在此意义上，“音乐的生活”是老舍人生与形式的寓言。

1930年8月，老舍受聘任教齐鲁大学，讲授《文学概论》《小说作法》等课程。在当时授课的讲稿《文学概论讲义》中，老舍认为“诗词便是奏着音乐的哲学”[②]，并以同样的关键词解释小说：

> 小说呢，它既能象史诗似的陈说一个故事，同时，又能象抒情诗似的有诗意，又能象戏剧那样活现，而且，凡戏剧所不能作的它都能作到；此外，它还能象希腊古代戏剧中的合唱，道出内容的真意或陈述一点意见。这样，小说是诗与史的合体，它在运用上实在比剧方便得多。小说的兴盛是近代社会自觉的表示，这个自觉是不能在戏剧与诗中充分表现出来的。社会自觉是含有重视个

① 李泽厚：《美的历程》，中国社会科学出版社1984年版，第63—64页。

② 老舍：《老舍文集》第十五卷，人民文学出版社1995年版，第78页。下引该书仅注明作者、书名、页码。

人的意义；个人之所以能引起兴趣，在乎他的生命内部的活动；这个内部生活的表现不是戏剧所能办到的。诗虽比戏剧方便，可是限于用语，还是不如小说那样能随便选择适当的言语去表现各样的事物。这个社会自觉是人类历史的演进，而小说的兴起正是时代的需要。①

小说之所以为艺术，是使读者自己看见，而并不告诉他怎样去看；它从一开首便使人看清其中的人物，使他们活现于读者的面前，然后一步一步使读者完全认识他们，由认识他们而同情于他们，由同情于他们而体认人生；这是用立得起来的人物来说明人生，来解释人生；这是哲学而带着音乐与图画样的感动；能作到这一步，便是艺术，小说的目的便在此。②

一方面，老舍认为小说是“诗与史的合体”，高出一切文体，最能体现近代社会之自觉，深刻地表征着老舍的社会政治观念与文学艺术观念之间难以割舍的关系，与伊恩·P.瓦特讨论“小说的兴起”，思路非常接近③。伊格尔顿曾在《审美意识形态》一书的导言中宣称该书“试图在美学范畴内找到一条通向现代欧洲思想某些中心问题的道路，以便从那个特定的角度出发，弄清更大范围内的社会、政治、伦理问题”④，他的确如此施为。对于分析老舍的小说观念及创作实践来说，伊格尔顿的思路应该是有相当效果的。刘禾即曾尝试通过符码化（coded）解读来离析《骆驼祥子》中的政治意识。⑤当然，伊格尔顿主要是在美学观念层面发现问题，而相比之下，刘禾显得微观得多，只是从具体文本的具体叙事层面来生发阐释的空间。

另一方面，在老舍看来，小说指向外部的终点是“体认人生”“说明人生”“解释人生”，内部的终点则是艺术，是“哲学而带着音乐与图画样的感动”。小说作为一种艺术，是“哲学而带着音乐与图画样的感动”，这是非常有趣的一个结论。它

---

① 老舍：《老舍文集》第十五卷，第153—154页。

② 老舍：《老舍文集》第十五卷，第155—156页。

③ 瓦特认为笛福的作品提供了各种形式的个人主义与小说的兴起之间相互联系的独特证明。参见［美］伊恩·P.瓦特：《小说的兴起——笛福、理查逊、菲尔丁研究》，高原、董红钧译，生活·读书·新知三联书店1992年版，第62—149页。下引该书仅注明作者、书名、页码。

④ ［英］特里·伊格尔顿：《审美意识形态》，王杰等译，广西师范大学出版社2001年版，导言第1页。

⑤ 刘禾：《跨语际实践——文学，民族文化与被译介的现代性（中国，1900—1937）》，宋伟杰等译，生活·读书·新知三联书店2002年版，第143—175页。

既是老舍20世纪30年代的《文学概论讲义》内部对于文学思考的归结，也是老舍反思自身小说创作实践的理论归结。《文学概论讲义》总共15讲，最后一讲谈的是文艺的后起之秀小说，内部结构呈现出一种水到渠成、万川归海的态势：小说是“诗与史的合体”，能一切文体之所不能；是近代社会自觉的表示，最能表现个人内部生命；是“哲学而带着音乐与图画样的感动”。这一态势背后隐现的则是老舍对自身小说创作的反思。

由于音乐作为界定小说的关键词存在，不能不设想老舍的小说理论与其新诗《音乐的生活》之间的互文性。小说的兴起是“近代社会的自觉”，而所谓“自觉”，其中含着“重视个人”的意思，可知小说为个人的史诗。但小说同时又必须是“带着音乐与图画样的感动”，即意味着在语言节奏上必须处理“单音”与“群响”的关系，在人物关系层面必须处理个体与群体的关系。如此一来，老舍对于时代的感知和判断，就通过“音乐”这座桥梁进入了小说的理论形态之中。同时，《骆驼祥子》开头先叙述北京城车夫群体的构成，然后将祥子安插进去，就显得非常有隐喻意义了。

二、“大家须立在一块儿”

《骆驼祥子》总共二十四节，第一节开头即叙述北平洋车夫的派别，先按年龄和身体条件区分，再按环境与知识的差异区分，最后划定祥子属于年轻力壮、自己有车的“那一类”。这似乎意味着老舍要写一部“类型”小说，目的不在于写祥子“这一个”，而在于写祥子“这一类”。但老舍的叙事之流迅速倒转，虽然强调祥子成为“那一类”高等车夫绝不容易，至少需要三四年的血汗，却在第一节之内就不仅完成了祥子进阶的叙述，而且完成了逆转。第一节最后叙述完祥子的车厂主梦后，以一句反讽结束：“可是，希望多半落空，祥子的也非例外。”[①]在剩下的二十三节里，老舍将祥子叙述成了“这一个”；虽然还是和“那一类”有所关联，但却重点叙述祥子不合群的性格、与众不同的品格及遇合。

更有意思的是《骆驼祥子》情节时间的安排。第一节短短的篇幅里压缩了三年时间，祥子千辛万苦成功了；剩下二十三节漫长的篇幅里也只写了近三年时间，祥子渐渐成了个人主义的末路鬼。从叙事者的概括来看，前三年的故事含量不比后三

① 老舍：《骆驼祥子（一）》，《宇宙风》第25期，1936年9月16日。

年少，老舍何以如此严重地厚此薄彼？这无疑与他写作《二马》以来的思想变迁有关，即一个民族国家的好国民有其责任伦理，一个“单音”离不开“群响”，个人必须从群体中获得安身立命之所在。因此，在《猫城记》中，老舍辛辣地讽刺中国国民性的不足，在《离婚》中刻画张大哥无力应对时代的变局和老李那一点“诗意”的破灭。在1935年写作的新诗《礼物》中，老舍更直言，虽然“我小，我丑”，“除去我的经验，简直不认识我自己”，但“我的经验中有你”，“我们交换的也许是钱，也许是件衣裳；/但咱们也握手，咱们互视，咱们一同高声的喊……/这就够了，朋友，咱们活着，为彼此活着”。[①]在写作《骆驼祥子》之前，老舍已经设想“为彼此活着”的“你”“我”，因此自然对“只顾自己的生活”[②]的祥子，竟然个人奋斗成功，别无叙事的兴致。相反，他的叙事欲望在于毁掉祥子成功的偶像。如果说笛福叙述的是鲁滨孙·克鲁索经济个人主义的成功史，老舍则是叙述成功之后的故事。祥子入城前后的情境与鲁滨孙上岛前后是一致的。瓦特分析道：“小说的传统就应该始于一部消灭了传统社会秩序中各种关系的作品，由此，引起对以新的自觉的模式构成的人际关系网的机会和需要的注意；当旧道德和旧社会的关系秩序被鲁滨孙·克鲁梭用个人主义翻腾大浪毁灭之时，小说的尚成问题的地位和现代思想的地位，才一道得以确立。”[③]的确，岛居的鲁滨孙失去所有人间消息之后，按照自己的原则构建了人际关系，并取得了主人和主体的地位。但祥子，尽管也是“没有父母兄弟，没有本家亲戚，他的唯一的朋友是这座古城”[④]，也不知道自己的生日，买车以后才决定以买车的日子作为自己的生日，似乎在北京城获得了“再生”，叙事者却三言两语就将祥子三年始得的“再生”打发过去了。而且，更具讽刺意味的是，在叙述完祥子在兵荒马乱之中丢车、得到三匹骆驼之后，叙事者荡开一笔说：“自从一到城里来，他就是‘祥子’，仿佛根本没有个姓；如今，‘骆驼’摆在‘祥子’之上，就更没有人关心他到底姓什么了。有姓无姓，他自己也并不在乎。”[⑤]姓氏象征着对城市人际关系的适应程度，《骆驼祥子》几乎给所有比祥子适应都市生活的人物都取了姓，如刘四爷、刘虎妞、曹先生、孙侦探、阮明、高妈等，而与祥子类似

---

① 老舍：《礼物》，《益世报》，1935年5月8日。

② 老舍：《骆驼祥子（二）》，《宇宙风》第26期，1936年10月1日。

③ ［美］伊恩·P.瓦特：《小说的兴起》，第97页。

④ 老舍：《骆驼祥子（四）》，《宇宙风》第28期，1936年11月1日。

⑤ 老舍：《骆驼祥子（四）》，《宇宙风》第28期，1936年11月1日。

的二强子、小福子则无姓氏。这说明“再生”前后的祥子并未适应新的人际关系网络，甚至可以说主动拒绝进入新的人际关系网络，因为“他的眼仿佛是老看着自己的心”[①]，“在新的环境里还能保持着旧的习惯”[②]。而得到“骆驼”的外号之后，他才慢慢进入新的人际关系，却表现出强烈的不适。他无法接受、处理与虎妞的关系，无法学习高妈放账的方法，也不信任方太太推荐的把钱存在邮局的办法，只是把钱紧紧攥在自己手里，或者寄放在自己信任的熟人刘四爷那里，表现出极为明显的小农经济式的个人主义意识；他甚至连车夫朋友都没有，几乎从未同情过老弱病残的车夫。因此，他绝对不可能像鲁滨孙那样用个人主义翻腾大浪，毁灭旧道德和旧社会的秩序。相反，他依赖着旧习惯，保守着旧道德和旧社会的秩序，谈何翻腾大浪。但是，祥子又不愿意回到乡下去。于是，适应不了新环境的他，就成了新环境中的孤独个人，被新环境慢慢消磨掉身体和心气，成为孤魂野鬼。老舍在此意义上全面反写了笛福的《鲁滨孙飘流记》。与处在大英帝国殖民事业蒸蒸日上之期的笛福相比，生活在20世纪30年代列强环伺的中国，老舍的确难以有笛福式的乐观和雄迈。而20世纪20年代的中国处境同样堪虞，因此身在英国的老舍为排遣乡愁写下的第一部长篇小说《老张的哲学》，虽然不写李应、王德的末路，但也是以巧合的方式、佳构剧的方式收束。这就说明，虽然老舍在理论上声言小说的兴起源于个人的自觉，却无从在小说中叙述个人主义的成功故事。在有限的范围内，个人主义的确构成了老舍长篇小说的叙事动因，但在构成动因的同时却埋下了反思和批评个人主义的种子。老舍捐弃个人英雄主义式的情节急转，反而写作《骆驼祥子》这样一部反思和批评个人主义的小说，确是其家国之思的鲜明体现。这也就意味着，老舍此时深知个人主义是不可能构建中国的未来的。

在《骆驼祥子》中，老舍通过叙事者之口批评北平的汽车夫和洋车夫：“同是在地狱里，可是层次不同。他们想不到大家须立在一块儿，而是各走各的路，个人的希望与努力蒙住了各个人的眼，每个人都觉得赤手空拳可以成家立业，在黑暗中各自去摸索个人的路。”[③]这进一步将老舍对个人主义的批评落实在“大家须立在一块儿”之上。苏敏逸说：“茅盾透过对共产党政治理念的确立，而从正面主张‘个人’投入

① 老舍：《骆驼祥子（一）》，《宇宙风》第25期，1936年9月16日。
② 老舍：《骆驼祥子（四）》，《宇宙风》第28期，1936年11月1日。
③ 老舍：《骆驼祥子（八）》，《宇宙风》第32期，1937年1月1日。

'集体革命'的道路（《虹》）；老舍则从《赵子曰》，经历了《二马》《猫城记》《离婚》《牛天赐传》《骆驼祥子》等小说的创作，通过用心的细腻的社会观察和生活体验，从反面否定了'个人'的努力对社会改造所能产生的功效。"[①]苏氏这一观察无疑是有效的。不过，需要有所区分的是，老舍对茅盾叙述的"集团主义"也持批评态度。老舍一方面主张"大家须立在一块儿"，将祥子作为个人主义末路实验的牺牲品，叙述了一个故事，另一方面却叙述了阮明贩卖革命思想的故事。叙事者将阮明叙述成一个不爱学习的学生，一个没有人格的懒汉，一个卖友求荣的奸细，最后参加组织洋车夫的工作时，被祥子出卖。叙事者以微讽的口吻叙述道："急于宣传革命的机关，不能极谨慎的选择战士，愿意投来的都是同志。但是，受津贴的人多少得有些成绩，不管用什么手段作出的成绩；机关里要的是报告。"[②]老舍将有组织的革命涂上了极为世俗的面影，不能不说是一种带着深刻隔膜的批评。因此，老舍要表达的是，尽管个人主义走上了末路，中国社会也不能走上革命的道路。老舍通过《骆驼祥子》认为，有组织的革命缺乏责任意识和道德伦理，因此不便成为安置个人和群体的方式。

另外，老舍的独特之处在于，他不仅批评个人主义与中国现实社会不相容，而且揭示了个人主义的内在矛盾，即所谓"个人主义的两端"。第二十三节末尾，祥子深陷堕落之中后，叙事者说："他的命可以毁在自己手里，再也不为任何人牺牲什么。为个人努力的也知道怎样毁灭个人，这是个人主义的两端。"[③]面对祥子苟延残喘式地了此残生的窘境，叙事者不仅不再进入其内心作心理描写，而且在整个文本中第一次跃出一个抽象的意识形态概念，"个人主义"，从绝对的高度浓缩祥子的一生，的确是非常残忍的叙事行为。而在第二十四节，这个抽象概念出现了两次，最后一次出现在整个小说的结尾：

> 体面的，要强的，好梦想的，利己的，个人的，健壮的，伟大的，祥子，不知陪着人家送了多少回殡；不知何时何地会埋起他自己来，埋起这堕落的，自私的，不幸的，社会病胎里的产儿，个人主义的末路鬼！[④]

---

① 苏敏逸：《"社会整体性"观念与中国现代长篇小说的发生和形成》，秀威资讯科技股份有限公司2007年版，第238页。

② 老舍：《骆驼祥子（二十四）》，《宇宙风》第48期，1937年10月1日。

③ 老舍：《骆驼祥子（二十三）》，《宇宙风》第47期，1937年8月16日。

④ 老舍：《骆驼祥子（二十四）》，《宇宙风》第48期，1937年10月1日。

这是一个高度形式化的结尾，在一个分号前后全面地概括了祥子“从中兴到末路”的生命历程，两组分立的形容词压缩了祥子思想、意志、身体的变化，两组分立的动词揭示了祥子时空感的缺失，两组分立的名词隐藏了一个从人变成鬼的故事，并共同指向了社会的不良及个人主义的末路。就这样，祥子背负着高度抽象的个人主义内在矛盾，在病态的社会里，因为印刷资本主义的促狭[①]，匆匆忙忙地变成了末路鬼。

三、时空的漂浮物

祥子不仅被叙述成了个人主义的末路鬼，也被叙述成了时空的漂浮物。与笛福笔下的鲁滨孙相比，祥子缺乏的不仅是自己的姓氏，更重要的是以下几个项目：

其一是命名权。鲁滨孙可以对岛上的一切进行命名，包括将黑人男子命名为“星期五”，祥子却只能接受别人的命名，因为一次厄运得到了“骆驼”的外号。他不信任邮局的名号，却也不能提出自己的命名。因此，鲁滨孙可以与岛普遍相识，祥子却只能对北平城永远陌生。

其二是时间意识。鲁滨孙通过每天写日记维系自己的记忆和认同，形成稳定的时间意识。祥子也有自己的时间管理计划，一天挣多少钱，花多少天挣足买一辆新车的钱，将买上新车的那一天算作人的、也是车的生日；后来甚至计划着再买一辆、两辆……开车厂。但祥子安置的仅仅是日日如一的私人时间，缺乏鲁滨孙那样的历史纪年的效力。叙事者在第二节叙述道：“战争的消息与谣言几乎每年随着春麦一块儿往起长，麦穗与刺刀可以算作北方人的希望与忧惧的象征。祥子的新车刚交半岁的时候，正是麦子需要春雨的时节。春雨不一定顺着人民的盼望而降落，可是战争不管有没有人盼望总会来到。谣言吧，真事儿吧，祥子似乎忘了他曾经作过庄稼活；他不大关心战争怎样的毁坏田地，也不大注意春雨的有无。他只关心他的车，他的车能产生烙饼与一切吃食，它是块万能的田地，很驯顺的随着他走，一块活地，宝地。”[②]叙事者有意以祥子的新车来纪年，对祥子无视传统时间和时代环境进行反讽，

---

① 老舍说：“因为连载的关系，我必须整整齐齐的写成二十四段；事实上，我应当多写两三段才能从容不迫的刹住。”见老舍：《我怎样写〈骆驼祥子〉》，《老舍文集》第十五卷，第208页。

② 老舍：《骆驼祥子（二）》，《宇宙风》第26期，1936年10月1日。

凸显其时间意识的漂浮状态。然而，以田地来譬喻车，则暗示着祥子潜意识里并未摆脱传统时间，这与祥子的城市生活现实相对照，进一步衬托其时间意识的漂浮性。

其三是空间感受。鲁滨孙在岛上生活时，感受过强烈的孤独和恐慌，希望回到故乡。祥子虽然总是生活在龃龉之中，但却不愿回到乡下，而且将北平城视为自己安身立命之所。被兵们连车带人掳走的祥子侥幸逃回海甸后，叙事者说："看见了人马的忙乱，听见了复杂刺耳的声音，闻见了干臭的味道，踩上了细软污浊的灰土，祥子想爬下去吻一吻那个灰臭的地，可爱的地，生长洋钱的地！"[①]祥子大难不死，重回自己遭遇兵灾的故地，未曾感到凄凉，丝毫没有回乡下去的打算，也没有找朋友倾诉的愿望，只是一头扎进钱眼里，热爱北平，似乎有着比鲁滨孙还要强毅的个人奋斗精神。但正因为如此，第一个听祥子诉说骆驼故事的城里人刘四爷不可能成为祥子的朋友，祥子与北平城的关系始终只是经济上的。祥子没有真正属于自己的乡土，是空间的漂浮物。

在上述三重意义上，老舍如何安排《骆驼祥子》的情节时间就非常值得分析了。前文已经提到，小说第一节的情节时间是三年，剩下二十三节总共是另外三年，构成了反转笛福《鲁滨孙飘流记》的叙事。下面再仔细分析整个文本的情节时间构成。首先，《骆驼祥子》的时间点几乎全部使用中国传统时间，辅以气候变化，如进香时节、初秋、中秋节、腊八、祭灶、过年、元宵、菊花下市、九月九、冬天来到、夏初，等等；中间略微夹杂几个星期及星期一这样的计时方法。这种时间点的使用，与祥子潜意识里未曾摆脱传统时间的身份吻合。其次每一节情节时间的多少与祥子思想、意志、身体的变化攸关。祥子的变化越大越关键，情节时间越短，时间点越分明。当祥子几乎没有变化的时候，叙事者也几乎不叙述时间流动的感觉，而且也不提供明确的时间点。在这样的叙事之流中，祥子完全成了与时空无关的漂浮之物。而一旦时间明确、流动起来，叙事者叙述的又是祥子被推着、挤着往个人主义末路上走的故事。例如第十三节和第十四节，都只写了一天，时间点分别是腊月二十六和腊月二十七，情节是祥子完全陷入虎妞编织的人际关系网，再也无法眼睛只看着自己的心了，祥子的个人规划面临根本性的挑战。之后祥子的思想、意志、身体，一并走上下坡路。第三，祥子进城之前的乡下生活几乎完全没有进入情节时间，只在第一节和第七节出现了仿佛漂浮在时空之外的细节。第一节的是："特别亮的是颧

① 老舍：《骆驼祥子（四）》，《宇宙风》第28期，1936年11月1日。

骨与右耳之间一块不小的疤——小时候在树下睡觉，被驴啃了一口。”[①]第七节的是：“当在乡间的时候，他常看到老人们在冬日或秋月下，叼着竹管烟袋一声不响的坐着，他虽年岁还小，不能学这些老人，可是他爱看他们这样静静的坐着，必是——他揣磨着——有点什么滋味。”[②]这些细节似乎暗示着幼失怙恃的祥子无法在乡下安生，但始终留下一种漂浮感，不能断定祥子从何、为何而来。《骆驼祥子》情节时间如下表：

节次	情节时间	时间点	核心情节
1	三年	无	买上新车
2	半年	新车半岁、进香	丢车
3	半天	无	拉骆驼
4	四天	无	回海甸人和车厂
5	半年多	无	杨宅拉包月
6	三天	初秋的夜晚	被虎妞诱惑
7	约一个月	中秋节	曹宅拉包月
8	三个多月	腊八	高妈论钱
9	一晚	二十七、老头子的生日	虎妞谈婚
10	十多天	二十七	遇见小马儿爷孙
11	三四天	祭灶	孙侦探敲竹杠
12	一晚	无	借宿
13	一天	二十六	备寿
14	一天	无	父女反目
15	七八天	初六	结婚
16	十来天	元宵、十七	祥子拉车
17	三个多月	四月半	买车，小福子出现
18	近两个月	六月十五	祥子拉车得病
19	六个半月	八月十五、过年、灯节	虎妞难产身亡

① 老舍：《骆驼祥子（一）》，《宇宙风》第25期，1936年9月16日。

② 老舍：《骆驼祥子（七）》，《宇宙风》第31期，1936年12月16日。

（续表）

节次	情节时间	时间点	核心情节
20	约七个月	立秋	卖车，夏宅拉包月
21	约三个月	菊花下市、冬天又来到	染病，遇刘四爷
22	两天	冬季	访曹先生，找小福子
23	若干个月	冬去春来	再遇小马儿的祖父，得知小福子死情
24	半年多	进香、夏初、入了秋、九月九	出卖阮明

作为时空漂浮物的祥子，显然只能在极遥远的地方呼应笛福笔下的鲁滨孙现象。老舍将祥子作为漂浮物抛掷到北平城的时空中，的确蕴涵着非常强烈的意识形态用心。因此，尽管从上表可以看出，祥子与虎妞发生关系之后，情节时间开始呈现明显的流动状态，祥子的思想、意志和身体状况也随着时间流动在发生变化，但祥子似乎是变而未变的。首先，祥子的变化并未超出"那一类"，小马儿象征着他的过去，小马儿的祖父预示着他的未来。其次，祥子的变化也并非因为时代的变化，更没有造成时代的变化；对于他来说，北平城的时空是永恒的。第三，最为重要的是，《骆驼祥子》情节推进的真正动力是祥子不断地进入北平城的各个空间，在与各个空间的社会功能的遭遇过程中，越来越失去其源自乡村的本性，慢慢在思想、意志、身体诸方面堕落下去。

叙事者首先让买上新车的祥子遭遇上阴云一样笼罩北平城的战争，使他碰上时代的狰狞面目，丢了车。对于祥子而言，丢了车即等于失去了生产资料，虽然他并未屈服，而是重回事故发生地，但暂时没了依凭，没了底气。叙事者偏在此时让从未有过男女之思的祥子遭遇虎妞布下的陷阱。无所依凭的祥子，在与虎妞周旋中，进退失据，"他不能一个个的去批评她的主意，所以就找不出她的缝子来，他只感到她撒的是绝户网，连个寸大的小鱼也逃不出去"①。拉车多年的祥子因不合群而不了解车夫的未来，但此后遇到小马儿的祖父，发现自己追求的高等车夫生活，因为娶妻生子，未来饥寒交迫，于是决定放弃反抗虎妞的要挟。祥子一直觉得曹先生家是块沙漠中的小绿洲，却在遭遇孙侦探之后明白，绿洲随时都会沙漠化，这埋下了他以后出卖阮明的暗线。其后，在与虎妞商量向刘四爷要求准婚时，祥子发现刘四爷

① 老舍：《骆驼祥子（九）》，《宇宙风》第33期，1937年1月16日。

所代表的北平市民根本就看不起他这样的“乡下脑袋”，虎妞倒成了救助他的英雄，“虎妞也有点好处”[①]。虎妞死后，祥子想与自己喜欢的人小福子结婚，却发现“负不起养着她两个弟弟和一个醉爸爸的责任”[②]，彻底认识到自己无法过家庭生活。最后，祥子在与北平日常生活空间的遭遇中，身体状况越来越差，从“一棵树”[③]变成了“高大的肉架子”[④]，也断绝了与所有空间的有机联系。

当然，祥子要遭遇这些空间，需要时间。但是，时间并不特别要紧，只要祥子生活在北平城里，他始终会遭遇到这些空间。因此，正如上表所清楚显示的那样，《骆驼祥子》的情节时间并不连贯，叙事之流绝大多数情况下都是在跳跃中前进的。老舍不是不能叙述一个时间的故事，而是要将一个乡下小子抛掷到北平城中，看他能蹦腾几时；老舍叙述的是一个空间故事。那么，除了成为时空的漂浮物，祥子的确难有其他可能了。

（作者单位：北京大学中文系）

① 老舍：《骆驼祥子（十六）》，《宇宙风》第40期，1937年5月1日。
② 老舍：《骆驼祥子（二十）》，《宇宙风》第44期，1937年7月1日。
③ 老舍：《骆驼祥子（一）》，《宇宙风》第25期，1936年9月16日。
④ 老舍：《骆驼祥子（二十三）》，《宇宙风》第47期，1937年8月16日。

徐常云的影子有多长？

——论张天翼早期侦探小说

战玉冰

内容提要：现在关于张天翼的研究往往集中在其20世纪30年代的讽刺小说和后来的童话写作上，对于其早年以“张无诤”或“无诤”为笔名所写作的通俗文学的研究几近空白。本文即聚焦张天翼（张无诤）早年所写的一系列“徐常云探案”侦探小说，并试图探索其早年侦探小说创作对其后来讽刺小说写作的影响。“徐常云探案”故事在1923年便已终结，但徐常云的影子却一直影响着张天翼以后的新文学写作。

关 键 词：张天翼 “徐常云探案” 侦探小说

一、从侦探小说的读者、故事讲述者到“学步者”与创作者

和后来很多中国侦探小说作者一样，张天翼与侦探小说的缘分最早是从他阅读福尔摩斯与亚森·罗苹等系列小说开始的，他在《我的幼年生活》一文中写道：

> 和同学们虽然老打架，可是很要好。他们老围着我叫我说故事。现在故事知道得更多了。我在通俗图书馆看了许多林琴南译的东西，还有许多侦探小说。最拿手的故事是所谓《撒克逊劫后英雄略》（W. Scott: Ivanhoe），《滑稽外史》（C. Dickens: Nicola）等等，还有些什么《福尔摩斯》，《亚森罗苹》之类的侦探故事。我记得还有部什么《电术奇谈》，记不清是谁写的了，这故事很受欢迎，我一个星期才把它说完。有时候不高兴讲也被拖着讲，我就杜造着：福尔摩斯

跟着亚森罗苹到上海，一上岸亚森罗苹就飞似地跑，福尔摩斯拼命追，“哪，就这么追，”我拔脚跑着，装着追的样子，一直跑了去。我用这么个方法解围的。[①]

我们从这段颇具形象感和现场感的童年回忆中可以约略看出张天翼是如何从一名侦探小说读者发展为后来的侦探小说作者的。他先是阅读侦探小说，在肚子里积累了不少侦探故事；后来同学们“老围着我叫我说故事”“还有些什么《福尔摩斯》，《亚森罗苹》之类的侦探故事”；而在少年张天翼给同学们说故事的时候，就会渐渐自觉或不自觉地加入一些自己添油加醋的演绎段落，“我就杜造着：福尔摩斯跟着亚森罗苹到上海，一上岸亚森罗苹就飞似地跑，福尔摩斯拼命追，‘哪，就这么追’”。在以往文学史论述侦探小说舶来进入中国的发展过程时，通常会勾勒出一条“翻译—译述—创作”的脉络。而我们在理解张天翼从最初阅读侦探小说到后来自己亲自创作侦探小说的时候，也能寻找到一条类似的“阅读—讲述—模仿—创作”的发展路径，而那些在讲福尔摩斯或亚森·罗苹系列故事过程中所额外虚构出来的部分具体内容虽不可考，但大概可以看作张天翼最早侦探小说创作的萌芽。

而后在1922年至1923年间，张天翼以“张无净”或者“无净”的笔名创作了不少侦探小说，总题为“徐常云探案”：先后在《半月》杂志上发表的《少年书记》[②]《铁锚印》[③]《X》[④]，在《星期》杂志上发表的《人耶鬼耶》[⑤]《空室》[⑥]《遗嘱》[⑦]《玉壶》[⑧]，以及在《侦探世界》上发表的《斧》[⑨]。据《中国现代文学社团流派辞典》一书的介绍，张天翼在蓝社的同人刊物《兰友》上也发表过一些侦探小说作品，“张无净创作了《珊瑚岛》(《兰友》第5期)、鬼侠奇案小说《头等车室》(《兰友》第13期)、长篇连载侦探小说《十八号》”[⑩]。在最初一篇侦探小说《少年书记》发表，到

① 张天翼：《我的幼年生活》，《文学杂志》第1卷第2期，1933年5月15日。

② 张天翼：《少年书记》，《半月》第1卷第22期，1922年7月24日。

③ 张天翼：《铁锚印》，《半月》第2卷第19期，1923年6月14日。

④ 张天翼：《X》，《半月》第3卷第6期，1923年12月8日。

⑤ 张天翼：《人耶鬼耶》，《星期》第23期，1922年8月6日。

⑥ 张天翼：《空室》，《星期》第32期，1922年10月8日。

⑦ 张天翼：《遗嘱》，《星期》第34期，1922年10月22日。

⑧ 张天翼：《玉壶》，《星期》第39期，1922年11月26日。

⑨ 张天翼：《斧》，《侦探世界》第13期，1923年11月。

⑩ 范泉主编：《中国现代文学社团流派辞典》，上海书店出版社1993年版，第165页。

最后一篇侦探小说《X》为止，短短一年半左右的时间，作为一个仅仅十六七岁初登文坛的年轻人，张天翼创作的勤勉程度和发表的频次可谓不低。

纵观张天翼的“徐常云探案”系列小说，我们不难发现，其对于柯南·道尔“福尔摩斯探案故事”的模仿痕迹较重：比如小说中的核心侦探徐常云和故事亲历者、见证者与讲述者龚仁之之间的关系，完全就是福尔摩斯与华生关系的翻版，甚至“福尔摩斯探案故事”里那个充满了正义感但又显得有些头脑简单的雷斯垂德，在张天翼的小说中也能找到对应的影子——警察江德素。

在小说的一些局部细节上，我们也能看出张天翼对于福尔摩斯系列小说的学习，比如小说《空室》中徐常云与龚仁之有如下一番对话：

> 他道：“我来做一个譬喻给你看。你不是刚从南星桥回来么？”我点头答：“正是。”他道：“我晓得你坐在火车中，同一个陌生人谈天，更知他坐在你的右边。”我不觉惊骇起来。我在火车上的事他怎能晓得呢？他又道：“你不是说去看一个朋友么，我便知道你没会到那朋友，你就顺手拿钢笔写了一张条子。”我道：“我却没有留意我身上有什么痕迹给你知道了。”他道：“我就是稍一留意啊。此地到南星的车是窗前一排长椅，人坐着都是并排的，背朝着窗，要谈天非得头向左右不可。如今你自己告诉我说，你的头发只有右方非常的乱，其余很整齐，当然是头向右转同人谈话，以致风由窗外进来把你头发吹乱了。”我道：“怎样你决定他是陌生人呢？”他道：“真个是熟人，你必定会告诉我说在火车中遇见了某人某人了。这是我留心你的头发。”我道：“我没会到朋友便写了一张条子，这又怎样留心的呢？留心什么呢？”他道：“你特地这样远的跑了去，两人见了面自然要谈几句话。如今你很快的回来，那朋友必定不在家里了。”我道：“这都是你的理想。”他便道：“可见理想也有用啊。至于写几句话，你很远的去会他，既会不到必得留几句话在那里，所以这也是意中事。并且你右手告诉我，明明食指上有拿钢笔写字的证据。”我一看右手食指，果然有深蓝色的墨水渍。他又道：“头发你留心不到，食指上总可以留意了。”说完微笑含了烟狂吸。[①]

两位主人公之间的互动模式以及这一段所极力想要突显的徐常云善于观察不为

① 张天翼：《空室》，《星期》第32期，1922年10月8日。

别人所注意的细节然后做“一鸣惊人”的整体性推理判断的文字等都是福尔摩斯系列小说中常见的内容和表现手法。比如我们在小说《四签名》中就能见到福尔摩斯与华生之间一段颇为类似的对话：

“喔，未必是一回事，”他（福尔摩斯）答道，惬意地往椅背上一靠，吸着烟斗，吐出一圈圈浓浓的蓝烟，“比如说，我由观察知道，今天早上你去过威格莫街邮局，我再要作推理分析即演绎，才能知道你是去发电报的。”

“很对！”我说，“两件事都叫你讲对了！但是，真不明白你是怎么得出这个结论的。那是我一时忽然想起才去的行动，对谁也没说起过。”

“事情本身就十分简单，”他说，看着我奇怪的样子觉得好笑，“太简单了，我一说穿，就毫不稀奇。不过解释一下，也好做个界定，什么是观察，什么是分析。观察使我看到你鞋帮上沾有一点红泥。在威格莫街邮局前的人行道上，正在开挖，泥土翻上来堆在那里，进邮局还非得踩着这土堆不可。翻上来的泥土就是这种特有的红土，只有那里有，附近别的地方据我所知，都没有。观察到的就这么多，余下的就要靠分析了。”

“好，那么你是怎么推断出我去发电报的呢？”

“啊，我当然知道。我整整一个上午坐在你对面，没见过你写过一封信。我还看见，你的抽屉拉开着，你有一大张整版的邮票，一整札明信片没有动过。你去邮局，不是去发电报，还会去做什么呢？这就是排除掉所有不相干的因素，剩下的必定是真正的事实。”①

此外，张天翼的“徐常云探案”系列小说中也偶尔能见到勒伯朗所创作的亚森·罗苹系列小说的痕迹，比如在小说《少年书记》中，窃贼就给侦探徐常云留下了一封颇有亚森·罗苹口气的“侦探挑战信”：

徐常云、龚仁之、缪亦恕、丁可人以及没头脑的江德素诸先生请看，你们这许多人中要算常云还有点理想，还能够晓得是我做的勾当。但是也不想到我有一双脚，可以逃的。唉，蠢啊蠢啊，不但你们捉我不到，并且我还可以趁你们人都跑

① ［英］柯南·道尔：《福尔摩斯探案》，俞步凡译，译林出版社2012年版，第268—269页。

了，到丁家偷东西呢。呵呵，你们捉到我了么？我今给你们一个一定的地点，你们或可在这地方上捉得到我，我是在地球之上，决不会到其他的行星里去。你们就在地球上布满了饭桶侦探和警察捉我罢。还有一句话，你们这许多人的一举一动，我都看见得很清楚，说句客气话呢，我虽没本领，可是比你们好上十倍。我党羽也很多，也可学“罗平”一样，同你斗智，徐常云你赞成么？“少年书记”金待。[①]

我们需要注意的是，侦探小说是一种有着一定创作门槛，即较强的自身类型要求的类型小说[②]。而在张天翼创作“徐常云探案”时，侦探小说进入中国的时间并不长，年仅十六七岁的青年作家张天翼选择西方成熟侦探小说作家作品的创作模式作为自己学习模仿的对象一定程度上是其必然需要经历的过程。汤哲声教授称其为中国侦探小说初创时期的“学步者”[③]，这个概括可谓非常精准。

当然，我们不得不承认张天翼侦探小说的创作也有其相对稚嫩的一面，比如小说对于案情悬念的营造和“把谜底留在最后揭晓”的结构设定往往是通过侦探徐常云刻意“有话不说”和“故作悬疑”来完成的，在小说《铁锚印》中，龚仁之便说过：“他做事总是这样的，他怎样进行人家一些也不知道，只要案中情形都晓得了才说出来。”[④]这当然也是对“福尔摩斯探案故事”的模仿，但又缺乏足够的行为合理性（福尔摩斯对自己探查到的案情隐而不说往往事出有因）。关于这种写法，苏联侦探小说家阿·阿达莫夫即提出过相应的批评：“只是在小说结尾，主人公才道出，他是怎样破案的。这种手法，在我看来，不是很成功的，只能说明，作者不能或是不愿意去解答一个更复杂和更有趣的课题：这就是，揭示出种种独特的搜寻方法，破案中遇到的困难，对解除嫌疑所付出的代价，暂时失利的懊丧，以及在整个破案过程中的激动和欢乐的心情等等。”[⑤]

---

① 张天翼：《少年书记》，《半月》第1卷第22期，1922年7月24日。

② 所谓“较强的自身类型要求”，即我们在判断一篇侦探小说写得好不好之外，还有着明确的标准来判断一个小说到底是不是侦探小说，也就是一般意义上所说的侦探小说自身创作的类型规律。

③ 汤哲声：《中国侦探小说的“学步者”》，见范伯群主编《中国近现代通俗文学史》第三编《侦探推理编》，江苏教育出版社1999年版，第803页。

④ 张天翼：《铁锚印》，《半月》第2卷第19期，1923年6月14日。

⑤ ［苏］阿·阿达莫夫：《侦探文学和我——一个作家的笔记》，杨东华等译，群众出版社1988年版，第77页。

而在《玉壶》《铁锚印》等多篇小说中，最后竟然都是大家一起潜伏在指定地点等待凶手出现，但却只有徐常云知道到底谁是凶手，所以结果经常是徐常云看到凶手过来就率先扑上去，然后警察等众人再一起跟上，抓住那个凶犯。这样到最后一秒才肯揭露凶手的故事设计动机很明显，但却有着过分刻意之嫌，更不论警察被蒙在鼓里到如此地步，到最后去现场抓人的时候竟然还不知道该抓哪一个人的情节安排是否合理。又如小说《空室》中作者虚构出了一个通过抽气机抽干屋内空气导致人窒息死亡的杀人手法，这一手法在现实中的具体可行性（房间密闭性、机器功率与电力需求、噪音处理等等）也颇值得怀疑。

另一方面，我们仍需对张天翼早年侦探小说的创作成绩予以足够重视和充分肯定。在张天翼为数不多的侦探小说作品中，几乎是一篇一个样式，一篇一个特点：《少年书记》是一个包裹在“亚森·罗苹故事”外壳下的贼喊捉贼的案件，看似学步勒伯朗，实则用双重转折对其有所戏拟和超越；《人耶鬼耶》开头部分有着堪比《巴斯克维尔的猎犬》的悬疑氛围营造；《空室》中作者尽力在科学范围之内设计了一桩巧妙的密室杀人案，而这种运用建筑诡计于推理小说的手法在欧美也要等到推理小说黄金时代约翰·迪克森·卡尔等作家的出现之后才慢慢被发扬光大，张天翼在这方面当属开风气之先；同样，小说《玉壶》也营造了一个类似于密室偷盗案，只是这里的密室构建显得相对比较简单。

这其中最值得推崇的作品便是小说《X》。小说开场第一句话便是“季同超惊呼：怎么说，你连你自己的姓名都不知道么？”这种先声夺人的悬疑设计非常引人入胜：一个不知道自己姓名和来历的人，因而被称作“X”，X自称从记事起就被软禁在一个房间中，定时会有人给自己送饭，且软禁他的人还会安排一些“私人教师”指导他学习，X直到自己长大后被放出来，对软禁自己的人仍然一无所知。这些对于X身份和其经历的设计可谓奇妙但又充满了吸引力，可以大大激发出读者的阅读兴味。而后X又经历了看见火柴盒发狂事件、两次被黑影人掳走事件、在医院打倒看护逃离事件、河边被枪杀事件等等，媒体趋之若鹜地跟踪报道并不断猜测X的真实身份，龚仁之、警察和读者们也对整个事件的真相一头雾水。随着徐常云的步步推理，终于揭开了整个事件的真相：原来X是当年黑社会团伙中的一员，他此次出现是为了寻找藏有他们团伙人员名单的火柴盒，故意把自己的身世编造得如此离奇，就是为了吸引媒体注意，从而通过媒体报道来与自己团伙其他成员保持联系。此外，小说中X被枪杀也是一出“瞒天过海”的诡计，X通过用猎枪打烂死者的脸，然后给死者穿上自己的衣服来制造自己已经死亡的假象。一环套一环的悬疑设计非常巧妙，最后又勾连出八年前的黑社会组织“二十五人团伙”相关案件从而为整个小说加深了社会背景的广度和历史的纵深感。这样一篇精彩的侦探小说虽有些地方借鉴了爱伦·坡的侦探小说《玛丽·罗杰疑案》，但在主体情节和写作手法上却有着根本性的不同，即使放在当时世界侦探小说创作之林中可以说也毫不逊色，徐常云也是或可与霍桑比肩的另一位“中国名侦探”形象。

从侦探小说诞生之初的时代背景来看，侦探小说产生于19世纪中期欧美各国，随着第二次工业革命的开展和新一轮城市化发展的浪潮，都市中人与人之间逐渐形成了一种片面的、破碎的认知关系。我们不了解与我们同乘一辆公交车的乘客，或者是同在一个酒吧里喝酒的人。我们甚至也不了解自己公司的同事，因为他们只有在公司的八小时才是你的同事，而他下班后的生活与所扮演的角色并不为你所知。在大都市的生活中，人们身份的多重性导致了人们彼此间了解的片面与认知的破碎，我们很难真正完整地去了解一个人。而社会化分工的不断加剧，也使得我们不可能完整地了解整个社会。此即缺少费孝通先生在《乡土中国》一书中所说的中国乡村社会中人们彼此间的“知根知底”。而正是在这个意义上，“福尔摩斯探案故事”中的第一篇小说《血字的研究》开场时的设置便更加耐人寻味：福尔摩斯在初次见到华生医生的时候就推断出他刚刚在阿富汗当过军医，其理由就是根据华生身上的种种细节特点（气质硬朗、肤色黝黑、行动不便），经过观察、发现、推理所得出的结论。如果说都市里人与人的认知是破碎而模糊的，那么侦探的特殊本领就是将这种破碎与模糊重新整合并形成完整认知的能力。在这个意义上，张天翼的小说《X》完全可以看作关于X身份之谜与徐常云揭开其身份之谜的故事，而这实际上是对一切侦探小说背后的“元小说”的一次巧妙隐喻。

朱䝙在《我之侦探小说杂评》便称赞：“新进家中，是当推张无净先生所作之‘徐常云侦探案’为首。虽情节略嫌草率，然彼年未满念稔，能为此不背人情之侦探作品，已是令人咋舌而倾佩不止矣。”[①]后来朱䝙在另一篇《说说侦探小说家的作品》中也提道：“兰社张无净的‘徐常云探案’结构很曲折，不过用笔嫌枯率些，但

① 朱䝙：《我之侦探小说杂评》，《半月》第2卷第19期，1923年6月14日。

在新进家里，却要推做最好的了。”[1]当属确评。

与此同时，张天翼1922年底在《星期》杂志上还发表过两篇涉及侦探小说的“创作谈”性质的短文：

> 侦探小说最不好的是弄起评注来。阅者在评注中，便能看得出罪人是谁，看下去便索然无味了。还有一事要注意的，便是封面画，若是画一个犯案时的样子，也能猜得出罪人是谁。小说取的名也要注意。我从前看见一部侦探小说，叫做《辣女儿》。封面画是一个女子，拿着一柄长刀，内容说是一个老人被刺，他有一女一子，我也不必说出凶手是谁，读者自然就明白了。[2]
>
> 吾友伊凉，做小说很好。我常对他说，你小说的思想很诡异，可以做侦探小说。他摇头道：“我要到三四十岁才做。到了那时，阅历也深了，知识也多了。”我心想这话很对，同我年幼识浅，做起侦探小说来，不免有些不对。即如我那篇《空室》，便有不对之处，这是梦鸥告诉我的。说假使是抽抽空气死，那尸首，没有这般好看。第二天，便写一张条子给我，说：“尸身无损痕，面色青黯，眼开睛突，口鼻内流出清血水，仰面，口开，舌有嚼破痕。”我笑道：若有人骂我，我也有遁辞。不过我现在声明了，便请阅者诸君原谅。[3]

从这两篇短文中我们会发现，第一篇短文里谈到的侦探小说评注、封面画与小说取名等问题，其实是张天翼从读者角度来谈自己阅读一些侦探小说时的感受，即侦探小说要注意时刻保持自身的悬疑性，不要在一些没有必要的地方“破题”“漏题”。而在第二篇短文中，张天翼则是站在创作者的角度来谈侦探小说与知识、阅历积累的关系，并主要谈了自己小说《空室》的不足（真正被抽空气抽死的人的死亡状态不应像小说里所写的那样）。将两篇“创作谈”并置在一起看，我们大致可以发现张天翼身上其实一直带有“侦探小说读者”与“侦探小说作者”两重身份，并且在具体创作中这两重身份也经常彼此间发生交互影响：正是因为他是一名高明的“侦探小说读者”，他才能够充分理解侦探小说自身的类型规律与特点，并学习、借

① 朱戤：《说说侦探小说家的作品》，《半月》第4卷第2期，1924年12月26日。

② 张天翼：《小说杂谈》，《星期》第33期，1922年10月15日。

③ 张天翼：《小说杂谈》，《星期》第39期，1922年11月26日。

鉴西方侦探小说创作中的精妙之处；又因为他是一名优秀的“侦探小说作者”，他才能在具体创作的过程中将自己读到的、理解到的内容进行内化与个性化处理，并最终写出具有原创性的高质量作品。如果我们说“侦探小说读者”的身份让张天翼的侦探小说是“侦探小说”，那么“侦探小说作者”的身份则让张天翼的侦探小说是“专属于张天翼的侦探小说”。

此外，在第二则“创作谈”中，张天翼专门提到了梦鸥（戴望舒）对自己小说创作提出的批评和建议，可见当时两人之间关于侦探小说创作方面交流互动之一斑。而在当时，“兰社”中的确聚集起了一批侦探小说的青年创作者和评论者：

> 1922年秋，几位不到20岁的杭州宗文中学学生戴梦鸥（戴望舒）、张无诤（张天翼）和宗华中学学生戴涤源（杜衡）以及之江大学学生施青萍（施蛰存）等，组成了文学社团兰社，并于1923年元旦，出版了社刊《兰友》，小说旬刊，长条报纸形式，以发表千字上下的小说为主，编辑所和发行所设在清吟巷7号社员孙弋红家里。
>
> 兰社成员热衷于写侦探小说，有着鸳鸯蝴蝶派的旧文学倾向。他们曾邀请程小青写了《侦探小说和科学》、赵苕狂写了《侦探小说和滑稽小说》（都发表在《兰友》第13期）。戴梦鸥也写了《说侦探小说》（《兰友》第5期），并翻译了长篇冒险小说《珊瑚岛》（《兰友》第11、16期）。张无诤创作了《珊瑚岛》（《兰友》第5期）、鬼侠奇案小说《头等车室》（《兰友》第13期）、长篇连载侦探小说《十八号》。[①]

当然，施蛰存、戴望舒、张天翼等兰社成员之中，有的人后来仍一直坚持从事与侦探小说相关的事业，有的人则转投其他文学领域去开展新的探索。但在1922年至1923年间，这批青年人确实聚在一起来实践着侦探小说的创作、翻译或评论，可惜这种创作局面维持的时间并不长，“5月9日出版的第12期《兰友》，原定出版‘侦探号’，因为适逢‘五九国耻’纪念日，改出了‘国耻特刊’，由戴梦鸥写了《国破后》、张无诤写了《亡国奴之死》、孙弋红写了《两个纪念日》、叶秋原写了《死

① 范泉主编：《中国现代文学社团流派辞典》，上海书店出版社1993年版，第165页。

后》”[①]。兰社同人刊物《兰友》原定的“侦探号”改为“国耻特刊”的事件大概可以被视作一个标志性的象征，因为在其后不久，张天翼也完全终止了侦探小说创作而加入五四新文学的创作阵营之中了，从此张无净也就真正变成了张天翼。

二、从通俗文学到新文学："张天翼"的诞生

关于张天翼“转型”投身新文学创作的起始点，学界一般认为是始于1929年，张天翼在鲁迅、郁达夫所主编的《奔流》第1卷第10期上发表短篇小说《三天半的梦》[②]，这当然有其一定的合理性，《三天半的梦》也确实是张天翼生前收入自己小说集的作品中创作时间最早的一篇[③]，这在一定程度上也意味着作者本人对于将这篇小说视为自己新文学创作起点的认可。但实际上，在张天翼写完最后一篇侦探小说《X》到其创作《三天半的梦》之间，还发表过三篇很重要的文学作品：散文《黑的颤动》[④]、短篇小说《走向新的路》[⑤]、短篇小说《黑的微笑》[⑥]，三篇作品虽文体不尽相同，却不同程度地带有象征主义和主观抒情的色彩，与其之前创作的侦探、滑稽小说大不一样，同时也和他后来的现实主义和讽刺意味的小说有明显的差别。而本文更倾向于将张天翼新文学创作的起点前移，认为其始于1926年12月23日发表于《晨报副刊》第1497号的散文《黑的颤动》，具体原因有四：

第一，从个人经历与遭际来看，张天翼早年创作侦探小说和滑稽小说等通俗文学作品主要集中于1922年至1923年，此时的他还只是一个十六七岁的中学生，而其小说创作也主要是模仿作者当时所阅读的林译小说、侦探小说翻译和鸳鸯蝴蝶派的相关作品，他自己就曾说过“因为爱看小说之故，和几位同学写起来，都是些在林

① 范泉主编：《中国现代文学社团流派辞典》，上海书店出版社1993年版，第165页。

② 关于《三天半的梦》作为张天翼的“初作”问题，颜雄、沈承宽先后发文对此进行过讨论，具体可参见颜雄《张天翼的“初作”》，《新文学史料》1981年第1期及沈承宽《关于张天翼的“初作”问题》，《新文学史料》1981年第4期。

③ 根据《张天翼文集》所显示的资料，《三天半的梦》作于1928年11月，原载1929年4月24日《奔流》月刊第1卷第10期，后又收入短篇小说集《从空虚到充实》，上海联合书店1931年版。

④ 张天翼：《黑的颤动》，《晨报副刊》第1497号，1926年12月23日。

⑤ 张天翼：《走向新的路》，《晨报副刊》第2062—2064号，1926年9月15日—9月17日。

⑥ 张天翼：《黑的微笑》，《贡献》第3卷第8期，1928年8月15日。

琴南和《礼拜六》之类的影响之下的”[1]。与此同时，学校的文学教育也是不容忽视的重要因素。“原来，这时的张天翼，还在杭州的宗文中学读书，这学校一直被旧派文人把持着，虽然新思潮在杭州的省立第一师范等校，已经结出了丰硕的新文艺之果，而这里却仍然散发着封建守旧的陈腐气息。教科书是古文和诗词，课外读物无非是林纾译的、将西方精神加以中国化、才子佳人化了的小说，以及风行于小市民间的鸳鸯蝴蝶派作品。耳濡目染之间，少年的张天翼和他的同学戴望舒、戴克崇（杜衡）等，也开始效仿起来。”[2]张天翼1923年底就已经停止了通俗文学创作，而在1926年夏天，其考入北京大学预科，同年12月份便在新文学刊物《晨报副刊》上发表散文《黑的颤动》。我们可以将张天翼考入北大视为其接触新文学的一个外在契机，它从阅读的角度一定程度上影响了张天翼后来的写作，或者我们也可以说，在北大与新文学的遭遇为张天翼后来转而投入新文学写作做了必要准备，而这一准备所开出的第一支花朵就是《黑的颤动》。

第二，从发表平台上看，不同于张天翼以往的作品都是发表于《半月》《星期》《礼拜六》《侦探世界》等通俗文学杂志上，《黑的颤动》发表于《晨报副刊》，是其第一篇发表于新文学报刊上的作品。

第三，在散文《黑的颤动》中，张天翼抛弃了以往的笔名“张无净”“无净”而首次使用笔名“张天翼”，并在之后一生的文学创作中一直沿用这个新的笔名。笔名的变化可以看作作家创作态度与立场变化的某种症候，这一点我们在与张无净/张天翼有着类似文学转变轨迹的刘半侬/刘半农身上，也可以找到证明。

第四，从作品的内容上看，张天翼投入新文学写作与其对鲁迅作品的阅读和推崇密不可分。他在《论〈阿Q正传〉》一文中就热烈地歌颂了这篇作品的伟大并谈到了这一作品给自己带来的深刻影响，同时还做了一段类似于“反躬自省”“洗心革面、重新做人”的宣言：

> 并且我还有自尊心。因此就生怕别人读了这篇作品之后，而竟也认清了我的脸嘴，看出了我那可笑的一面。

---

① 张天翼：《我的幼年生活》，《文学杂志》第1卷第2期，1933年5月15日。

② 《用“无净”笔名写侦探小说的少年》，见贾玉民、黄秉荣编著《中国现代作家笔名趣谈》，辽宁人民出版社1989年版，第154—155页。

这样，我们就更要看清你阿Q之为人，然后我们各人——我们民族中的这每一个分子，都把自身检验一下，看还带有你阿Q的灵魂原子没有。假如我身上还有你那种倒霉的灵魂原子，那么我这个民族的一员，就会跟我们整个民族队伍在历史大路上进展的步调不一致，多多少少总会使我们民族在进展中受到拖累，甚或是受到阻碍的。

那么——我们一定要勇于正视我们自身上的缺点和毛病，一定要洗涤我们的灵魂。①

而在张天翼的新文学创作中，我们也能清楚地看到鲁迅对他的影响：小说《出走以后》中，何太太要与压榨工人的丈夫何伯峻离婚，最后却因为放不下自己对物质生活的享受而重新回到丈夫身边，小说中何太太明确提到了自己要像《玩偶之家》里的女主人公一样离家出走，但小说最后的结尾却是延续了鲁迅在演讲《娜拉走后怎样》中所思考的主题；小说《畸人手记》中的主人公“畸人”也明显带有鲁迅小说《在酒楼上》中“吕纬甫”的影子；而在张天翼最为读者所熟悉的小说《华威先生》开场对于“华威先生”称呼的反复斟酌也显然受到了鲁迅小说《阿Q正传》开头的影响。

从这一视角来看张天翼发表于侦探小说《X》到《三天半的梦》之间的三篇作品：散文《黑的颤动》明显带有鲁迅《野草》的气质，二者间精神与风格的相通之处在文本内部俯拾即是；小说《走向新的路》也触及了鲁迅关于“娜拉走后怎样”这一问题的思考；至于小说《黑的微笑》，无论从日记体的体裁，还是主人公心理描写的方法上都能看出作者在师法《狂人日记》。所以，张天翼这一时期发表的作品虽然和后来的现实主义讽刺小说在风格上有很大差别，但他们都是在新文学尤其是在鲁迅作品的影响下而产生的，与过去的侦探、滑稽小说创作可谓泾渭分明。这也正是本文主张将张天翼新文学创作的起点放在1926年发表散文《黑的颤动》的依据之一。

三、从张无诤到张天翼：徐常云的影子有多长？

由通俗文学转向新文学创作，表面上看似乎张天翼在文学态度和实际创作等各个层面都完全和过去的自己相决裂，但实际上，其早期阅读和创作侦探小说的一些

---

① 张天翼：《论〈阿Q正传〉》，《文艺阵地》1940年第6卷第1期。

经验并没有就此彻底终结，而是下潜成为一条涓涓“暗河”，潜移默化地影响着张天翼后来的文学创作。“徐常云探案”的系列故事在1923年底就终结了，但徐常云的影子却被拉得很长很长，一直拉扯并影响到张天翼以后的新文学作品之中。

在1938年7月10日的小报《福尔摩斯》“挥汗漫谈”栏目中，有一篇题为《施青萍张无净两个最脏名字》的文章，作者署名巴八：

> 今日新文坛上在表现着崭新的姿态的所谓作家者，很有不少是从旧文坛转变而来的，目下已给人家拆穿了西洋镜的，有施蛰存与张天翼。施在当年的笔名是施青萍，张在当年的笔名，是张无净，都曾在鸳鸯蝴蝶派中效过颦学过步，也幸他们在当时只是效颦学步的致格，所以一变而为新文人后，在他们本人固然讳莫如深，而在他人也不很在意。直至他们成了名后，才给好事者重翻旧案，翻出这肮里肮脏的施青萍张无净两个名字。
>
> 鸳鸯蝴蝶派，一落到新文人的口中，当然要“不洁蒙西子”，而使人家掩鼻而过，那末，如施张之流的拖着这两个名字，一定也将引为生平的一大憾事。然而，凡事有弊必有利，现在施张的作品，在修词造句上比较的还受到人家的欢迎者，未始不是受的是在鸳鸯蝴蝶派效过颦、学过步的好处。
>
> 而在这种事上，也可觉悟到一个“爱”字，乃是人们找求出路的惟一的妙法。[①]

这篇文章，无论是具有耸动意味的标题还是揭黑幕性质的文字都颇符合《福尔摩斯》小报的气质风格，其泼脏水、博眼球的目的不言而喻。但在另一方面，文中又指出“然而，凡事有弊必有利，现在施张的作品，在修词造句上比较的还受到人家的欢迎者，未始不是受的是在鸳鸯蝴蝶派效过颦、学过步的好处”，却在无意间点出了张天翼早期通俗文学创作（本文中主要指侦探小说创作）与其后来讽刺小说等新文学创作之间其实存在着某种影响与关联。

先从最浅表性的层面来看，侦探小说译介进入中国后，在叙事模式方面给中国作家最大的启示可能就是倒叙结构和第一、三人称的限制性视角的运用，熟读且亲自创作过侦探小说的张天翼对于这类叙事方式自然不陌生，而在其后来创作的如《猪肠子的悲哀》《反攻》《夏夜梦》《老明的故事》《移行》等小说中，就都采用了倒

① 巴八：《施青萍张无净两个最脏名字》，《福尔摩斯》1937年7月10日。

序的叙事结构，不能说这其中没有早期侦探小说创作的影响。

与此同时，早期侦探小说创作对于张天翼后来新文学写作更重要的影响可能在于叙事节奏的把握和书写内容的选取两个方面。

对于侦探小说而言，保持一定的叙事速度是增强小说悬疑性、吸引读者、提升阅读紧张感的必要手段之一。《开始写吧！——推理小说创作》[①]一书中就将侦探小说[②]类比作摇滚歌曲，因为二者都高度重视节奏快这个特质。而在具体如何提高叙事速度，以保证侦探小说节奏快方面，这本写作指南性质的书中提出了很多行之有效的方法：比如要快速进入情节主干。如果一本侦探小说写了五章都还没有死人或者发生点什么惊悚的事情，就很少有读者会有耐心继续坚持读下去。屠格涅夫细致入微的风景描写和左拉式的一个开场舞会就要几十页的写法在这一类型小说中并不适用。又如要注意小说主干情节要紧凑，故事密度要大。千万不能沉溺于莎士比亚式的个人长篇独白或者陀思妥耶夫斯基式的大段心理描写。美国作家埃尔莫尔·伦纳德有句名言，说他在写作时候总是试着“略去人们跳过不看的部分”，也有这方面的意思。再如通过局部设计来加快故事节奏也往往会行之有效，尝试减少形容词和副词，或者加入一些连续性动作，或使用句子片段，或加入走动的钟等等。上述种种方法的目的都是加快小说的叙事节奏并增强阅读紧张感。由美国侦探小说作家S. S. 范·达因所提出的著名的《探案小说二十条守则》中的第十六条也强调“不需要用长篇幅来描述与案件进展无关的事物。比如文学性的粉饰、完美的写景等。因为读者只想参与案件的智力游戏，其余皆无关紧要”[③]。

关于小说的叙事节奏和叙事速度，热拉尔·热奈特在《叙事的界限》一文中用叙事的时间性与空间性之间的关系来对其进行阐释：“叙述依附于被视为纯行为过程的行为或事件，因此它强调的是叙事的时间性和戏剧性；相反，由于描写停留在同时存在的人或物上，而且将行动过程本身也当作场景来观察，所以它似乎打断了时间的进程，有助于事件在空间的展现。”[④]而侦探小说加大小说的情节密度、人物的

---

① 参见［美］雪莉·艾利斯、劳丽·拉姆森：《开始写吧！——推理小说创作》，孙玉婷、郭秀娟译，中国人民大学出版社2016年版。

② 《开始写吧！——推理小说创作》一书中用的是“推理小说”的说法，为了统一名称和论述上的方便，本文对“推理小说”与“侦探小说”的概念不作区分，而一律用“侦探小说”代称。

③ 转引自常大利：《世界侦探小说漫谈》，知识产权出版社2014年版，第11页。

④ ［法］热拉尔·热奈特：《叙事的界限》，王文融译，《外国文学报道》1985年第5期。

行动性、人物对话，而减少景物描写、心理描写等内容，其实正是在加强小说叙事的时间性，而降低其空间性。

而我们再来看张天翼谈自己的小说创作理念：

> 小说不妨放一点低级的趣味进去，譬如卖卖关子之类。每个场面要发展得快。又，我认为那些笨重沉闷的心理描写最好能够避免；每个人物都拿举动来说明他。写景也愈少愈妙。[①]

杨义曾经从讽刺喜剧的角度来考察张天翼的短篇小说，指出“张天翼善于把握喜剧艺术的节奏和速率，简单明快，鲜明跳跃，笔姿活泼，给人以有别于悲剧沉重感的喜剧轻松感”，并认为“这是他的喜剧表现手法的另一个重要特征”，具有相当的解释力。[②]

张天翼所说的“情节发展要快”“避免笨重沉闷的心理描写”“人物形象通过其行动来说明”“写景愈少愈妙”等具体的小说写作手法，和上文中我们所举的那本畅销美国的推理小说写作指南中的很多观点不谋而合。我们或许可以说，张天翼的这些写作理念的获得也和自己早年有过侦探小说创作经验有一定的关系。而在具体写作实践中，张天翼也很好地践行了自己的这些主张，他的小说中真的少有景物和心理描写；人物总是在不断地行动之中，往往寥寥数笔就能勾勒出一个人物的主要特点，甚至因此被称作“漫画式的写法”（如《华威先生》）；小说情节性很强，经常是一个情节连一个情节，一个冲突接一个冲突（如《包氏父子》中老包不断遭遇各种新的问题和困难）。张天翼小说的叙事节奏往往很快，以其1937年至1938年发表的最富代表性的“速写三篇”（《谭九先生的工作》《华威先生》《“新生”》）为例，这些小说被称为“速写”[③]，除了指小说中用一种速写式的刻画人物的手法以及小说

---

① 此文原载1932年7月20日《北斗》第二卷第三四期合刊，为参加“文学大众化问题讨论”的征文。

② 杨义：《从现代小说史看张天翼》，见《张天翼论》，湖南文艺出版社1987年版，第55页。

③ 速写本是一种绘画手法，但很多新文学作家都称自己的作品是速写，如鲁迅说自己的《故事新编》“其中也还是速写居多”；郭沫若说自己的《豕蹄》是“被火迫出来的‘速写’”；吴组缃小说《一千八百担》1934年在《文学季刊》发表时的副标题为“七月十五日宋氏大宗祠速写”；胡风专门写过文章《论速写》，将速写与杂文放在一起讨论；孙犁在《关于文学速写》一文中开篇便说“作为文学创作的初步练习，最好的办法，莫过于先写人物速写”。

创作过程的急迫之外，小说中的叙事速度本身也很符合“速写”的特点，华威先生在小说里一直给人一种忙碌于穿梭在各个会场之间的急匆匆的感觉，而这种“急匆匆”不仅停留在故事内容的层面，而且深入到了作品整个的叙事结构之中。或者我们也可以反过来说，正是因为作者采用了一种高速的叙事节奏，才能把华威先生急匆匆的生活状态写得如此传神！

在书写内容选取方面，侦探小说由于需要紧张感的保持而必须控制自身的篇幅，没完没了的冗长阅读是不利于保持这种紧张感的，所以所谓长篇侦探小说一般也只是十几二十万字，鲜有动辄五六十万字的“鸿篇巨制”，而即使是真的出现了“长篇”侦探小说，很多也只是一些以某一侦探为线索的短篇案件的连缀。而宋永毅在《童年人格·幼年审美观·少年文化构成——张天翼、老舍创作风格差异的主体探源》[①]一文中提到张天翼讽刺小说具有“片断性”的特点，关于这一片断性的特点，杨义的论述更为详细，而我们也不难从张天翼小说写作中“短篇小说的片断性”“长篇不过是短篇的连缀”等特点中看出，这与其早期侦探小说创作经验的积累密不可分。

此外，刘再复在《高度评价为中国现代文学立过丰碑的作家》一文中提道：“他写得最好的是农村地主和城市小公务员的形象，都是寥寥几笔，直逼要害，穷形极相，充满社会批判的智慧和风俗刻画的工力。”[②]准确地指出了张天翼对于城市小公务员形象刻画得惟妙惟肖，的确，华威先生、谭九先生、陆宝田……张天翼笔下有一批深入人心的城市小公务员或文职书记的人物形象序列，但实际上早在张天翼中学时代创作侦探小说时，我们就能够看出他对这一类人物的特别留意：《少年书记》中贼喊捉贼的丁可人便污蔑是自己的书记骗钱并逃之夭夭；《遗嘱》中引发后续一系列案件的始作俑者是书记，因为他和主人太太偷情；《X》中身份不明的主人公X得到的工作也是去做大亨季同超的秘书，并且还做得不错。看来张天翼对于这一类文职、书记、小公务员在写作中的偏爱，除了其自称的受到契诃夫小说的影响之外，在其早年侦探小说作品中就已经露出一些端倪。

综上所述，张天翼早年的侦探小说创作，虽然有其幼稚和模仿的一面，但也并

① 宋永毅：《童年人格·幼年审美观·少年文化构成——张天翼、老舍创作风格差异的主体探源》，见《张天翼论》，湖南文艺出版社1987年版，第107—117页。

② 刘再复：《高度评价为中国现代文学立过丰碑的作家》，见《张天翼论》，湖南文艺出版社1987年版，第29页。

非一无可取，“徐常云探案”中的部分精彩作品甚至可以和侦探小说大家程小青的“霍桑探案”比肩。而且，在张天翼后来投入新文学之后，其早期大量阅读并亲自实践的侦探小说写作也绝非全无用处；相反，早年侦探小说的书写经验从叙事模式的采用，到叙事节奏的把握，甚至于对篇幅内容的掌控和关注人物的类别等方面都一直影响着张天翼后来的小说创作。“徐常云探案”系列故事本身自有其闪光与精彩之处，而徐常云的影子也一直暗暗延续在张天翼之后的文学实践之中。

附录[①]：张天翼（张无净）侦探小说创作、评论年表[②]

侦探小说创作[③]：

《少年书记》，《半月》第1卷第22期，1922年7月24日。
《人耶鬼耶》，《星期》第23期，1922年8月6日。（署名“无净”）
《空室》，《星期》第32期，1922年10月8日。（署名“无净”）
《遗嘱》，《星期》第34期，1922年10月22日。（署名“无净”）
《玉壶》，《星期》第39期，1922年11月26日。
《铁锚印》，《半月》第2卷第19期，1923年6月14日。
《斧》，《侦探世界》第13期，1923年11月。

---

① 本附录中张天翼侦探小说相关年表，参考了沈承宽编《张天翼著作系年（1922—1980）》，见沈承宽、黄侯兴、吴福辉编《中国文学史资料全编·现代卷·张天翼研究资料》，知识产权出版社2010年版；沈承宽《关于张天翼的“初作”问题》，《新文学史料》1981年第4期；陈华《论叶圣陶、刘半农、张天翼的早期通俗文学创作》，苏州大学2011年硕士学位论文；及民间学者华斯比《民国推理拾遗》第一辑“张无净专号”的相关史料整理等。

② 张天翼的侦探小说创作以“徐常云探案”系列为代表，创作时间主要集中于1922—1923年，作品主要发表在《半月》《星期》《侦探世界》等杂志上。

③ 此外，据范泉主编《中国现代文学社团流派辞典》，上海书店出版社1993年版，第165页，“兰社”相关词条介绍，“张无净创作了《珊瑚岛》(《兰友》第5期）、鬼侠奇案小说《头等车室》(《兰友》第13期）、长篇连载侦探小说《十八号》”。同时根据徐迺翔主编《中国现代文学词典·小说卷》，广西人民出版社1989年版中的“兰友”词条，“该刊标明为小说刊物，发表的小说主要有张无净（张天翼）的《大侦探》《无光珠》《博士》、梦鸥（戴望舒）的《牺牲》《跳舞场中》、李伊凉的《荒唐小史》、孙弋红的《两个纪念日》、秋原的《死后》等，以及青萍（施蛰存）的历史中篇连载《红禅记》、张无净的侦探长篇连载《十八号》、梦鸥的翻译长篇连载《珊瑚岛》等”。因资料所限，笔者未见到两本书中所提到的《大侦探》《十八号》等侦探小说的具体杂志和文本内容，此处仅存目。

《X》，《半月》第3卷第6期，1923年12月8日。
《途中乞儿》，《鸿光》第7期，1924年。（标“鬼侠寄案”）

侦探小说评论与回忆性文章：

《小说杂谈》，《星期》第33期，1922年10月15日。（署名“无净”）
《小说杂谈》，《星期》第39期，1922年11月26日。（署名“无净”）
《我的幼年生活》，《文学杂志》第1卷第2期，1933年5月15日。

（作者单位：复旦大学中国语言文学系）

胡风主编刊物的发行人研究

赵萌萌

内容提要：胡风在1935年到1946年先后主编过六种刊物，为《木屑文丛》《海燕》《工作与学习丛刊》《七月》《文学报》《希望》。这六种刊物覆盖了抗日战争全面爆发到抗战结束这一时间段，且曾随胡风在上海、武汉、重庆、桂林等战时颇具代表性的出版地域辗转，从时间层面和空间层面来说，这六种刊物的文化背景均值得关注。本文尝试以这六种刊物的发行人为切入点，梳理出国民政府出版政策变动的脉络，对这十二年的整体文化背景进行观照。

关 键 词：胡风　刊物　发行人　出版政策　文化背景

胡风在1935年到1946年主编过五种杂志和一种报纸，分别是《木屑文丛》《海燕》《工作与学习丛刊》《七月》《希望》和《文学报》。国家图书馆出版社2010年出版的《胡风主编期刊汇辑》[①]收录了这六种刊物。这六种刊物可供发掘的研究点很多，本文仅以这六种刊物的发行人为切入点，试考察当时左翼刊物的出版环境和文化环境。

南京国民政府1930年12月16日颁布施行《中华民国出版法》，第一章总则第三条对发行人进行了概念上的界定："本法称发行人者，谓主管发售或散布出版品之人。"[②]《出版法》对发行人的条件限定严格，规定"在国内无住所者""禁治产

① 北京鲁迅博物馆编：《胡风主编期刊汇辑》，国家图书馆出版社2010年版。
② 张静庐辑注：《中国现代出版史料乙编》，中华书局1955年版，第510页。

者”“被处徒刑或一月以上之拘役，在执行中者”“褫夺公权尚未复权者”[①]不得为新闻纸或杂志之发行人。同时发行人还承担刊物出版发行之前的登记、公布自己的姓名和住所、将刊物寄送内政部等职责。《出版法》中《罚则》共计十七条，除第三十二条、第三十七条外，其余十五条均对发行人有效。可见，发行人不仅是刊物的出版和发售的承担者，也是整个刊物的主要责任人。而且，早在1929年1月10日国民党当局通过的《审查宣传品条例》第五条认定为“反动宣传品”的第一项就是“宣传共产主义及阶级斗争者”[②]，同年又公布了《取缔销售共产书籍办法》以及《取缔销售共产书籍办法令》。所以，对于胡风来说，他所主编的左翼刊物如何寻找既愿意承担风险，又能使刊物顺利发行的发行人其实是一个很大的难题。

一、《木屑文丛》《海燕》和《工作与学习丛刊》

胡风在左联时期、左联解散初期所主编的刊物存在没有明确发行人的现象，如《木屑文丛》、《海燕》第一期和《工作与学习丛刊》。《木屑文丛》发行人署空头的木屑文丛社；《海燕》第一期无发行人；《工作与学习丛刊》第一、二期署空头的工作与学习丛刊社，第三、四期署曹连山，曹连山不可考，或为假名。这种无发行人现象并非个案，在左联机关刊物、左联成员所办的刊物以及左联有关刊物[③]中，《巴尔底山》《五一纪念特刊》《文化斗争》等十几种刊物的发行人或登记为空头的“本社”，或干脆空白。这种现象在左联刊物中十分普遍，这与左联刊物不正规的创刊、发行形式和国民政府的查禁有关。

以胡风主编的《木屑文丛》为例。《木屑文丛》1935年4月20号创刊，其创刊形式独特，用胡风的话说就是谁弄到了一点钱，又想发表自己的文章，就出一两期刊物，仅仅局限在内部圈子里，钱花完了，刊物也被禁止了。左联在创刊管理方面的宽松是左联内部不正规的小刊物盛行的重要原因，“左联盟员做什么工作例如办刊

---

① 张静庐辑注：《中国现代出版史料乙编》，中华书局1955年版，第512页。

② 刘哲民：《近现代出版新闻法规汇编》，学林出版社1992年版，第208页。

③ 现代文学期刊联合调查小组编：《中国现代文学期刊目录（初稿）》，上海文艺出版社1961年版，第29—31页。编者注：这里所说的“左联有关刊物”，是指两种情况：一种是左联的外围刊物；另一种是以主要篇幅发表左联成员的文章的刊物。

物，是谁也不向书记报告的，除非向书记处的人要稿子”[①]。又由于当时国民政府查禁严格，1930年夏以后，左翼文学运动一改1929年盛极一时的情况，渐成不支之势，左联机关刊物相继被封，国民党当局“查禁文艺书一百四十九种……焚烧进步书刊一千余种”[②]。在这种情形下，不刊登发行人、采取秘密发行的形式也是左联成员采取的相对稳妥的无奈之举。

在发行方面，《木屑文丛》只能“凭私人关系推销一点，再就是凭内山书店代售一点”[③]。1930年以后，国民党在书店方面的审查同样呈现收缩的态势。“民国二十年（1931），以‘非法’出版‘左联’机关刊物为理由，查封了上海现代书店，同年还查封了北新、群众、乐群等书店。二十二年（1933）冬，上海良友图书公司、神州国光社、光华书局等先后遭捣毁。”[④]在进步书店不断受到冲击的情形下，内山书店因为其日本经营者的身份为左翼文学提供了庇护。“在内山书店不仅有销售大量的马列著作等书籍，而且出售当局查禁的进步书籍，代售《铁流》等进步文学读物。从1932年起，成为鲁迅著作代理发行店。”[⑤]据内山书店老板内山完造回忆，内山书店曾替鲁迅代售过《士敏土之图》（木刻）、《铁流》（曹靖华译）、《伪自由书》[⑥]等。内山书店无所顾忌地发行被查禁的书籍也反映了国民政府1930年《出版法》的不完善。综观《出版法》，只有第五章第二十四条简单涉及国外发行的问题，对外国人在中国办书店及发行、销售刊物等则全无限制。内山书店在1931年的一则声明，更表明了其完全不必为国民党的出版政策负责：“盖敝店虽小……故一切贩卖之书籍，皆以在日本政府之法规条令之下，合法出版者为限。”[⑦]

《海燕》杂志在第二期出版后引发了较为轰动的《海燕》发行人事件，这一事件也是导致《海燕》终刊的主要原因之一，胡风与聂绀弩后来对这一事件的回忆也存

---

① 胡风：《胡风回忆录》，人民文学出版社1997年版，第30—31页。

② 张静庐辑注：《中国出版史料补编》，中华书局1957年版，第588—589页。

③ 胡风：《胡风回忆录》，人民文学出版社1997年版，第51页。

④ 李瑞良：《中国出版编年史（增订版）》下册，福建人民出版社2006年版，第953页。

⑤ 肖建军：《中国旧书局》，金城出版社2014年版，第167页。

⑥ ［日］内山完造：《〈花甲录〉节选》，卞立强译，见上海鲁迅纪念馆编《内山完造纪念集》，上海文化出版社2009年版，第234页。内山书店曾替鲁迅代售过《士敏土之图》（木刻）、《铁流》（曹靖华译）、《伪自由书》、《南腔北调集》、《准风月谈》、《凯绥·珂勒惠支版画选集》（德国木刻），总代售过《且介亭杂文》《且介亭杂文二集》《且介亭杂文末编》《木刻纪程》《北平笺谱》《十竹斋笺谱》等。

⑦ 《防不胜防的冒名寄书：内山书店的一纸声明》，《中国新书月报》1931年第1卷第6/7期。

在差异，本文试重新进行梳理。

《海燕》1936年1月20日创刊于上海，第一期无发行人。鲁迅对这份刊物寄予厚望，第一期就给了小说《出关》、杂文《“题未定”草》（六至七）和短评《文人比较学》《大小奇迹》。（据《胡风主编期刊汇辑》看，《文人比较学》署名“齐物论”，《大小奇迹》署名“何干”）胡风对《海燕》同样十分重视，《海燕》第一页要目中有“本刊正向内政部呈请立案中”[①]字样，表明胡风不再满足于在小圈子里发行《海燕》，试图使这份刊物合法化。第二期出版前胡风等人为《海燕》寻找发行人，由聂绀弩联系了曹聚仁，希望能请他担任发行人。从《胡风主编期刊汇辑》来看，胡风后来所说《海燕》上并未印曹聚仁的名字有误。聂绀弩作为直接当事人，他的回忆可信度更高。据聂绀弩回忆，当时曹聚仁未明确答应，聂绀弩以为他同意了，便在《海燕》第二期发行人一栏上印了曹聚仁的名字。因《海燕》第二期刊登了疑似讽刺宋美龄的漫谈《阿金》，国民政府便约谈曹聚仁。曹聚仁得知后大怒，要求书店将他名字去掉，又在《申报》发表声明郑重否认。这便是在当时引起了一定轰动的《海燕》发行人事件。聂绀弩在回忆此事时所说的《海燕》于1935年初创刊亦有误。

《工作与学习丛刊》于1937年3月10日创刊，以鲁迅的两篇遗稿为首创办，为取得生活书店的支持而署茅盾主编，实际主编为胡风。《工作与学习丛刊》所采用的丛刊形式在一定程度上起到了躲避审查的作用。“‘丛刊’类似‘丛书’（至少对国民党的检查处和工部局可以这样说），故书店有权自行出版，不必备案和登记。其实这‘丛刊’与杂志并无差别。”[②]1930年的《出版法》将出版品分为新闻纸、杂志和书籍及其他出版品三种，规定“用一定名称，每日或隔六日以下之期间继续发行者”为新闻纸；“用一定名称，每星期或隔三月以下之期间继续发行者”为杂志；除此之外的都归为书籍及其他出版品。[③]新闻纸和杂志需发行人申请登记，但书籍或其他出版品只需发行人以两份呈送内政部注册即可，监管相对宽松。加之《出版法》对出版品的分类仅仅是从发行时间上来区分，并不关注刊物的内容和形式，所以为一些“左”倾刊物的出版提供了缝隙，《工作与学习丛刊》便是一例。

---

① 北京鲁迅博物馆编：《胡风主编期刊汇辑》第一册，国家图书馆出版社2010年版，第157页。

② 茅盾：《我走过的道路》下册，人民文学出版社1997年版，第121页。

③ 张静庐辑注：《中国现代出版史料乙编》，中华书局1955年版，第510页。

《工作与学习丛刊》第三、四期发行人署名曹连山，此人不可考，可能是为躲避审查而署的假名。

二、《七月》发行人之变动

《七月》创刊于抗日战争全面爆发之后，随胡风先后在上海、武汉、重庆发行，发行人变动频繁，从中也可看出胡风与茅盾、冯雪峰等人的意气之争以及胡、茅之间对文学出版资源的争夺。

《七月》在上海初发行时为周刊，1937年9月11日出版，共三期。《七月》最初创办是源于胡风对茅盾创办《呐喊》的不满以及冯雪峰对胡风的排挤。早在胡风创办《工作与学习丛刊》时便能看出胡风与茅盾文学理念的冲突，胡风觉得“茅盾的自由主义倾向和鲁迅的社会主义现实主义的战斗的实践道路并不是同一性质的……现在要邀请茅盾来同做保卫并发扬鲁迅精神的工作，不能不是一个我的能力无法克服的矛盾”①。但《工作与学习丛刊》在当时的情形下只能寻找生活书店的帮助，而生活书店又与茅盾关系密切，胡风才不得不与茅盾合作。抗日战争全面爆发后，茅盾代表文学社邀中流社、文季社、译文社等四社同人联合创办了《呐喊》周刊。胡风对此嗤之以鼻，认为“《呐喊》篇幅太小，而且，无论在人事关系上或它那种脱离生活实际的宣传作风上，这些人也都是不愿为它提笔的”②。为此起了自己创办刊物的念头。

除茅盾之外，《七月》创刊的一大缘由还在于冯雪峰。《七月》创刊前胡风与冯雪峰的关系便已貌合神离。胡风在1937年7月22日写给梅志的信中还称呼冯雪峰为“冯公”，到了7月29日的信中便称其为“冯政客”，“冯政客和我谈话时，说我底地位太高了云云……我只是凭我底劳力换得一点酬报，比较他们拿冤枉钱，吹牛拍马地造私人势力，不晓得到底是哪一面有罪”。此时胡风已对冯雪峰产生了不满。到了8月6日的信中，由于冯雪峰说胡风借编纂《鲁迅全集》和日文《大鲁迅全集》出了一次大名，胡风更为不满，直接称冯雪峰为“三花脸先生”。③此后的家书中胡

---

① 胡风：《胡风回忆录》，人民文学出版社1997年版，第69页。

② 胡风：《胡风回忆录》，人民文学出版社1997年版，第75页。

③ 晓风选编：《胡风家书》，复旦大学出版社2007年版，第15、17、19页。

风一般以“三花脸”指称冯雪峰，二人的矛盾已激化。胡风在8月(《七月》创办的前一个月)的家书中多次提到冯雪峰对他的封锁：“三花脸先生封锁我，但我想，我底力量总有可用之处。”“三花脸先生愈逼愈紧，想封锁得我没有发表文章的地方，但他却不能做到。我已开始向他反攻了。”[①]不难推测，胡风创办《七月》既是基于对茅盾《呐喊》的不满，更是为了向冯雪峰“反攻”，争取发表文章的阵地。

茅盾自《文学》杂志起便奠定了与生活书店合作的良好基础，在1937年前后，生活书店已成了茅盾的主要阵地。胡风与生活书店的关系却并不好，在《译文》停刊事件中，胡风坚定地站在鲁迅一方，与生活书店产生了嫌隙。所以当时胡风并未考虑生活书店，而是直接联系了费慎祥作为《七月》的发行人，而费慎祥是曾受过鲁迅扶持的。费慎祥曾以“野草书屋”的名义出版过鲁迅和瞿秋白合编的《萧伯纳在上海》，“野草书屋”没有固定的地址，所出的书籍是委托各书店代售的。后在鲁迅的建议下，费慎祥将“野草书屋”改为“联华书局”，出版一些鲁迅的禁书，还一度改名为联华书局、青光书局、同文书局、兴中书局等。[②]其实，联华书局便是民国出版领域常见的“皮包公司”，既缺乏资金，又缺乏完善的编辑、印刷、出版、发行链条，无论在宣传还是销售上都是无法与生活书店抗衡的。胡风到武汉后便与费慎祥终止了合作，联华书局也在“八一三事变”后因书籍纸型散失损毁而倒闭。

《七月》在武汉复刊时的发行人是熊子民，此时武汉的登记发行比较容易。胡风在回忆录里说：“现在，来武汉的文化人多了，政治空气有了变化，国民党本身也不得不适应时事表表态。我就正面用《七月》的名字再登记，发行人用熊子民的名字。”[③]在上海、南京相继陷落后，武汉实际上成了全国的政治、文化中心，文化政策相对宽松，正如1938年3月《国民党中央宣传部审查书籍刊物总报告》所表述的：“自抗战以来，坊间所售之书籍及刊物，风起云涌，盛极一时，大有五花八门、目为之谜之概。”[④]国民党从卢沟桥事变到1938年2月底对汉口的书店进行过审查统计：国民党书籍类数量为22，共产党、宣传共产党、“左”倾加起来达133；国民党出版社有8个，而共产党与“左”倾共26个；中国国民党刊物31种，共产党与“左”倾

① 晓风选编：《胡风家书》，复旦大学出版社2007年版，第23、29页。

② 李瑞良：《中国出版编年史(增订版)》下册，福建人民出版社2006年版，第996—997页。

③ 胡风：《胡风回忆录》，人民文学出版社1997年版，第83页。

④ 中国第二历史档案馆编：《中华民国史档案资料汇编》第五辑第二编文化(一)，江苏古籍出版社1998年版，第644页。

刊物57种。[①]

尽管《七月》在武汉的发行不错，但还是面临着停刊的困境。胡风在1938年2月3日给梅志的信中抱怨："《七月》发生了问题，我感到无比地气闷。这回的问题，不是官方，而是自己。"[②]阎锡山在山西临汾创办了"民族革命大学"，吸收进步青年去学习，并来武汉招聘教授。萧军夫妇、端木蕻良、田间、艾青等《七月》的主要撰稿者都决定应聘前往任教，端木蕻良还在《七月》上发表过《寄民族革命大学同学》[③]为之进行宣传。同时，潘汉年、李克农等中共地下领导人也动员当时的发行人熊子民摆脱《七月》。

熊子民早期从事地下工作，1928年曾与中共早期领导人李达等在上海创办昆仑书店，以出版马列类著作为主。抗日战争全面爆发后，董必武受命回汉筹建八路军武汉办事处，其间得到了熊子民许多帮助。八路军驻武汉办事处正式成立后，熊子民也在内任职。《七月》杂志在汉复刊时，熊子民还曾通过董必武得到八路军办事处资助，并筹资了《七月》一至六期的印刷、发行费用。熊子民等人此时的离开对胡风来说无疑是很大的打击。随后不久，蒋介石要在香港办对敌宣传机关，李克农动员胡风去，提出可以把《七月》交给别人。胡风对此很泄气，"他们眼里总不把《七月》当成有用的工作"[④]。可见，《七月》在当时其实并未受党组织的重视，而且以胡风为代表的左翼刊物创办者往往在共产党内担任职务，他们创办刊物的自主性有限，是在服从于组织的安排的前提之下，刊物的去向也与党的工作密切相关。

胡风随后为《七月》寻找的发行人是张鸿飞，张鸿飞背后是上海杂志公司。上海杂志公司1934年成立于上海，为杂志专业发行之始。张鸿飞出任《七月》发行人时也牵扯到了胡风与茅盾对出版资源的争夺。张鸿飞与生活书店均有意出版《七月》，胡风本想借生活书店发行，但在茅盾到武汉并决定出《文艺阵地》后，生活书店就放弃了发行《七月》改发《文艺阵地》。胡风只得转头和上海杂志公司接洽。生活书店随后又提出以六折包销三千份《七月》，但还没有实行，《文艺阵地》出版了，生活书店就把承诺的三千份改为三百份。

---

① 中国第二历史档案馆编：《中华民国史档案资料汇编》第五辑第二编文化（一），江苏古籍出版社1998年版，第671、680、688页。

② 晓风选编：《胡风家书》，复旦大学出版社2007年版，第42页。

③ 端木蕻良：《寄民族革命大学同学》，《七月》1938年第3卷第3期。

④ 梅志：《胡风传》，北京十月文艺出版社1998年版，第377页。

其实不仅与茅盾，胡风和丁玲等人之间同样存在对出版资源的争夺。胡风本想找上海杂志公司出《七月诗丛》，但张静庐因为已经答应了出丁玲、舒群主编的《战地》，便婉拒了。可见左翼文学内部对出版资源的激烈竞争。

《七月》于1938年7月16日出完十八期后，由于武汉形势紧张，加之和书店的合约已满，便在武汉停刊。

胡风到重庆后，联系上海杂志公司和生活书店出版《七月》均遭拒绝，后取得了华中图书公司唐性天的支持。华中图书公司于1936年创办，武汉沦陷前迁至重庆。①唐性天以营利为主要目的，“出的书和杂志格调都不太高，是接近国民党的出版商”②。在《国民党中央宣传部审查书籍刊物总报告》附件四《出版社一览表》关于华中图书公司“有无背景”一栏中特地注明：“营业性质，主办人唐性天，民十七年曾任中央民运会总干事。”③唐性天的国民党倾向对《七月》起到了很好的庇护作用。国民党在1938年通过了《战时图书杂志原稿审查办法》，并在同年成立了中央图书杂志审查委员会。从《国民党中央图书杂志审查委员会民国廿七年十月至廿九年十月查禁书刊目录一览表》中可看出，这一时期查禁的书刊非常多，拒绝了《七月》的生活书店成了被查禁的重灾区，共被查禁61种书刊，上海杂志公司也被查禁9种，而华中图书公司仅被查封了两本，一是《毛泽东言论集》，一是《朱德传》。④《七月》在这个时候选择唐性天反而成了明智的选择。

另外，由于唐性天不懂稿件，只管挣钱，用胡风的话说，不留难稿子，也没有提过意见，胡风可以完全按照自己的原则创办刊物，反而拥有了刊物的较大自主权。

三、《文学报》与桂林文化城

1938年武汉、广州相继沦陷后，大批进步文化人涌入桂林，桂林由此成了名噪一时的“文化城”。

---

① 武汉地方志编纂委员会主编：《武汉市志·文化志》，武汉大学出版社1998年版，第230页。

② 胡风：《胡风回忆录》，人民文学出版社1997年版，第158页。

③ 中国第二历史档案馆编：《中华民国史档案资料汇编》第五辑第二编文化（一），江苏古籍出版社1998年版，第676页。

④ 中国第二历史档案馆编：《中华民国史档案资料汇编》第五辑第二编文化（一），江苏古籍出版社1998年版，第717—770页。

桂林文化城的形成与当时的政治形势有密切关系。时蒋介石与桂系不睦，尤其是和老桂系李济深的关系恶劣，使桂林处于桂系同国民党当局若即若离的错综局面中。共产党抓住了这种微妙的政治关系，积极在广西开展统一战线工作，团结了李济深等桂系，使得进步文化人得以在桂林安身立命。1941年，国民党发动皖南事变，白色恐怖笼罩桂林，在桂的大批文化人逃亡香港。1942年太平洋战争爆发，香港沦陷，这批人才折返桂林，广西当局照样采取欢迎的态度，桂林文化慢慢复苏。胡风便是在第二次进步文化人赴桂的潮流中到达桂林的。

胡风在桂林时主编了一期《文学报》，即《胡风主编期刊汇辑》所收录的这一期。胡风离开重庆时曾将《七月》托付给聂绀弩，并留下了够用几期的稿件，但聂绀弩一期未出，不久后也到了桂林，国民党书审处便以长期停刊为由吊销了《七月》的登记证。胡风对此事耿耿于怀，一直想再在桂林创办一个刊物，但国民政府已于1937年7月8日公布了新的《出版法》，变旧法“为新闻纸或杂志之发行者，应于首次发行期十五日前、以书面陈明左列各款事项……转内政部声请登记”[①]为新法“为新闻纸或杂志之发行者，应由发行人于首次发行前填具登记声请书……并转请内政部发给登记证”[②]，实际上是变注册登记制为核准制，申请登记证的难度大大加强。恰好胡风新结识的中学教师陈闲提出有个《文学报》的登记证给他用，胡风求之不得，连忙联系了丝文出版社，送审了部分稿件，但丝文出版社在临印刷前又称无力出版。胡风在回忆录里说记不清最后到底是哪家书局出的了，现据《胡风主编期刊汇辑》看，《文学报》是由远方书店于1943年5月10日发行的。

远方书店即新知书店。新知书店成立于1935年，是由中共领导的“中国经济情报社”成员薛暮桥等人发起创办，曾有过不少“别名”，“比如远方书店、实学书局、永年书局，海洋书屋和大陆出版社等”[③]。远方书店便是皖南事变后在桂林临时采用的名称。事实上，就在皖南事变之际，广西当局也未敢把事情做绝，还是留有了一定的余地，“桂林当局接到国民党中央查封生活书店桂林分店的‘命令’后，不像其他地方一样，采取‘闪击战’办法，立即封闭，而是先对生活书店‘限期停

---

① 张静庐辑注：《中国现代出版史料乙编》，中华书局1955年版，第511页。

② 中国第二历史档案馆编：《中华民国史档案资料汇编》第五辑第二编文化（一），江苏古籍出版社1998年版，第274页。

③ 张泽贤：《民国出版标记大观（精装本）》，上海远东出版社2012年版，第531页。

业’，约生活书店负责人（经理）谈话，限令其三天内办理结束。这样，就给其他进步书店如新知书店、读书生活出版社等化整为零，隐蔽精干，稍有余裕时间来安排退却事宜”[①]。新知书店从广西当局得知消息，转移了部分人员物资，还在桂林保留了部分革命力量，由沈静芷担任领导工作。沈静芷以秦记西南印刷厂经理的身份为掩护，在桂林以“远方书店”的名义继续发行进步书刊。

皖南事变前后也是国民党出版政策不断完善、监管加严的时间段，1941年国民政府公布了《杂志送审须知》；1942年4月23日，国民政府制定《统一书刊审检法》《杂志送审须知》，同年公布《图书送审须知》《书店印刷厂管理规则》；1943年公布《新闻记者法》《图书印刷店管理规则》《通讯社报社管理暂行办法》；1944年6月20日，颁布《战时出版品审查办法及禁载标准》，同年，颁布《修正图书杂志剧本送审须知》。[②]尽管颁布了如此多的法规和标准，但通过桂林一例也可知，由于国民党当局与地方的派系斗争，这些政策、法规在地方实际执行过程中大打折扣。国民党当局与桂系之间的矛盾为左翼出版界提供了缝隙，使得新知书店在桂林得以继续生存，更促进了桂林文化城的形成。

四、《希望》与内战前的上海

“八一三事变”后，上海沦陷，出版机构大都迁徙到大后方，上海在20世纪初便已形成的出版中心拱手让给了桂林、重庆等后方城市。1945年日本无条件投降，在随后的一两年时间里，上海又逐渐恢复了抗战前全国出版中心的地位。上海文化的迅速恢复与国民政府在抗日战争后至内战前所采取的较宽松文化政策有关：1945年9月30日，国民政府听取重庆杂志界的函请，公布了《废除出版检查制度办法》，撤销对新闻和图书杂志的检查，结束了战时的原稿审查制度，接着于第二年又宣布取消收复区新闻检查。所以在1946年底国民党进行全国性新闻杂志清查换证之前，“只要有内政部的登记证和邮政特准认可为第一类新闻纸的许可证”[③]便可在上海创办刊物。

《希望》最初是在重庆出版的，当时胡风在重庆成立了希望社，自己担任发行

① 魏华龄：《桂林抗战文化综论》，广西人民出版社2014年版，第9页。

② 吴永贵：《民国出版史》，福建人民出版社2011年版，第425页。

③ 胡风：《胡风回忆录》，人民文学出版社1997年版，第368页。

人。尽管重庆时为国民政府陪都，但《希望》在重庆的发行却是意外得好，“仅重庆市第一天就卖出几百份，不几天就卖光了。这是近年来没有过的”[①]。在重庆出完第一集四期后，胡风于1946年2月到达上海，联系了中国文化投资公司的胡国城作为《希望》发行人，在上海继续出第二集一至四期，但能攻进国民政府陪都的《希望》却未能攻进上海。

胡国城是中共党员，其余信息不详。胡风到上海不久，胡国城举办了一次“中国文化投资公司第二届读者晚会”，邀请胡风做发言，胡风演讲到一半，被捣乱的青年分子嘘了一番，该会不欢而散。[②]不仅胡风再回上海后“出师不利”，《希望》在上海同样“出师不利”。《希望》出版后，胡风听到了一些读者反映，意识到上海读者对《希望》仅处于能接受的态度，与自己所期望的大相径庭。胡风表示：“我自己可感到没有像在重庆办刊物时那么自信了，因为，上海的潜势力不是我们几本刊物能攻破的，上海的读者群很复杂，我们能生存下去就不错了。出版和印刷条件都比重庆好，但发行，尤其是争取进步的读者，可是一项艰苦的工作。”[③]

内战前上海读者群复杂，普遍对进步书刊兴趣不大，反而是“市侩文化”和“色情文化”大行其道。姚苏凤曾在《哀上海文化》批判过：“但现在怎么样呢？正常的文化事业除非有雄厚的经济力量，不怕牺牲的勇气和不稍动摇的热诚，简直就很难支持得下去了。得意的倒是那些足以毒害正常的文化事业的一种‘市侩文化’和‘色情文化’。”[④]胡风也在《希望》上发表过一篇文章来描述当时上海的文化环境：“但上海现在正被黄色刊物所泛滥。有的人摇头皱眉，有的人眼红垂涎。”[⑤]

胡风还曾托上海海燕书店的俞鸿模翻版过《希望》第一集（现《胡风主编期刊汇辑》中《希望》第一集一至四期便是上海再版），但也未能取得预期的结果，导致胡风赔了钱，“捡来一堆还未推销出的书”[⑥]。《希望》在上海出完第二集第四期便停刊。

（作者单位：中共日照市委宣传部）

① 胡风：《胡风回忆录》，人民文学出版社1997年版，第338页。

② 钢人：《反民主的丑剧：记中国文化投资公司第二届读者晚会》，《人人周刊》1946年第2卷第12期；文海犁：《胡风出师不利：扰乱份子又出动了》，《辛报周刊》1946年第6期。

③ 胡风：《胡风回忆录》，人民文学出版社1997年版，第367页。

④ 姚苏凤：《哀上海文化》，《上海文化》1946年第8期。

⑤ 胡风：《上海是一个海》，《希望》1946年第2卷第1期。

⑥ 胡风：《胡风回忆录》，人民文学出版社1997年版，第380页。

璀璨的双子星：《冯沅君陆侃如年谱长编》引言

张可礼

内容摘要：陆侃如、冯沅君夫妇是五四精神哺乳的后五四时期著名的教授、学者和作家。他们在中国古代文学研究和教学领域里，由传统向现代迈进的历程中，作出了重要的贡献。本年谱在前人研究的基础上，首次全面地谱写了他们的一生。其主要特点是：注重全面地掌握史料和鉴别史料；重视谱主的生存处境；力求真实、丰富、立体。

关 键 词：冯沅君陆侃如年谱　长编　引言

在中国20世纪的人文社会科学领域里，曾先后出现了一些夫妇相互辉映的璀璨的双子星。早一些的如陆侃如和冯沅君、冰心和吴文藻、陈西滢和凌叔华、姜亮夫和陶秋英；晚一些的如萧乾和文洁若、钱锺书和杨绛、任继愈和冯锺芸、程千帆和沈祖棻。他们专业有别，个性不同，学养、经历和所处的境遇也不尽一致，但都热爱祖国，敬重自己的事业，都能辛勤耕耘，在各自从事的事业上作出了重要的贡献，为后人留下了宝贵的精神财富。但如果对他们作一大致的权衡的话，能在多方面做出重要的贡献，能在多方面具有持续的生命力，我认为当首推陆侃如、冯沅君夫妇。

作为双子星的陆侃如、冯沅君夫妇，他们在结婚之前，就各自发出了耀眼的光芒，喜结连理、珠联璧合之后，又共同经历了人生和祖国的风风雨雨，栉风沐雨，相濡以沫，并肩携手，奋勇前进，多有创获，相继共同发出了更加灿烂的光芒。

冯沅君是集作家、学者、教授、翻译家于一身的国宝级的女性知识分子，是才女，是斗士，是高士，是爱国者。她勇于冲破封建枷锁，走出封建家庭，接受现代高等教育。1922年，她毕业于北京女子高等师范学校，接着考取了北京大学研究所国学门，是研究所的第一位女研究生。她是一位反封建的女健将。她敢于打碎旧式封建婚姻的镣铐，展现出一种新女性的追求，是现代妇女解放的先行者。她参加了五四学生运动，是少有的一位女闯将、一匹“战马”。在新文化运动中，她创作、研究两峥嵘。她随潮流而动，呼吸新鲜空气，在自由的气氛中大胆创作，是早有名气的新女性作家的先锋之一。她手握着笔，心怀着爱，肩上有担当，用自己创作的《卷葹》《春痕》《劫灰》等作品，旗帜鲜明地宣扬反封建礼教、张扬个性解放、争取自由，走向自我的新潮流。她为了反对封建礼教，揭露封建礼教的罪行，和同学编写并粉墨登场，演出《孔雀东南飞》，开女大学生演出戏剧之先例。在学问还是女性的禁区时，她是较早地进入中国古典文学研究领域的女学者，先后出版了《古优解》《古剧说汇》等在中外有影响的专著。她是较早地踏上大学讲台的女教师。自1925年到1974年病逝，她先后在金陵女子大学、暨南大学、复旦大学、安徽大学、北京大学、天津河北女子师范学院、中山大学、武汉大学、东北大学、山东大学等高等院校任教。她终生一直坚守在高等院校的教学岗位上，写下了一个大写的“师”字。她始终抱有忠于教育的赤子之心，学高为师，身正为范，全身心地投入教书育人事业中，滋兰种蕙，桃李芬芳。在20世纪20年代至60年代，在中国高等院校人文社科领域里，她当是第一位女性教学大师，是唯一的一位女性一级教授。她是翻译家，留学法国，取得了博士学位，前后翻译过不少法国名著，还翻译过英文著述。在冯沅君所处的那样的时代，一位曾经受到封建制度压抑和封建思想束缚的弱女子，竟能取得如此显赫的业绩，难得！罕见！这其中有时代的赐予，她的心脉一直和时代一起搏动，也因为她有独特的家庭背景，聪明绝顶，有勇气，有志气，勤奋而顽韧不舍。当然，冯沅君作为一颗璀璨之星在发光的过程中，也伴随着忧伤、苦闷、孤独、自虐等悲剧性的暗淡。悲剧性遭遇造成她灵魂深处的创伤。她知道“人生是苦闷多而喜悦少”，曲折坎坷是常态。作为一位女性，在社会上，在生理上，她承受了比男性更多的艰难和重压。这种悲剧性使她对人生的体验比一般男性更深切。这常常体现在她的为人处世中，在一些著述中也时有流露。但她没有因此而消沉。她在悲剧中苦斗，建立起乐观和希望，常常洋溢着的是一种悲壮。她被压抑的生命始终在燃烧。她道德高尚，智虑清明，自始至终持有一种顽强的、坚韧的永远向前的心态。她的一生，从多方面体现了真正的现代中国女性知识分子的生命历程、特点和风貌。

陆侃如开始是以年轻早熟的学人的身份进入人们的视域的。他才华横溢，勤奋好学，性格外向，通脱豁达，善于结交，长于适应。他在读中学时，注重学习英国文学，到大学，转为学习研究中国古代文学。陆侃如在北京大学和清华研究院学习期间，亲炙胡适、梁启超、王国维、陈寅恪等名师的教诲。他组织学术团体，主编学术刊物。22岁时，发表有关《楚辞》的研究论文，23岁时出版专著《屈原》。清华研究院研究生毕业后，就走上了高等院校教学岗位，一直坚守到病逝。他曾先后在中法大学、上海公学、复旦大学、暨南大学、安徽大学、燕京大学、中山大学、东北大学、山东大学等校执教。一九五一年被评为一级教授。他还长期兼任过多所高校的文学院院长、系主任等行政职务，兼任过山东大学副校长、图书馆馆长。他在其位，司其职，谋其事，尽心尽力。在完成教学和教学行政工作任务的同时，陆侃如一直潜心于学术研究。他在《楚辞》研究、《诗经》研究、汉乐府诗研究、中古文学研究、以《文心雕龙》为代表的中国古代文论研究等方面，都取得了许多为学术界所推重的重要成果。他和冯沅君一起留学法国，取得了博士学位。他通英文、法文、俄文，翻译出版过一些重要的法国名著，也翻译过英文、俄文论著。陆侃如青年时期崭露头角，光彩照人。此后，风里雨里，一直发光发热。1957年，他曾被错划为“右派分子”。“文革”中，曾无罪被监禁了三年多。面对意外的沉重打击，他没有怨天尤人，没有倒下。他把自己的一生，献给了高等教育，献给了学术研究。

冯沅君和陆侃如是五四精神哺乳的后五四时期的知识分子。他们既有深厚的中国传统文化的根柢，又受到西方文化多方面的浸润，具有明显的现代意识，在中国文学研究由传统向现代迈进的历程中，作出了重要的贡献。由于时代的影响，他们不像他们的师辈王国维、梁启超、胡适那样，在文化学术上综览古今，贯通中西，兼及文史哲等多方面，在社会上有很大的、广泛的影响。冯沅君、陆侃如这一代知识分子，明显地呈现出职业专业化的特点，走向学科专业化。冯沅君虽然在五四之后，曾以小说创作轰动文坛，但时间不长，她就同陆侃如一样，以研究和讲授中国古代文学为职志。他们在联姻之前，各自作为一星，分别放出了自己的光芒。他们联姻之后成为双子星，彼此辉映，更加亮丽。他们相濡以沫，相互切磋，互补互融，不仅在教学方面相得益彰，而且在学术研究上相继取得了丰硕的成果。他们合著的《南戏拾遗》，特别是《中国诗史》《中国文学史简编》《中国古典文学简史》三部文学史，开风气，建范例，学术性与实用性相结合，问世后，受到推赞，有久远的生命力。其中的《中国诗史》受到鲁迅的推许，长时期多次再版。《中国古典文学简史》曾被译成英文和罗马尼亚文，为中国文化的传播作出了贡献。

冯沅君、陆侃如一生矢志不移，一直坚守在高等院校的教学岗位上，一直都在研究如何继承、弘扬、传播中国古代优秀的文学遗产。他们生逢社会变革，虽然是书生，是“教书匠”，是学者，但他们一生没有埋头于书斋，没有蜗居于追求知识、传授知识的一隅。他们始终是入世者，而不是出世者。他们心中一直有祖国，有人民。他们关怀社会现实，参与社会现实的变革。他们的关怀和参与，有时体现在直接的政治行动上，但更多地体现在教学、写作和科学研究上。他们的关怀和参与，不是出自琐碎的个人欲望，而主要是来自他们所处的历史潮流。他们经历了不同的时代，与时代潮流同频共振。他们参与变革社会现实，其动因的核心是爱国情怀。他们不顾个人的安危，勇敢地参加了五四运动。抗日战争期间，不论是在巴黎留学期间，还是回国后在颠沛流离大西南的艰难岁月中，在求知问学、教书育人、学术研究的同时，随时随地，运用各种方式投入抗战建国的大业。解放战争时期，他们反对国民党的黑暗统治，积极帮助进步的学生，而被国民党特务列入“黑名单”。他们相信共产党，相信马克思主义。新中国成立后热爱新中国，拥护共产党，以前所未有的热忱，孜孜不倦，投入教学和研究。在反右派运动和“文革”期间，他们的身心，虽然受到了严重的摧残，遭遇到难以想象的屈辱，但是“千磨万击还坚劲”，他们没有颓丧，仍然保持着积极的人生态度，保持着对祖国、对事业的满腔热忱。他们的所思所为，在大多境遇中是自觉的，是发自内心的。

当然，综观冯沅君、陆侃如的一生，在其关注、参与社会现实的变革的过程中，也出现了诸如媚时随风、“赶浪头”、怯懦等问题。金无足赤，人无完人。冯沅君、陆侃如不是完人，他们也有人性的弱点。人性有时是脆弱的，特别表现在面对外力的重压或诱惑时。人是在一定的体制下生存的。人的思想和作为很难脱离时代，总是程度不同地带有所处时代的印记。面对时代风浪，个人往往是很难掌控自己的，总会程度不同地受到时代的钳制。当时代、社会现实、政治生态各方面比较宽松时，人文社会科学领域里的自由就多一些，大体呈多元态势；当时代、社会现实严酷、意识形态单一时，人文社会科学领域就会被压抑，会呈现出单一的走势。这是无权无势的知识分子无法改变的。新中国成立以后，冯沅君在一次同学生谈话时曾很有感慨地说：“一个人要违抗社会风气，违抗潮流，是很难很难的，只有极少数杰出者才能做到。”冯沅君、陆侃如生活在一个社会转型时期。在这个时期，政治、经济、文化等方面，都发生了巨大的变革。生活在这样的境遇中的敏感知识分子，除了极个别的以外，绝大多数都不同程度地“随风”“赶浪头”，冯沅君、陆侃如也没有超脱。他们毕竟是书生。对于现代许多知识分子出现的这样那样令人感到惋惜的问题，如其苛责个人，不如探究灾难的、痛苦的、不正常的时代之因，总结吸取教训，使它不再重演。我们在申述这一点的同时，也不能忘记知识分子应有的高贵品格。作为一名知识分子应当重视养育自己独立的品格，应当牢记和践行前辈所倡导和奉行的“独立之精神，自由之思想”。应当敢于应对权势的压抑或诱惑，具有超越世俗的纯真和虔诚的品格。这并不意味着知识分子应当超脱尘寰，去追求隐逸高洁，而是把“独立之精神，自由之思想”同忧患意识、参与意识结合起来，同责任感和使命感结合起来。

陆侃如、冯沅君夫妇自青年时期直至因病逝世，半个多世纪以来，一直在中国古代文学教学和研究领域里辛勤耕耘，在教书育人的同时，相继出版了许多为学术界所赞誉的著述。与此相联系的是，基于他们高尚的品格、一些重要著述的问世和教学业绩，自20世纪20年代直至现在的百多年间，人们一直没有忘怀他们。这体现在述评他们的生平、整理他们的著述、研究他们的学识和回忆纪念他们等多方面。

关于冯沅君和陆侃如的生平，他们自己生前没有系统的叙写，仅留下几篇片段的记述。弥补这一缺憾是在他们逝世之后。这方面的著述主要有：袁世硕、严蓉仙的《冯沅君传略》，载《晋阳学刊》1982年第2期。许志杰的《陆侃如和冯沅君》，2006年由山东画报出版社出版。严蓉仙的《冯沅君传》，2008年由人民文学出版社出版。牟世金、龚克昌的《陆侃如传略》，1983年刊于《晋阳学刊》第5期。张可礼的《陆侃如先生和他在学术上的重要业绩》，刊于2019年《山东大学中文学报》第2期。

冯沅君和陆侃如的著述，在他们生前大多是写定后，以单篇、专书的形式随时发表出版，还有不少书稿没有来得及整理出版。系统地整理出版他们的著述是在他们逝世之后。1980年，袁世硕编《冯沅君古典文学论文集》，山东人民出版社出版。1983年，袁世硕、严蓉仙编《冯沅君创作译文集》，山东人民出版社出版。1987年，陆侃如著《陆侃如古典文学论文集》(全二册)，上海古籍出版社出版。本文集主要由龚克昌、牟世金编选。2011年，袁世硕、张可礼主编《陆侃如冯沅君合集》，安徽教育出版社出版。全书共十五卷，是目前收录陆侃如、冯沅君著述较全的合集。与此相联系的是，严蓉仙、张可礼、李剑锋、贺伟曾先后编撰了冯沅君、陆侃如的著述、创作和译著年表。

对冯沅君、陆侃如著述的研究，自20世纪20年代开始一直到今天，赓续不断。

研究的重点，主要是冯沅君创作的小说、冯沅君和陆侃如有关中国古代文学研究的重要著作，如合著的三部中国古代文学史。就研究著述的形式来看，大体上呈散点状态，多散见于一些著述中，缺少比较专门的、系统的研究论著。比较集中一点的有：张可礼的《陆侃如、冯沅君先生〈中国诗史〉的主要贡献》，刊于2002年《文史哲》第2期。黄秉泽的《冯沅君师古代戏曲研究的贡献》，收入黄秉泽著《古典文学论丛》，2009年由中国国际广播出版社出版。袁世硕的《文学史学大师冯沅君先生》、张可礼的《史料、史识和美学的融通：陆侃如先生的中国古代文学史著》，刊于2011年《文史哲》第5期。

冯沅君、陆侃如病逝以后，人走了，但其精神风貌还一直活在人们的心里。这突出地体现在众多的回忆怀念他们的文章里。这方面的文章，我个人已经搜集到的约有40篇。作者有冯沅君、陆侃如的亲属，如冯友兰（写有《沅君幼年轶事》）、陆晋如、冯锺芸、冯锺璞（宗璞）；有冯沅君、陆侃如的同学好友和同事，如程俊英、苏雪林、赵清阁、刘维汉、孙昌熙。冯沅君的同学程俊英写有多篇文章，回忆纪念冯沅君。冯沅君的同学苏雪林在她的日记中有多处怀念冯沅君和陆侃如。在回忆怀念冯沅君、陆侃如的文章中，更多的是他们培养的感念师恩的学生，如路遥、吕家乡、袁世硕、赵淮清、张杰、尚达翔、陆文彩、郭同文、龚克昌、吴长华、项怀诚、牟世金、陈其相、黄元、田士琪、石家麟、黄炽、刘淦、刘文忠、陈祖美、杜书瀛、杨慧文、马瑞芳、高夙胜、马宏山。这些文章都是发自良知和真情实感，写的都是自己的亲身经历，或写受到冯沅君、陆侃如的教诲，或写他们的精神风貌，或写他们的日常生活，亲切、真实、生动、具体。不仅有助于我们体认、学习冯沅君、陆侃如的为人和治学，同时也为后人研究他们提供了难得的第一手史料。

长期以来，人们对冯沅君、陆侃如的怀念和崇敬，除了体现在诸多的文字表述上，还采用了一些其他的形式。一个典型的事例是山东大学中文系1956级学生自动地集体捐献为冯沅君、陆侃如两位先生塑像。塑像矗立在山东大学中心校区文史楼北的桂花园里。2010年10月17日上午，举行了庄重肃穆的塑像揭幕仪式。参加揭幕仪式的有山东大学党委书记朱正昌、校长徐显明，海门市政协副主席郁斌，1956级校友，山东大学师生代表，共60余人。揭幕仪式由山东大学副校长樊丽明主持，朱正昌为塑像揭幕，1956级学生、财政部原部长项怀诚代表1956级同学致辞，徐显明讲话。塑像揭幕之后，历年有不少亲友师生前来瞻仰。塑像前常有鲜花，献花者没有留下姓名。

在近一个世纪的岁月里，人们对冯沅君、陆侃如生平的叙写、著述的整理、研究和回忆怀念，取得了丰硕的成果。这些成果的积累和刊布，有助于人们认知冯沅君、陆侃如的生平经历以及他们在多方面作出的重要业绩，有助于体认他们的为人与处事。同时也使他们用一生心血创造的精神财富得到存传。我们在充分肯定上述各方面取得的成绩的同时，也注意到，以往刊行的多种著述中，还存有不少值得重视的问题，仅在史料方面，就我个人所阅读的有限论著而言，发现的错误有50多处。下面略举数例：

事实错误：《西北有高楼》载：陆侃如在法国巴黎大学的博士论文题目是论述中国汉魏文学。经查巴黎大学档案和其他史料，实际上论文题目是《周朝社会史》。《冯沅君传》第207页说：1945年1月，中华全国文艺界抗敌协会川北分会创办《文学期刊》(月刊)，陆侃如任主编。据《1872—1949文学期刊信息总汇》(二)第1496页提供的史料，冯沅君任主编。《九三学社前辈冯沅君》载："(冯沅君、陆侃如)修订的《中国文学史简编》(中国青年出版社1957年出版)，外文出版社翻译出版英、捷克、俄、罗马尼亚等文向国外发行。"(《一级教授冯沅君》也有类似之说)。这里有两点错误：翻译出版的是《中国古典文学简史》，不是修订的《中国文学史简编》；二是翻译出版的只有英文和罗马尼亚文两种。《陆侃如传略》载："党的十一届三中全会的胜利消息传来时"，陆侃如"真是欣喜欲狂了"。事实是：十一届三中全会于1978年12月18日至22日召开，陆侃如于本年12月1日病逝。

时间错误：《冯沅君先生年谱》载：1921年，陆侃如"所著《屈原》一书由上海亚东图书馆出版"。实际上，《屈原》出版于1923年。《陆侃如和冯沅君》第227页、《冯友兰年谱》上第78页均说：冯沅君于1925年7月毕业于北京大学研究所国学门。经核查，她毕业的时间是在1925年春。《我心目中的陆侃如先生》载：陆侃如"1933年毕业于法国巴黎大学博士班"。多种史料证明：他毕业的时间是在1935年。《冯沅君传》第156页说：陆侃如、冯沅君1935年"6月下旬，夫妻双双获得了博士学位"。《胡适日记全集》第七册第237、238页1935年6月19日记："到车站接陆侃如……晚上与陆侃如访Professor L. Forster，同饭，谈甚久。"此记载证明陆侃如、冯沅君夫妇6月19日回到北京，春，完成博士论文的写作，其获得博士学位，当在6月上旬或之前。《和封建传统战斗的冯沅君》说：冯沅君于1955年任山东大学副校长。根据山东大学档案，她任山东大学副校长是在1963年。

地点错误：《冯沅君传》第121页载：陆侃如和冯沅君的结婚典礼是1929年1月

在“江苏海门陆府举行的”。据《冯友兰年谱》上第106页记载，他们的婚礼是1月24日，在上海举行的，冯友兰做主婚人主持婚礼，并代表母亲表示祝贺。25日，陆侃如、冯沅君夫妇回陆之原籍江苏省海门县省亲，冯友兰同往。台湾《传记文学》第44卷第3期《冯沅君传记》载：冯沅君于1974年6月17日“因病在青岛去世”。事实是冯沅君在济南省立第一医院逝世。

篇名错误：《如同“卷葹”的冯沅君先生》载：冯沅君的主要著作之一《中国文学史大纲》（英文版）；《忆沅君师》载：冯沅君“与陆先生合著《中国文学史简编》，被译成好几国文字”。经核实，此著作应为《中国古典文学简史》。《鲁迅与冯沅君》说：冯沅君的小说《我在爱情前犯罪了》，实际的篇名是《我已在爱神前犯罪了》。

上面列举的诸多错误，有些以误传误，常被引用。这些错误，不仅给读者传布了错误的知识，同时也容易使研究者在研究某些问题时一开始就落入陷阱，作出错误的判断。产生这些错误有多方面的原因。人多有贵远贱近的陋习，总觉得古远的东西才珍贵，而现代和当今的不值得珍惜。就人文社会科学领域来看，人们主要重视的古远的史料，轻忽的是现代，特别是当代。长期以来，学术界对现代当代学人的史料远不如对古代的关注，即使关注，也多集中在几位特别突出的大人物身上，而对冯沅君、陆侃如这一层次的知识分子，却较少关注。人还有“贵耳贱目”、图方便、“顺手牵羊”的惰性，在使用史料上，常常不愿认真查阅，寻根问底，求真求实，而习惯于辗转相抄。看来，在冯沅君、陆侃如研究中在史料方面出现的一些错误及其原因，在某种程度上具有普遍性。

回顾以往，经由不少人的辛勤耕耘，对冯沅君、陆侃如的研究，取得了相当大的成绩。我们在肯定这些成绩的同时，还应当正视研究中还存在诸多欠缺。除了上面列举的一些明显的错误之外，还表现在研究范围上比较狭窄、研究程度上不够深入。在研究范围上，由于学术研究分工过细，多局于一隅，视角大多集中在冯沅君的小说创作，冯沅君、陆侃如在中国古代文学研究成果的评介上，而对他们的人生整体的探究，对他们深沉的家国情怀，对社会现实的关注、参与，对他们终生所从事的教育事业，对他们在中外文化交流方面的业绩等方面则很少涉及。冯沅君、陆侃如一生主要的业绩是在中国古代文学的研究和教学方面，自然应当成为研究的重点。但也不宜仅限于此。他们关于古代文学的教学和研究，是与他们人生整体生活息息相关。他们的人生整体生活任何方面发生了变化都程度不同地影响了他们的教学和研究。在研究程度上，不少研究主要基于意识形态的框架，潜藏着“学术政治”的倾向，太多的先验设定，颂扬多、肯定多、避讳多，往往以颂扬、肯定代替具体的研究、分析。多是现象的叙述，很少“振叶以寻根，观澜而索源”。冯沅君、陆侃如作为20世纪的知识分子，经历沧桑，跌宕起落，经历了长期的风雨如磐的艰难时代，也经历过阳光明媚的短暂岁月。他们的思想、情感是丰富的、复杂的、变动的。以往我们对冯沅君、陆侃如的认识和研究，应当说是初步的。其原因，既有研究者个人的局限，也有时代的局限。对任何人物、事件的研究的拓展与深入，在很大的程度上不是完全由被研究者和研究者自身来决定的，而往往需要宽松的社会环境，需要拉开时间的距离。在他们和后续事件完全成为历史之前，我们很难看清楚当初历史事件的真相和真正的意义，很难探究其主要根源。

冯沅君、陆侃如是20世纪精英层面上的重要人物，是公众性的知识分子，在20世纪人文社会科学领域的公共知识系统中占有一席之地，尤其是在中国古代文学的教学与研究领域，成就卓著。他们留下来的宝贵的精神财富，已经载入史册。如果考虑到20世纪许多后五四时代知识分子的人生起伏跌宕，考虑到学术思想的传承、开拓、转折和断裂，思考他们的向往、追求、挣扎与努力，成就与遗憾，冯沅君、陆侃如可以作为重要的代表。可以预言，可以肯定，随着历史前进的脚步，随着时代的不断开放和宽容，人们会继续怀念他们，会在以往研究的基础上，从多方面继续研究，探讨他们的思想、价值，总结其经验，汲取其教训，使我们能明智一些。继续研究，既要立足于历史，又应有现实的体察，以开放的心态，不拘一格，从多角度着眼和下手，面上要开拓，点上应深化。鉴于以前研究中的不足和出现的这样那样的错误，今后不论从哪方面、哪一点上来研究，有一个原则和规范，就是必须建立在全面、可靠的史料的基础上。先把方方面面的事实弄清楚，作好事实的确认，然后作阐释分析，作价值评估。

前此伴随着对冯沅君、陆侃如的研究，不少研究者在史料的搜集方面付出了辛勤的劳动，特别是尚达翔、许志杰、严蓉仙三位先生。尚达翔为编写《冯沅君先生年谱》，许志杰为撰写《陆侃如和冯沅君》，严蓉仙为撰写《冯沅君传》，不辞劳苦，从多方面查阅各种文字史料、走访多位知情者，为研究陆侃如、冯沅君提供了大量的珍贵史料。但有关冯沅君、陆侃如的史料是相当丰富的、复杂的，由于种种原因，以前搜集到的史料仍是有限的。有限的史料，遮蔽了冯沅君、陆侃如人生历程中的许多重要内容。而且有些史料没有来得及考核辩证，结果出现了上面所列举的以讹传讹的弊端。另外，还有大量的史料有待搜集和考辨。我们作为冯沅君、陆侃如的晚辈，离他们所处的时代较近，若不及时、继续把有关他们尚未搜集到的各种史料，特别是许多零星的史料和碎片打捞出来，记录下来，保存起来，这不仅会影响研究的拓展和深入，而且随着时间的延续，许多史料会自然地丧失。搜集史料，进而还要整理史料。对于搜集到的有关冯沅君、陆侃如的史料，可以从不同的角度，用不同的形式加以整理。就我的愚见，编著他们的年谱是一种重要的形式。就我个人所知，冯沅君指导过的研究生尚达翔编有《冯沅君先生年谱》，但相当简略，并且有不少错误。现在需要重编一部《冯沅君陆侃如年谱》。年谱是用编年体记载谱主生平事迹的著述，能起到知人论世的作用。陆侃如、冯沅君夫妇相识联姻，亲密合作，共同生活达半个世纪，用年谱的形式把他们的生平事迹加以整理记述，不仅能以时间为线索，为今后进一步研究他们提供比较全面、可信的史料，了解他们的生存处境和生活历程，进而推动中国现代学术的传承与发展，同时也是为现代学术史、文学史存传史料的一种形式。正是缘于上述的考虑，我不揣浅陋，在前贤时彦各方面已有成果的基础上，尝试编著《冯沅君陆侃如年谱长编》。

在本年谱的编著过程中，除了遵循编著年谱的一般规则外，还特别突出了下面三点：

一、重视谱主的生存处境。本年谱每年在叙列谱主的主要事迹、思想和著作等（年谱的主体）之前，先简列谱主的生存处境，记与谱主关系比较密切的政治、经济、文化学术（主要是有关文学的）等方面的重要生态，以明谱主生存的社会境遇、时代氛围、学术概貌。之所以先列上述内容，主要是因为谱主同许多知识分子一样，他们的一生都是在互联互动的整体社会背景和文化场域中度过的。生存处境与个人命运缠绕在一起。他们的人生和命运不是自己能够完全掌控的。生存处境是严峻的，有时是相当残酷的，是个人无法拒绝的，是难以承受的，但也不得不承受。生存处境在很大程度上决定了谱主的命运，支配着他们的思想、言论和行动。他们既受所处社会背景和文化场域的深刻影响，又自觉或不自觉地用自己的言行和著作等参与了社会和文化的解构与建构。生存处境激励过他们，塑造过他们，也压抑、扭曲、伤害过他们。人文社会科学领域中的诸多问题，离开了其社会境遇是很难解释清楚的。“知人”应“论世”，只有了解他们的生存处境，才能以同情的心态认识他们，理解他们。另外，本年谱把谱主的生存处境的重要事项，按年简要地予以叙列，当能减少研究者和读者的一些查寻翻检之劳。

二、力求史料真实、丰富、立体。真实的史料是谱主的经历、思想感情的主要载体，隐含着活的生命。真实史料是年谱的根基，是年谱的生命。不真实的年谱，只会损害谱主，贻害读者，扰乱历史。本年谱的编写，坚持真实第一这一根本原则，尽力网罗、集成多年来存留、搜集到的各方面的可信的史料，弥补被掩盖、被删除的史料，纠正已经发现的不真实的史料。努力做到保持原生态、历史实在，记述谱主所处的真实社会情境，真实的人生，真实的事迹、思想、情感、著作等。尽量做到持之有故，不做无证之言。叙写谱主光彩照人的人格、优长、业绩，不溢美；记载他们的困惑、无奈、局限、缺陷、弱点，不隐讳。努力做到对历史负责，对文化负责。在具体取材和写法上，采用资料性、学术性、传记性相统一的原则，立足于客观陈述，不囿于意识形态的框架，力避简单化和过分的本质化。目的是写出谱主真实的一生，既注重记叙谱主重要的经历、事迹和著述，也不忽略一些重要细节。年谱是谱主的一部生命史，也是一部心灵史。谱主既有那一代知识分子的共性，又有特殊的小环境凝成的个性。谱主的人生是复杂的，丰富的，鲜活的，是由许多重要事件和细节构成的，其中有些带有偶然性。如果说重要事件是谱主的骨骼的话，那么富有意味的重要的细节则是他们的血肉。有些细节，有助于揣摩谱主的性情气质和偏好。历史的真实，往往基于细节的真实。有些细节，还能使某些模糊的重要事件得以清晰。本年谱注重从多角度叙述谱主的立体的人生，同时借以折射出某些历史的侧影。从谱主独特的家庭背景、命运沉浮、复杂的动荡的生命历程中，可以窥见许多20世纪变动不居的社会场景和某些历史的背影。把他们重要事件和重要细节结合起来，使读者读起来，有亲切感，不会感到枯燥乏味，而能感受到谱主在风雨变幻的人生处境中热爱祖国、追求进步、学识渊博，感情上有悲欢、内心有矛盾、性格上有欠缺的真实的一生。

三、注重全面掌握、鉴别史料。史料是编写年谱的基础。本年谱的编写，本着“竭泽而渔”的目标，注重全面地掌握史料，既注意全面搜集前此各种著述中已经使用过的史料，也尽力搜集前此未发现的史料。有关陆侃如、冯沅君夫妇的史料，尽管有许多已经散佚了，但存留下来的还是相当丰富的。其中大量的是在他们自己的著述（包括许多未出版、未公开的）中，也有不少散见在他人的著述中，还有一些保留在人们的记忆里，保留在许多日记、书信、档案、年谱、手稿里。我在编著此年谱的过程中，在注意搜集前此各种著述已经使用的史料的同时，还特别注意广览博读，搜集前此未发现的各种史料，阅读了大量的文字史料，也访问过与谱主有直接交往的一些前辈，发现了大量的新史料。史料都是“过去时态”的，即使是第一手史料，也难免有这样、那样的差错，至于第二手史料在流传的过程中，出现的差错则更多。因此，我在编著此年谱的过程中，对掌握的史料，下了一些考订的功夫，注意鉴别真伪，去粗取精。努力做到真实、恰切、严谨。期望为后人继续研究、认知冯沅君、陆侃如，继承和发扬他们的高尚品格和卓越业绩留下一些真实历史的记忆，为中国现代的知识分子的历史，留下一份鲜活的档案、史料，留下一份文化资源。

我在编著这部年谱的过程中，基于不自欺、不欺人，不自误、不误人的心态，工作是认真的、审慎的，想把两位先生的年谱编得完整、可信、可用，但期望和实践的结果总是有差距的。由于生性愚钝，见识有限，再加上又到了奔九之年，精力有限，年谱中肯定存在着一些疏误，恳切地盼望得到各位的不吝指教。对各位的指教，我表示由衷地谢忱！

（本文系2020年国家社科基金后期资助项目《冯沅君陆侃如年谱长编》阶段性成果）

（作者单位：山东大学文学院）

跨越时空的存在之思:《没有人给他写信的上校》与《老人与海》的生命书写比较

惠 欣

内容提要:《老人与海》自诞生之日起便成为国内外学者研究的焦点，桑迪亚哥已然成为“硬汉”的代名词。同一时期，加西亚·马尔克斯在《没有人给他写信的上校》中也塑造了一位以等待来抗争的老人形象，但这部被作者本人认为“无懈可击”的中篇小说在学界却未引起关注。事实上，无论在人物塑造、主题意蕴还是文体风格方面，两部小说都有着极大相似性。海明威与马尔克斯都以冷静客观的笔触讲述了饱受苦难的老人如何以自己的选择坚守内心的信念，如何以自己的行动面对生命的存在。主人公在既定境遇之下不同寻常的选择和坚定的行动，正展现了人在面对苦难时所迸发的顽强意志与坚韧毅力。本文拟从“抗争精神”这一关键词出发，探讨海明威与马尔克斯如何书写个人生存困境与主体的积极行动，两位主人公承受着外界重压、心灵孤独以及荒诞命运，但对尊严的坚守、对苦难的承受和对命运的反抗都潜藏在两位老人形象之中。这样的书写充分展示了海明威和马尔克斯对“人之存在”这一亘古命题的深切思考与理解，同时也为思考现实与人生的复杂性提供了美学范型。

关 键 词:海明威 马尔克斯 生命 抗争精神 存在主义

“生命”，是文学创作中永恒的母题。从古至今，无论东方还是西方，人们都在以不同的方式叩问着生命的存在，思索着应如何度过自己的一生。而这一问题的答案从来没有也永远不可能被回答穷尽。把天火偷到人间的普罗米修斯由于违反上帝意志而受尽苦难，解开斯芬克斯之谜的俄狄浦斯无论有着怎样善良的动机和坚定的行动也无法逃脱命运的安排，奋不顾身主持正义的堂吉诃德总是忍受无尽的嘲笑与捉弄……这些悲剧故事的主人公承受着愿望与现实之间的巨大悖谬，然而，他们的行动本身却都体现了人类可贵而崇高的品质——抗争精神。

二十世纪中叶，美国作家海明威与哥伦比亚作家加西亚·马尔克斯，同样以他们的作品表达了对生命存在的相似看法。1951年创作于古巴的《老人与海》为海明威赢得了诺贝尔文学奖，小说中塑造的渔夫桑迪亚哥是世界文学史上经典的“硬汉”式英雄形象。这位年迈的老人孤独而又倔强地划着小船前往深海，在与茫茫大海以及自身心灵搏斗的过程中，从未想过放弃，也从未被绝望打倒。他总是抱着坚定的信念去追求尊严、找寻希望。这种永不服输的硬汉精神，代表着整个人类所拥有的坚韧品格。与之相隔不久的1961年，马尔克斯创作了《没有人给他写信的上校》，作品中同样塑造了一位丰满的老人形象。天真纯洁的上校怀揣着希望，数十年来苦苦等待着政府承诺的抚慰金。在时间的流逝中，老上校经历过无数次的绝望时刻，但他从未放弃等待，仍旧每周五去港口期盼着能有人给他写信。这种等待是对绝望的反抗，也是对希望的坚守。

加缪坦言：“真正严肃的哲学问题只有一个，那便是自杀。判断人生值不值得活，等于回答哲学的根本问题。”[①]被加缪称为“荒诞英雄”的西西弗斯，明知毫无自由却仍反抗着绝望，明知前途无望却仍坚守着希望。在时间的流逝中，这种“无用而充满激情”的反抗，造成了人自身的永久的痛苦。然而，“攀登山顶的拼搏本身足以充实一颗人心”[②]。桑迪亚哥与老上校在他们的生命中经历着肉体上的苦痛、心灵上的孤独以及苦难下的绝望，而在种种困境之中，他们都顽强而有尊严地活着。尽管艰难，但他们却以自己的方式回答了生命本身存在的意义。

一、生活：绝境中的反抗

《老人与海》和《没有人给他写信的上校》中的两位老人都是面对困难敢于拼搏的“硬汉”形象。桑迪亚哥以自己的意志和智慧与威力无穷的大自然进行着顽强的斗争，老上校用尽一生坚持等待的执着行为同样体现了对社会现实沉默却有力的反

① ［法］加缪：《西西弗神话》，沈志明译，上海译文出版社2013年版，第4页。

② ［法］加缪：《西西弗神话》，沈志明译，上海译文出版社2013年版，第131页。

抗。他们忍受着饥饿和疾病，拖着老迈病弱的身躯与强大的外部世界进行着英勇抗争。“人对生命的依恋，具有某种比世间一切苦难更强的东西。”[①]两位老人固执的抗争行为所证实的正是人类对苦难的勇敢承受和对生命的热爱。

（一）外界现实的重压

桑迪亚哥与老上校的生命都遭受着强大外部力量所施加的重压。面对变幻莫测的自然界，老渔夫和鱼群在大海之上进行着争夺食物的生存竞争；面对残酷罪恶的社会现实，老上校在潮湿的小镇度过每一个贫病交加的日子。在巨大的威力面前，两位老人瘦弱的身躯显得极其渺小，他们在异己力量的阴影下遭受着无尽而绵长的痛苦。

《老人与海》是一曲人与自然搏斗的赞歌。无论是桑迪亚哥，还是大马林鱼和鲨鱼群，都在茫茫大海之中为了生存而拼尽全力。桑迪亚哥作为代表文明和智慧的人类，划着载有工具的小船进入了动物的地盘。而越往深海处走，来自大自然的危险越大，老人的行为也越接近动物本身。我们可以在小说中看到那种原始的、蛮荒的血腥场面，人、鸟、马林鱼、鲨鱼群……都在大海中争夺食物，进行着生存的竞争。桑迪亚哥在海上与大鱼的搏斗、马林鱼在海面之下痛苦的拖行、鲨鱼群对马林鱼的凶残撕扯，所遵循的正是弱肉强食的动物界法则。[②]在海上的三天三夜，老人所处的环境充斥着各种潜在的危险：大海的汹涌澎湃、大马林鱼的强壮身躯、鲨鱼群的猛烈来袭……其中任何一种力量几乎都能瞬间吞噬老人的生命。在远离陆地的深海，一切生命都是平等的。为了生存，无论是人还是鱼，都只能靠自身力量在无情的斗争中拼尽全力。为了在这残酷的环境中活下去，“痛苦”在所难免。渔夫桑迪亚哥消瘦而憔悴，脸上的皱纹很深；热带海面上太阳的反射光线引起了皮肤病变，导致他的腮帮遍布着褐色的斑；由于常年用双手拉大鱼，手上被绳索勒出深深的疤痕；衬衫上盖着层层叠叠的补丁，犹如那块象征着失败的破布桅杆……古老沧桑的面庞，见证着老人在岸上贫苦的生活、常年在海上遭受的风吹日晒，以及与大鱼所进行的残酷斗争。人与鱼的一场场激烈搏斗中所遭受的肉体疼痛，正显现了在蛮荒的自然界之中生存的不易与艰辛。

---

① ［法］加缪：《西西弗神话》，沈志明译，上海译文出版社2013年版，第8页。

② 聂珍钊：《〈老人与海〉与丛林法则》，《外国文学评论》2009年第3期。

《没有人给他写信的上校》这部以相对客观的手法创作的抒情小说，同样揭示出社会现实残酷的一面。[①]二十世纪中叶，哥伦比亚大陆发生着不间断的暴力事件，“在那由独裁者统治的社会里，充满着愚昧、卑鄙与罪恶，到处是欺诈、侮辱与迫害。”[②]在国家处于水深火热状况之时，马尔克斯怀着对人民的深切同情，创作了《没有人给他写信的上校》。然而，很多人在当时发出质疑，认为“这部小说什么也没有控告，什么也没有揭露”。但作为一名对现实有着独特思考的小说家，马尔克斯对暴力事件有着完全不同的看法，“当其他人只描述警察如何进入小镇，如何强奸妇女，如何砍下孩子们的脑袋这样的悲剧时，我考虑的是这一切所带来的社会严重性”[③]。因而，小说中并没有直接描写惨痛的暴力事件，但不可否认，《没有人给他写信的上校》是一部现实主义力作。小说中所描写的一切，若明若暗地构筑着一种被历史遭遇覆盖的叙述语境。[④]社会的黑暗、当局的独裁统治、巨大的贫富差距、人与人之间的冷漠等都在小说中昭然若揭。而那位没有人给他写信的老上校，则在这样的环境下无奈地生活着。他一生的艰难处境正是残酷现实所带来的可怕后果，代表着哥伦比亚甚至整个拉丁美洲人民的悲惨命运。上校年轻时曾为国参战，立下赫赫战功，退伍之后，新政府承诺给这些士兵一笔抚慰金，让他们安度晚年。天真纯洁的上校怀抱着希望，数十年来苦苦等待着政府的抚慰金，每周五准时去港口期盼着能有人给他送信。到了暮年，他已然在漫无尽头的等待中成了一个“枯瘦的老头，浑身的硬骨头就像是用螺钉螺帽接起来的一样，唯有双眼倒是炯炯有神，看上去才不像是在福尔马林药水里泡着的”[⑤]。善良的老人看不清社会的残酷，怀抱着对新政府的极度信任和对现实的美好期盼，在贫苦、饥饿、疾病中艰难度日，等待着那封不知何时会到来的信件。然而，老上校始终未能等来那笔抚慰金，正如马尔克斯本人所说：“未等来是因为社会不公正，是因为官僚主义手续多得数不清。”[⑥]可以说，

---

① 许志强：《魔幻现实主义与加西亚·马尔克斯的变法》，《外国文学评论》1998年第4期。

② 张国培编：《加西亚·马尔克斯研究资料》，南开大学出版社1984年版，第33页。

③ 尹承东、申宝楼编译：《马尔克斯的心灵世界——与记者对话》，中央编译出版社2015年版，第363页。

④ 李庆西：《话语之径（三）》，《当代作家评论》2004年第3期。

⑤ ［哥伦比亚］加西亚·马尔克斯：《没有人给他写信的上校》，陶玉平译，南海出版社2013年版，第6页。

⑥ 朱景冬：《两百年的孤独——〔哥伦比亚〕加西亚·马尔克斯谈创作》，云南人民出版社1997年版，第45页。

正是社会现实的罪恶造成了老上校一生的苦难。

在自然与社会的现实重压下，两位年过半百的老人为了生存忍受着极度的苦痛。桑迪亚哥与老上校所遭受的苦难正显现了外部力量的强大与人自身的渺小之间的巨大差异。

（二）坚韧抗争的“硬汉”

可以说，《老人与海》和《没有人给他写信的上校》均属可歌可泣的英雄主义赞歌：两位主人公身处困境之中，却都未轻言放弃，而是拼尽全力去坚守与抗争。面对看似无法战胜的强大力量，桑迪亚哥和老上校都以坚韧不拔的毅力和敢于拼搏的勇气予以回击。他们以自己的行动诠释了作为一个人在面对苦难时所应当具有的精神——人可以被消灭，但不能被打倒。

面对大自然的神秘力量，桑迪亚哥依靠智慧和勇气与大海展开了不屈的较量。与丹尼尔·笛福笔下怀抱战胜自然的野心航行于危机四伏的大海之上的鲁滨孙一样，桑迪亚哥同样带着征服海洋的欲望前往谁也没有到过的远方去战斗，这都体现了西方人所固有的冒险进取和探索拼搏精神。老人的身上一切都显得十分古老，但却仍有着一双像海水一样蓝、愉快而不服输的眼睛。而正是艰辛的生活环境造就了老人沧桑的面庞，与此同时，勇于冒险拼搏的西方民族精神却也铸就了他“硬汉”一般不服输的灵魂。在八十四天毫无收获的情况下，桑迪亚哥没有退缩，而是在第八十五天带着希望和信心独自一人前往深海。太阳缓缓从海平线升起，老人要找的大鱼却迟迟不见踪影。在桑迪亚哥看来，“每一天都是新的一天，走好运自然是好，只是我做事务求精确。这样，等运气到来的时候，我就已经准备好了”[①]。因而，当那条大马林鱼上钩的时候，老人早已经准备好了钓索和足够的意志去对付它。大鱼拖着小船不停地向大海深处游去，老人也紧紧攥着勒在背上的钓索。在这两天两夜的僵持中，年迈的渔夫被大鱼无情地拖行于大海之上，忍受着极大的痛苦。然而，大马林鱼用它全部的力量，也未能战胜老人的智慧和意志。桑迪亚哥在茫茫大海之上，保持着优雅的姿态，证明了一个人究竟有多大的能耐，也展示了一个人在面对苦难时所应有的风度。

相比桑迪亚哥在海洋上与鱼群激烈而勇猛的搏斗，生活在边缘小镇的老上校的

---

① ［美］海明威：《老人与海》，马丽荣译，河南文艺出版社2012年版，第23页。

等待行为则显得无趣得多。然而，日复一日地沉默等待背后，却同样隐藏着震撼人心的抗争精神。上校对退伍金的等待，并不仅仅是为了获得一笔钱使他和老伴的日子能好过一点，更是因为他坚信新政府不会忘记他们这些老兵。他说："这不是施舍，不是他们对我们的恩赐。我们这些人当年为拯救共和国是立过汗马功劳的。"然而，正如那无动于衷的律师所言："没错，上校，可人们总是忘恩负义。"[①]那封石沉大海的信件，仅仅是因为人们的忘恩负义。这一简单又滑稽的理由，却几乎足足耗尽了老上校一生的时间和心力。而像上校这样的老人还有很多，他的战友们都在等待中死去，唯有他，仍然靠着对来信的期望勉力活着。在小镇十月的雨季里，上校总是在每个周五拖着那副已经朽了的老骨头去码头等信，而每次都是局长头也不回地回答心惊胆战的老人：没有人写信给上校。老上校的希望一次次落空，但快六十年过去了，老人仍在等待。可以说，等待，就是老人面对苦难的方式，更是他对丑恶现实所发出的沉默而有力的强烈控诉。

面对严酷的外部世界，桑迪亚哥和老上校所表现出的行动方式是不同的。然而，无论是大海中与鱼群的激烈搏斗，还是漫长的趋于平静的等待，都是人们以自身力量去对待生命的各种难题。他们承受着深重的苦难，但对尊严的坚守和对强大外部力量的抗争，却贯穿于两位老人生命的始终。

二、心灵：孤独中的温情

"孤独"向来是文学创作中的不朽母题，古今中外众多作家都曾探讨过这一人生的常态。而《老人与海》与《没有人给他写信的上校》的一个重要主题便是表现人的孤独和痛苦。漂泊在大海之上瘦弱而又老迈的桑迪亚哥，等待戈多式的无助而又执拗的老上校，都在岁月的流逝中经历着每分每秒的心灵煎熬。然而，正如加西亚·马尔克斯在他的获奖演讲中所言："面对压迫、掠夺和孤单，我们的回答是生活。无论是洪水还是瘟疫，无论是饥饿还是社会动荡，甚至还有多少个世纪以来的永恒的战争，都没有能够削弱生命战胜死亡的牢固优势。"

① ［哥伦比亚］加西亚·马尔克斯：《没有人给他写信的上校》，陶玉平译，南海出版社2013年版，第34页。

(一)无可逃遁的境遇

从《老人与海》与《没有人给他写信的上校》中，可以看到两位孤独老人的生命状态。面对自然和社会的挑战，桑迪亚哥和老上校以坚定的信念承受了一切苦难，然而，所有坚韧的品性仍旧无法掩盖他们心灵的巨大孤独。小说中充溢着的强烈孤独感，正表现了作者的创作初衷及其想要揭示的人生境遇。

桑迪亚哥是毋庸置疑的英雄形象，然而，这位坚韧抗争的“硬汉”却是孤独无助的。这个经常只身出海捕鱼的老人，无儿无女，没有同伴，也没有助手。妻子已经去世，挂在墙上唯一留下的两幅画也已经被他用衬衫遮挡了起来，以使自己不至于感到那么孤独。连曾经和他一起捕鱼的小男孩马诺林也被父母禁止再和他一起出海。酒馆里的其他渔夫总是满载而归，唯有自己许多天依旧两手空空……而桑迪亚哥心灵中更深层的孤独感其实来自他人对自己的不理解。老人的船每天都是空着回来，小男孩的父亲无法理解老人所要追求的，于是吩咐孩子离开老人，去往一条更能带来好运的船。小男孩的离开，无疑也带走了老人在世界上仅剩的慰藉，也使得老人不得不放弃带男孩出去闯一闯的想法。年轻渔夫总是拿老人开玩笑，上了些年纪的渔夫也只能望着老人感到难受。他们每天去近海捕鱼，总是有着丰厚的收获。而桑迪亚哥却倔强地划船前往远离陆地的深海去进行自己的战斗，去追求自己的光荣。茫茫大海之上，空无一人，没有人和他说话，更没有人理解他这独战的勇士。小说结尾，老人在拼尽全力搏斗之后，带回岸上的却只剩下大马林鱼的骨架。付出了如此之多，到头来却是一场空。桑迪亚哥最后梦到的沙滩上的狮子，象征着高贵和不服输的韧性，也预示着老人终究无法逃脱孤独的命运。

用尽一生去等待的老上校，也在漫漫孤独中度过自己的生命。自从退伍之后，老人便和妻子过着贫苦的生活，他们唯一的念想就是等待着那封信以及喂养去世的儿子留下的斗鸡。在等待的过程中，老人孤独地度过每一个艰难的日子，不被别人理解，也不曾得到过任何帮助。尽管镇子上的所有人都知道老人在等待着什么，但当听到邮局局长告诉他“没有给上校的任何东西”时，他只能无奈又悲伤地说“我没在等什么，没人给我写信”，然后默默回家，面对妻子的质问。这可怜的谎言，毫无力量，更加凸显老人的孤独。老人一次又一次绝望，也一次又一次摆出自信而又充满天真期待的神态。唯一可能理解上校的老战友们也都要么被打死，要么被赶走，要么就是在等待信件的过程中死去。老人是孤立无援的，他甚至会在梦中感受到自己躺在革命军的行军床上。这正是上校过去光荣身份的象征，老人之所以梦到自己曾经的行军生涯，是因为他无法忘记那有价值、有尊严的生活。一次又一次的梦境和幻觉，暗示着老人辉煌的过往和凄惨的现在。这鲜明的对比，将老人的孤独表现得淋漓尽致。在小说结尾，当老人用他一生中积累的所有经验回答妻子"吃屎"的那一刻，证明了世界上所有的苦难再也无法打倒这位老人。而同时，所有的委屈、孤独和失败也都在这一瞬间涌现了出来。

桑迪亚哥与上校的整个生命都经历着巨大的孤独，他们身在绵长而痛苦的绝望处境之中，怀抱着纯洁的期待和不容践踏的尊严孤零零地生活着。两部小说对人物孤独境遇的描写是残酷、深刻的，却也真实地表现了现实中人的心灵状态的某些方面。而这种对心灵深处的痛彻心扉的揭示，构成了小说潜在而又震撼人心的力量。

（二）慰藉心灵的力量

毫无人烟的大海，犹如一片巨大的深渊，吞噬着老渔夫桑迪亚哥那瘦小的身体，也淹没了他心灵本应当感受到的温暖。在那个浑浑噩噩的小镇里潮湿的十月雨季，身患关节炎的老上校和他那患有严重哮喘病的妻子，也总是在饥饿、贫穷、疾病的绝望中挣扎。然而，没有人是一座孤岛。两位老人在各自的生命中感受着心灵的慰藉，他们的沉重孤独感也在某种程度上获得了释放。

小男孩马诺林在小说中更多是作为老人在海上捕鱼时的想念对象出现的。然而，看似不起眼的小男孩却对桑迪亚哥形象的塑造起着重要作用，并增强了作品情感上的感染力。马诺林是老人在海上孤独前行中内心深处的依靠，桑迪亚哥的所作所为也使得小男孩逐渐摈弃世俗的捆绑而走向成熟。老人与马诺林之间的互相关爱和共同成长正展现了人与人之间细腻而深厚的温情。小男孩是桑迪亚哥生活中的唯一伴侣，也是他出海捕鱼远离陆地时背后的守护者。马诺林从五岁开始便一直陪伴在桑迪亚哥的身边，跟着这位老人学习捕鱼的技巧，和老人一起谈论棒球队的比赛，为熟睡的老人盖上旧军毯，鼓励老人，关心老人。小男孩尽管年纪很小，但却是所有人里唯一理解老人的。因而，小男孩在桑迪亚哥的心里有着无法替代的特殊地位。也正因如此，当小男孩不在老人身边时，老人才会在茫茫大海之上多次呼唤男孩的名字，多次渴望着马诺林的陪伴。在残酷的人鱼搏斗之中，桑迪亚哥在海上对小男孩的十几次呼唤，使得强烈的"爱"飘荡在那令人无依无靠、倍感孤独的大海之上。小说结尾，看着失败归来精疲力竭的老人，马诺林泪流满面甚至放声大哭。他为老人身上的累累伤痕而心痛，更为拼尽全力而一无所得的结局而悲伤。小男孩发自内心肯定了老人的英雄气概，带着最高的崇敬回归到老人身边。而老人对孩子回归的接受则反映了“特别是1937年以后海明威的哲学与艺术其实一直是趋向于回归社会的”[①]。正因小男孩的存在，桑迪亚哥在漫无边际的孤独中感受到了脉脉温情，获得了难能可贵的慰藉心灵的力量。

老上校，是一位除了每周五去码头等信之外再也无事可做的人。在等待的漫长几十年中，老人受尽了苦难。面对肉体上的苦痛，上校默默忍受着身体的疾病所带来的煎熬；追求尊严与希望过程中的绝望，老人用不懈的等待给予了回应；而每一个白天和黑夜里的孤独，老人也和桑迪亚哥一样，并不是仅仅依靠着自身的力量支撑着心灵。马尔克斯曾谈到，他笔下的女人坚强，善于忍耐，持之以恒。而男人们则善于从事疯狂和壮烈的事业，但他们在逆境中表现出软弱，总是要靠女人的支持，因为女人在逆境之中像岩石一般坚不可摧。老上校的妻子不止一次地向丈夫怒吼，逼迫他将斗鸡脱手卖掉以换取一点口粮，告诫他尊严是不能当饭吃的。这个女人尽管不完全理解上校，也不像丈夫那样毫无保留地追求人格的不可侮辱，但这位瘦弱而又善良的老妇人，的的确确在上校寂寞的一生中带给他些许安慰。她从无奢望，唯一期待的只是能够在第二天早晨醒来时饭桌上不至于一无所有。山穷水尽之时，她不得不在锅里煮石头，以免左邻右舍知道自己揭不开锅。面对丈夫的执拗行为，她百般不解甚至劝他放弃，但同时却也甘愿陪着老上校忍受贫苦和饥饿，在那散发着阴湿气味的漏雨的破屋进行着漫无边际的痛苦等待。另外，那只去世的儿子留下的斗鸡，其实也象征着老人的精神寄托。老人整日里不仅要为自己和妻子的食物担惊受怕，还要想方设法获取那只鸡所吃的玉米。老人总想着喂养那只斗鸡，好让它在斗鸡比赛中拔得头筹，从而换取食物。这自然是老人精心抚育这只斗鸡的最重要的理由。但不可否认，这种固执的行为，象征着老人对去世儿子的深切思念。小说中只有几处稍稍提及了上校儿子的死因，但全篇所精心着墨的喂养斗鸡的情节，从侧面展现了老人对去世儿子的无比思念，也显现了这位没儿没女的老人心灵的孤寂。因此，活蹦乱跳的斗鸡的存在一定程度上缓冲了老人对儿子的思念，也暂时释放了老人的孤独情绪。

可以看出，海明威和马尔克斯都十分重视人与人之间在孤独中所产生的真情。

---

① 王枫:《论小男孩在〈老人与海〉中的作用》,《外国文学评论》1999年第2期。

这种弥足珍贵的人间真情又何尝不是人们用来挣脱心灵绝望的积极抗争？小男孩与桑迪亚哥在冷酷的大自然面前所建立的坚固友谊，老妻子在冷漠无情的社会现实中对上校苦难的甘于承受，都给予了两位孤独的主人公以莫大的安慰和力量。小说中对人物心灵孤独的揭示是残酷的，而两位老人生命中所感受到的温情却为黑暗寒冷的心照进了一束光亮。

三、存在：苦难下的选择

二战期间兴盛的存在主义认为人生是荒谬的，按萨特的说法，人无缘无故被抛到世界中，而这种被抛一旦实现，人一旦存在于世，人就拥有了绝对的自由。这种自由是我们所必须承担的沉重命运，同时也造成了人的无家可归感和不可避免的痛苦。曾有人对存在主义发出诘难，认为其描绘了一幅悲惨荒诞、毫无希望的世界图景，强调了人类处境中绝望阴暗、孤苦伶仃的一面。针对这种责难，萨特辩护道，存在主义，是一种使人生成为可能的学说，是乐观的和行动的学说，是唯一配得上人类尊严的学说：因为它是用行动说明人的性质的；因为它把人类的命运交在他自己的手里；因为它告诉人们除掉采取行动外没有任何希望。①《老人与海》和《没有人给他写信的上校》中的两位老人在无意义的人世间挣扎于荒诞的命运之中，忍受着无尽的捉弄。然而，面对看似绝望的结局，他们以坚韧不拔的毅力为自己的生命创造了希望；面对看似毫无意义的人生，他们以不同寻常的选择为自己的生命缔造了意义。这种毫不逃避现实、直面惨淡人生的积极行动本身，正体现了存在主义的自由选择思想。

（一）无意义的荒诞人生

尤内斯库曾对“荒诞”一词作出定义：“荒诞是缺乏目的……切断了他的宗教的、形而上的、超验的根基，人迷失了，他的一切行为都变得无意义、荒诞、没有用处。”②为了度过自己所真正想要度过的人生，桑迪亚哥和老上校不顾一切冲破命

① ［法］萨特：《存在主义是一种人道主义》，周煦良，汤永宽译，上海译文出版社1988年版，第21页。

② 转引自［英］马丁·艾斯林：《荒诞派戏剧》，华明译，河北教育出版社2003年版，第8页。

运的牢笼。然而，他们承受着难以承受的苦难，最终却仍旧一无所有。就像那两位等待戈多的流浪汉，他们在时间的流逝中忘记了时间的存在，在毫无意义的荒原中呼喊着意义。这种看似无意义的执拗行为也就构成了小说中隐约显现的荒诞感。

《老人与海》中流露出海明威强烈的虚无观念和宿命论思想。“在一个冷酷无情的西方世界，个人往往无法反抗，反抗后也往往遭到失败或被消灭。”[①]小说中若隐若现的神秘命运操控着一切，而人越是拼命抗争，世界越显得荒谬。桑迪亚哥在那场耐力与意志的较量中，等待着大鱼用它全部的力量，来对抗自己仅存的意志和智慧，打算着把它拖到死为止。桑迪亚哥在大海之上忍耐着极大的痛苦战胜了大马林鱼。然而，世界似乎跟他开了一个玩笑，在尝到最初的喜悦之后被告知，苦难还没有结束，好运总是不能持久。大马林鱼暗红的血扩散在海里，吸引了海水深处的鲨鱼群，它们一只接着一只，撕扯着老人拼尽全力捕获的马林鱼。船越来越轻，等到老人回到岸上的时候已是一无所有。面对茫茫大海，面对威力无穷的大自然，老人在短短三天经历的是常人难以想象的痛苦。桑迪亚哥带着一腔热血出发，归来时却两手空空，一切都在宣告着老人失败者的身份。在与茫茫大海搏斗的过程中，老人拼尽了全力却依旧无功而返，做了所能做的一切却还是无法摆脱悲剧的命运。尽管海明威曾经拒绝对《老人与海》的过度解读，[②]然而，著名的海明威研究学者卡洛斯·贝克曾指出：“很明显，海明威运用基督教象征手法，艺术般地加强了其悲剧比喻的力度。”[③]可以说，在变幻莫测的大海中与大马林鱼的搏斗正象征着人在现实社会中对理想的追求，而这一过程注定充满艰辛和痛苦。鲨鱼群的出现则象征着人无论如何抗争和拼搏，也无法摆脱命运的安排。

而自内战结束的五十六年以来，那位没有人给他写信的老上校唯一做的事情只有等待，而等到的东西却屈指可数。老人将生活的全部希望寄托在政府，寄托在一封可能永远也不会到来的信。而这封信可以象征着很多东西。正像马丁·艾斯林对《等待戈多》的一番评论：“在我们的全部一生中，我们总是在等待什么东西，戈多只是代表了我们等待的对象——它可以是一个事件、一件事物、一个人、或者死亡。

① 杨仁敬：《论海明威与存在主义》，《外国文学》2015年第3期。

② 董衡巽编选：《海明威谈创作》，生活·读书·新知三联书店1985年版，第138页。

③ 熊伟、侯铁军：《清教预表法与美国文学中的救赎主题——以〈白鲸〉、“海上扁舟”和〈老人与海〉为例》，《外国文学研究》2008年第3期。

此外，正是在等待行动中，我们体验了最纯净、最明显的时间流逝。如果我们活动，我们很容易忘却时间的流逝，我们度过了时间，但是如果我们仅仅消极等待，我们就将面对时间本身的行动。”①可以说，老上校的一生是等待的一生。这种没有希望的等待是可悲的，它形成了上校苦难的人生底色，也构筑了其人生的全部。上校之所以能用一生的时间去等待，正是因为他对新政府抱有希望。他始终坚信，政府不会忘记他们这些曾经为了国家去战斗的战士们，坚信着政府一定会给他们送来抚慰金。正是老上校这种执着的信念和纯洁的理想，支撑着他年复一年，耗尽整个生命去等待。但现实却并不是上校心中所想，真实的世界更加丑陋，更加罪恶不堪。因而，这样的等待其实根本是徒劳无益的。但上校却认不清现实的残酷，怀抱着堂吉诃德式的理想主义，凭着自己心中的信念去生存，去面对整个世界。而人的坚韧耐性与目标的注定不可得之间的巨大悖谬，构成了老人的悲剧命运，也使得老上校执拗的等待行为在时间的流逝中显得极为荒诞。

在神秘的命运面前，桑迪亚哥与老上校心中的纯洁理想与信念显得十分渺小，甚至毫无价值。两位老人身处无端的困境与漫无边际的绝望之中，执着地选择着生活的道路，呼喊着存在的意义。而这一切坚韧行为所能带来的结果都是不确定的。带回岸上的可能是丰满的大马林鱼，也可能是被撕得粉碎的骨架；那封信可能在某一个周五到来，也可能永远没有人写信给上校。因而，两位老人便只能在这种不确定中经历着希望与绝望的交替。而这种看似荒诞的行为也就造成了人自身的痛苦。

（二）寻求自身的存在

尽管桑迪亚哥最后带回的是只剩下骨架的马林鱼，但他却在大海之上战胜了自己；尽管老上校最终还是没能等到那封信，但他也做了身为一个人所能做的全部。面对毫无希望的人生，两位老人以自己的坚定选择和积极行动证实了存在主义者所言：“一个人成为懦夫是根据他做的事情决定的……是懦夫把自己变成懦夫，是英雄把自己变成英雄；而且这种可能性是永远存在的，即懦夫可以振作起来，不再成为懦夫，而英雄也可以不再成为英雄。”②

---

① ［英］马丁·艾斯林：《荒诞派戏剧》，华明译，河北教育出版社2003年版，第27页。

② ［法］萨特：《存在主义是一种人道主义》，周煦良，汤永宽译，上海译文出版社1988年版，第20页。

面对悲剧的命运，桑迪亚哥带着俄狄浦斯那样“向死而生”的精神，打碎一切既定的规则，冲破命运的牢笼，以真实行动传达了自己的人生信条。曾经的桑迪亚哥年轻力壮，与黑人比手劲时用了一整天光景也要打败他成为冠军。而现在，他已然年老，不再身强体壮，而是显得消瘦憔悴。然而，老迈的桑迪亚哥所选择的依旧是赶到谁也没到过的地方去找他的对手。老人在海上也曾多次地质疑自己，他想过“我本可只管睡觉，在水中任意漂流”，想过“也许我不适合当渔夫”，也想过“现在我可算是被他们打败了”……然而，紧接着的便是老人一次又一次地对命运的抗争精神的显现：“但是，今天都已经是第八十五天了，我确实该好好钓一天鱼了”，“但是，这却正是我天生的行业”，“但是只要船桨、短棍和舵把还在我手里，我就要试一试”……这种在绝望下的勇敢的选择，正是老人对尊严的守护和对希望的坚守，更是对命运的反抗。桑迪亚哥在海上三天三夜的搏斗行为正是他对自己人生信条的践行。小说结尾，老人拖着疲惫的身子回到自己的窝棚，而在睡上一觉之后，他又将继续和小男孩重新去往那更远的深海，进行另一场战斗。面对命运的捉弄，桑迪亚哥选择以不屈的毅力和崇高的斗志予以不懈的回击，而这也正是人在既定的境遇之下所能够为自己争取到的自由。

同样，自从退伍之后，执拗等待的老上校的生活犹如一潭死水，信件、斗鸡构成了他对生活的全部期盼和希望。然而，面对一次次的绝望，老人用无尽的等待彰显了行动的力量，用乐观的态度打破了悲剧的命运。新政府对曾经英勇的士兵们的不管不顾，造成了老上校一生的苦难。善良的老人无论如何也无法相信人们怎么可能就这样轻易忘掉他们这些曾经立下战功的老兵。因此，深层次来看，上校对信件的等候，正是对自己内心纯洁理想的坚守。年复一年、日复一日的等待见证着老人瘦弱的身躯里那股牛的耐性，码头上一次又一次站着的身影正是坚韧的生命的闪光。在小说的结尾，快要饿死的绝望的妻子揪住上校的汗衫领子，使劲摇晃着：“那这些天我们吃什么？”“你说，吃什么？”“上校活了七十五岁——用他一生中分分秒秒积累起来的七十五岁——才到了这个关头。他自觉心灵清透，坦坦荡荡，什么事也难不住他。他说：‘吃屎。’”[①]老人在几乎没有一口粮食可以吃的绝境下，之所以内心坦荡，正是因为他在自身无法把控的现实面前作出了勇敢的选择，在苦难面前保

① ［哥伦比亚］加西亚·马尔克斯：《没有人给他写信的上校》，陶玉平译，南海出版社2013年版，第96页。

持了作为一个人所不应丢弃的尊严，正像他所说："我们做了我们该做的事。"

《老人与海》和《没有人给他写信的上校》字里行间都弥漫着"人无法决定自己命运"的沉重的悲剧意识，然而，桑迪亚哥和老上校的积极行动本身又带有明显的乐观精神。在无望的困境之中，两位老人以自由选择和顽强意志为自己赢得了尊严，以坚定抗争和无畏拼搏充实了自己的心灵。尽管一切都毫无把握，但凡是力所能及的，他们都去做了；尽管最终一无所有，但他们却在精神上获得了崇高的胜利。

结　语

在战乱频繁、非理性主义思潮蔓延的二十世纪中叶，加西亚·马尔克斯与海明威作为美洲南、北大陆的文学大师，都以自己的作品反映了他们对人之存在的深切思考。两位作家本人都有着不同程度的宿命论观念，《老人与海》与《没有人给他写信的上校》饱含着令人窒息的苦闷忧郁情绪，表现出强烈的孤独感。故事中的人物总是在绝境中进行无望的挣扎。在外界重压、心灵孤独与神秘命运面前，人似乎永远是无能为力的。然而，两位主人公在一切不可控的因素面前，以不屈的抗争保持了重压下的优雅风度。这种悲剧人生中的乐观精神正是小说中所隐含的震撼人心的力量。

两部小说都是人类战胜苦难的史诗，都回答了"人应如何存在"这一永恒的命题。外界的巨大压力、心灵的无尽孤独，以及无意义的荒诞命运都将两位老人抛入毫无希望的困境之中，然而他们却在重压下的坚韧反抗、人与人之间的温暖真情、荒诞中的自由选择中找到了人之存在的意义。桑迪亚哥和老上校坚守理想、维护尊严的品格，不亚于在波涛汹涌中战胜各种凶神恶煞的奥德修斯，不逊色于为了理想而忍耐各种嘲笑和痛苦的堂吉诃德，不失光彩于一生反复推着巨石爬上山顶的西西弗斯。尽管他们的命运可能是悲剧的，但他们在忍受肉体、心灵的种种苦难之时，谁又能明确地说他们不是幸福的呢？至少他们做事遵循了自己的内心，他们无愧于任何人。在既定的条件下，他们无畏地作出了自己的选择，尽管是更难走的那条路，但却在那艰难的过程中，闪耀着人性的光辉。

（作者单位：西安外国语大学中国语言文学学院）

图文的“统一”与“异轨”

——图文静态表情符号的意义衍生逻辑

冯鹤雪

摘　要：“图文静态表情符号”蕴含着图文“统一”与“异轨”的双向趋势，分别对应着“在场”与“娱乐”的双重功能。“统一”是“在场”诱惑下语图互文的心理体验，是意义的生产过程；“异轨”是隐藏在“统一”表象背后的离心实质，蕴含着对意义的解构与重构的深层机制。表情图像的同质模式解构了现实社会的话语秩序。但“在场”功能呼唤出的表意替身遮蔽了言说的本质意图，重构的只是回避意义的娱乐本质与消极抵抗姿态，这是语图“统一”与“异轨”张力下暗藏的符号危机。

关键词：表情符号　图文关系　在场　娱乐　意义

引　言

“表情包”是随着网络聊天平台的发展而产生的新型聊天工具，是对单一枯燥的文字传递信息方式的补充和进化。1982年在美国卡内基梅隆大学的网络论坛上，出现了字符“:)”表示微笑，这是“:)”首次在网络语境中表达情感，开启了表情包的发展历程，随后产生由绘画元素构成的emoji表情[①]，又发展到“兔斯基”等一系列卡通动漫形象的表情包。随着QQ等聊天软件的自定义表情包功能的诞生，表情包的使用者同

① 关于“表情包”的发展历程，见［加拿大］马赛尔·达内斯：《占领世界的表情包——一种风靡全球的新型社交方式》，王沫涵译，浙江大学出版社2018年版，第5—9页。

时又可以是制作者，表情图像与文字信息组合而成的图文表情包由此批量化诞生。

表情包的类型多样，根据不同的分类标准有不同的划分。比如根据图像主体，可分为真人类、卡通动漫类、动物类等；根据传达的情感类型，可分为戏谑类、搞笑类、夸张类等。

本文以“图文静态表情包”为研究对象，这个分类是以表情包构成要素的组合方式为标准，同时也宏观包括了图像类别与情感类型。“表情包”是网络通用的名称，在学理上，它兼具表情文字的“能指”和意义的“所指”，是“携带意义的感知”①，具备了“符号”的特质，因此本文将它命名为“图文静态表情符号”。

目前关于“表情符号”的“外部研究”成果较多，即其使用需求、传播效果、文化生态等。主要集中于情感传达、媒介传播、网络文化、青年亚文化等方面，运用的视角有传播学、语言学、文化研究、符号学等。饶广祥、魏清露的《“趣我”与浅平化：网络表情符号的传播与反思》②从表达效果的角度指出“表情符号”具有“反讽”特征，塑造一个“趣我”的形象，但是表意的单一模式会让交流变得肤浅；刘汉波的《表情包文化：权力转换下的身体述情和身份建构》③从文化研究的视角，审视表情包的对抗等级制度和身份差异的文化意义；吴志远的《“图像”武器：“表情包”的话语与意蕴》④以符号的现代性和后现代性为视域，揭示其“消极抵抗”和“自我解构”的修辞意义；屈济荣、李异平的《作为“图像行为”的表情包：符号、修辞与话语》⑤将表情包视为符号化的“图像行为”，从而带有隐喻意味，它不仅是表达情绪的工具，更融合了表情包使用群体的共同社会体验，反映了文化现状。

“表情符号”的使用弥合了文字聊天时对方缺席的缺憾，携带了单纯的文字信息无法表达的话语情感，在“读图时代”上演了一场全民图像狂欢。其中的“图文静态表情符号”是表情图像和文字的统一体，既有传统聊天的语言因素，又有新生的表情图像，那么其中的文字与传统聊天模式下的风格有何差异？文字与图像的关系

---

① 赵毅衡：《符号学原理与推演》（修订本），南京大学出版社2016年版，第1页。

② 饶广祥、魏清露：《“趣我”与浅平化：网络表情符号的传播与反思》，《福建师范大学学报》（哲学社会科学版）2018年第2期。

③ 刘汉波：《表情包文化：权力转换下的身体述情和身份建构》，《云南社会科学》2017年第1期。

④ 吴志远：《“图像”武器：“表情包”的话语与意蕴》，《新闻界》2018年第3期。

⑤ 屈济荣、李异平：《作为“图像行为”的表情包：符号、修辞与话语》，《编辑之友》2018年第10期。

如何？二者如何配合衍生意义？是怎样的内部机制让它在文化层面产生了作用？它的风靡又迎合了当下青年怎样的社会心态？这些问题的解决有必要从“图文静态表情符号”的内部研究着手，分析其语图关系。

一、“图文静态表情符号”概述

丁丽凤的《图文结合类表情包的语言学研究》是最早的专门研究此类表情符号的学术论文。该文对图文结合类表情包的定义是“出现在网络交际中的图像符号与语言符号相结合的网络交际语言”[①]。本文也沿用这一定义。

颜文字表情符号及emoji小黄脸、卡通动漫类，是由专业的表情符号制作者为商业利益成批制作的，而图文结合类表情符号则大部分出自网民之手。QQ软件的自定义表情功能甫一上线，网友可以自行制作表情符号，主要形式就是图片搭配文字，图文结合类表情符号就此诞生，但是还没有掀起热潮。直到“表情三巨头”——姚明、日本歌手花泽香菜、韩国明星崔成国——的表情走红网络，网友纷纷将他们的表情图像与文字拼贴，或者将脸镶嵌进蘑菇头、熊猫头中搭配文字。后来又出现了摔跤运动员德内罗以及张学友的表情符号。同时影视剧截图的表情符号也纷纷出现。除了真人表情，还有猫狗等动物神态搭配文字，也有自然景物为画面主体，比如一束鲜花搭配“谢谢”，太阳搭配“早上好”。[②]

“图文静态表情符号”是在文字语段中间插入的，就像在对话文本中的插图。它对文字信息传达效果起到了辅助作用，促进对话的顺利进行。为方便接下来分析它的功能及意义模式，我们首先总结它的使用语境及风格。

1.主要信息的陪衬。严肃正式的谈话语境很少出现表情符号，“图文静态表情符号”虽然配有文字，但是并无能力承载主要会话信息，只是作为辅助信息起到陪衬作用。

2.单纯娱乐玩笑。比如群里斗图，完全没有严肃话题，只是简单网络狂欢。

---

① 丁丽凤：《图文结合类表情包的语言学研究》，湘潭大学2017年硕士学位论文，第3页。

② 其中自然景物搭配文字的表情符号在中老年群体中使用较普遍，在网络使用主体的青少年群体中极少使用，并非图文结合类表情符号的主流，并且与其余类型的表情符号属于不同的语图关系模式，故不在本文研究范围之内。

3.缓解气氛、迂回表达。比如在有身份差异的正式谈话之后点缀以表情符号，起到缓释气氛的作用。又如产生了愤怒、尴尬等负面情绪时，使用它来降解激烈情绪，规避交际风险。

4.单纯地想要表达情感。“图文静态表情符号”的文字多是娱乐型的语言风格，以夸张、戏谑、嘲讽、吐槽为主，这种意义导向，决定了它承载的一定不是有效或主要的信息，并不是整篇谈话的话语焦点，而是穿插在中间的点缀。图像多是日常交往中不会出现的夸张型表情，这种结构保证了它娱乐性质的稳定性。经验让使用者意会了默认的交流符码：使用此类表情符号时，彼此并没有认真。

“图文静态表情符号”呈现出了特殊的语图关系——图像与文字的“统一”与“异轨”并存，这双重结构分别决定着其不同的职能——“在场”与“娱乐”。

二、图文“统一”表象的“在场”呼唤

“图文静态表情符号”是在网络聊天中作为文字对话中间的插入文本使用的，如果将整幅对话看成是一部作品，那么它便可以类比为作品中的插图。但是，就图像元素与文字文本的贴合关系来看，此类表情符号与作品插图的艺术形式有根本不同。

以小说插图为例。赵宪章认为，小说中的插图是“图像插入被折叠的叙事褶皱中”[①]，不可见的文字叙事被鲜活的画面彰显出来，读者通过对文字的记忆调动对图像的认同。在这里，小说的插图与正文之间有最直接的联系，人们往往可以通过图像联想到正文精彩的情节，即“相似性”是小说插图与正文之间最根本的原则。

但在“图文静态表情符号”之中并非如此。我们以“张学友表情符号”为例，通过观察发现几种表情符号中的“表情”与姿势完全相同，但搭配的却是不同的信息内容。几组文字虽然在同一个语气范畴内，但其中的信息细节有明显差异。事实上这便是“图文静态表情符号”的组合规律：用差异较小的表情图像搭配风格不同的文字内容，图像与文字呈“拼贴”式结合。这就产生了有趣的现象：一方面，在表情符号的内部，图像形态与文字信息并不紧密贴合，即我们只看图像内容无法准确理解表情意义，必须参照文字；另一方面，不同的表情符号之间，表情图像的单

① 赵宪章：《小说插图与图像叙事》，《文艺理论研究》2018年第1期。

一却超乎寻常地适应了文字信息的千姿百态。这两个方面共同印证着"图文静态表情符号"的一个重要功能——在场性。

索绪尔将语言的"能指"认为是"音响形象"，是在心理层面的声音印迹，与物质世界的客观实物无关。但是作为交流工具的语言必须具有意义所指，于是便人为地强加音响形象与客观现实的必然性，即语言符号的能指与所指之间的"任意性"[①]。但是语言的符指过程并非简单地从"能指"到"所指"，这里要借助新批评派的概念——"语象"。"语象"是由具象的语言生成的象，区别于在意识中直接产生的"意象"，人类的思维意识在语言的召唤下可以在头脑中产生其所对应的形象。[②]由此可见，"语象"是"能指"与"所指"、意识层面与现实层面的过渡桥梁，它说明抽象的语言符号是具有图像性的，人们在此基础上可以看到语言背后的世界。但是语言图像性毕竟需要发达思维的转化，需要付出一定的脑力成本，正如尚杰所说"阅读过程是一种非常抽象的视觉效应，根本不是本来意义上的视觉"[③]。在单一的文字聊天的模式下，人们需要用理解力对信息解码，用想象力构建对方的表情、情感态度，以更准确地接受对方的信息，这样的编码—解码模式无疑是高成本的。而在网络聊天中，人们更需要简洁高效、愉悦轻松，"图文静态表情符号"以其形象、省力的优势应运而生，那张配合着文字的面孔，并不以准确应和文字信息为旨归，只是以一个"形象"存在，此时图像部分已经不是可有可无的插图，而是对"在场"强烈呼唤的必然产物，在心理上降解了单一文字沟通的枯燥和难度障碍，至于"语图衔接是否无痕"这一重要的标准早已被遮蔽于"在场的狂欢"之下。

更何况，"图文静态表情符号"信息指向性较弱，不能苛求它承担传递主要信息的职能，这一点从它的文字特点便可以看出，它更多地让人产生在场感和带入感。人们面对面沟通时会伴随着声音、表情、身体、手势的同时在场，这些因素同时传递信息让个体感受到肉身与世界相融。但是屏幕后的聊天方式在文字媒介的绝对统摄下"删除了话语形体中介"，"话语活动失去了'被给予物'的在场参照，基于身体的'感性的确定性'缺少了可以直接诉诸的对象"[④]。在这种情况下，"图文静态表

① ［瑞士］费尔迪南·德·索绪尔：《普通语言学教程》，沙·巴利、阿·薛施蔼、阿·里德林格编印，高名凯译，商务印书馆1980年版，第101—104页。

② 赵毅衡：《重访新批评》，四川文艺出版社2013年版，第109页。

③ 尚杰：《图像暨影像哲学研究》，中国社会科学出版社2016年版，第99页。

④ 赵宪章：《文学成像的起源与可能》，《文艺研究》2014年第9期。

情符号”作为“多模态话语符号”迎合了使用者对双方在场感的呼唤和平面聊天立体化的趋势，产生一种心理上的亲密距离，表情是否吻合文字不重要，重要的是我们都在场。梅洛・庞蒂在谈论画家观察事物时提道：“他只是通过注视而接近它，并由此而转向世界。”①同样，当人们使用表情符号时，是通过所见到的表情图像感受到了世界的在场，并且进入了世界。

面对图像与文字并不完全匹配的现象，使用者反而直观地认为图像与文字互相阐释，这是因为我们的“感知”自动弥合了语图缝隙而产生了语图“互文假象”②。胡塞尔的现象学哲学告诉我们“每个事物感知因而都具有背景直观的晕”③，我们在“体验晕”中进行对事物的认识，所谓“体验晕”虽是抽象虚拟的，但却将独立的事物个体之间的空隙填合，让世界成为一个整体被感知，由此，人们才可以对世界进行“陷入”的“本质直观”。胡塞尔将“体验”分为“实显的体验”和“非实显的体验”，“非实显的体验的‘晕圈’围绕着那些实显的体验；体验流绝不可能由单纯的实显性事物组成”④。在理解“图文静态表情符号”的意义时，我们并不仅仅依靠实显的图像与文字要素，而是“把物体之间的空隙看成是物体”，在一种“整体知觉”中⑤，“意识和它的客体构成了一个个体的纯粹产生于体验中的统一”。⑥“体验晕”使我们天然地将图像与文字看成一个整体，这里的“实显性体验”是二者在宏观的语气范畴的一致，由此自动生成了“非实显性”的二者之间的意义联系，人们不自觉地将略微一致弥括为完全吻合。而面对相同的表情图像搭配不同文字的现象，我们又在想象中一再地对一个意向体验进行不同的想象⑦，在文字的引导下，相同的表情被给予了不同的内涵。在图像这一相对更强烈的感知的召唤下，我们得以“陷入”其中，由此产生一种更准确地理解对方的信息、与对方的心理距离更加亲密的

---

① ［法］梅洛・庞蒂：《眼与心》，见俞吾金、吴晓明、杨耕等主编《当代哲学经典・美学卷》，北京师范大学出版社2014年版，第257页。

② 传统的语图搭配的“多模态符号”呈语图“互文”关系，即图像与文字相互阐释。即使图像与文字的意义截然相反，也共同起到了“反讽”的效果，语图有一个共同的意义指向。但在“图文静态表情符号”中，语图的“互文”关系只是假象，二者产生的不是“合力”，而是“张力”。

③ ［德］胡塞尔：《现象学的方法》，倪梁康译，上海译文出版社1994年版，第127页。

④ ［德］胡塞尔：《纯粹现象学通论》，李幼蒸译，商务印书馆2011年版，第121页。

⑤ ［法］梅洛・庞蒂：《知觉现象学》，姜志辉译，商务印书馆2001年版，第38—39页。

⑥ ［德］胡塞尔：《现象学的方法》，倪梁康译，上海译文出版社1994年版，第133页。

⑦ ［德］胡塞尔：《现象学的方法》，倪梁康译，上海译文出版社1994年版，第21页。

幻觉。这些便是“图文静态表情符号”如此受人欢迎的学理机制，也决定了它不同于传统的语图结合体的独特形态。

三、图文“异轨”的解构与重构

“图文静态表情符号”的语图统一只是被“在场”需要遮蔽后的表象，而它所产生的功能效应也远远没有于“在场”处停留，我们必须揭开那层“统一”关系的面纱，认清语图“异轨”的分离实质，唯其如此才能探究出“图文静态表情符号”真正的意义逻辑以及它掩盖着当今社会怎样的文化心态。

前文分析了“图文静态表情符号”的语图搭配规律，每一个语图组合体中的“文字”都在建构意义，图像并不完全吻合文字，这种离心是一种解构，多样的文字以单一的图像解读便稀释了意义的多元性，这又是一种解构。这便是“图文静态表情符号”天然带有的意义建构与解构的“双层结构”，表情图像与文字符号相安无事地共处于同一体系，却在两条相反的轨道上各司其职。这种“异轨”运动在以往的语图结合体中并不存在，是当今社会特有的文化心态反映在网络语境中的文化现象，相应地这种现象也在悄无声息地塑造着人们的心理结构。“异轨”运动也决定了“图文静态表情符号”的本质功能——“娱乐”[①]。

在以往的语图结合体中，比如新闻或广告中的照片与文字，图像承载着直观呈现事实的职能，但是它并不能反映精准的信息，只是让人了解大致的谈论范围。因为图像对现实的“相似性”模仿意味着“图像必须以原型为参照，并被严格限定在视觉的维度，从而先验地决定了它的隐喻本质，符号的虚指性也就由此而生”[②]。但是语言符号与现实的联系却是“任意性”，这种将抽象符号与物质世界强制相连的规约决定了语言表意的精准定位，即语言是“实指”符号[③]。所以，语图传递信息过程中是以语言为主导，对图像内容进行“锚固”[④]，将图像所呈现的范围精确化。

但是在“图文静态表情符号”这一新型文本中，罗兰·巴特的“锚固”有了一

① 本文的“娱乐”指一切非严肃态度和行为的集合，它与现实社会的规则和秩序相悖。

② 赵宪章：《语图符号的实指和虚指——文学与图像关系新论》，《文学评论》2012年第2期。

③ 赵宪章：《语图符号的实指和虚指——文学与图像关系新论》，《文学评论》2012年第2期。

④ [法]罗兰·巴特：《显义与晦义》，怀宇译，百花文艺出版社2005年版，第27—28页。

种全新的形式：我们的确还是通过文字才能准确理解表情含义，但是“表情包”的“面瘫”现象告诉我们，图像并不以“类比性”为旨归，即表情图像并不像也不需要像传统图像那样极力配合文字的“锚固”。传统的语图统一体追求的是“像似”，语图配合最有效地反映现实，但是如今的“图文静态表情符号”已经进入了“象征”层面，它的“双层结构”使它在表情达意的表象背后，隐藏着深刻而不为人轻易察觉的文化隐喻。

“图文静态表情符号”中承担了信息主体的文字风格是非严肃、非正式的，在任何一个文本中，文字均未携带重要信息，在聊天对话框内，如果忽略了表情符号则丝毫不会影响主要信息的接收。文字带有极强的娱乐性，图像的虚指性又使其带有“可悦”的本质，取悦于人的前提是虚化和卸载自身所承载的事理[①]，图像让本来意义淡薄的文字更加虚化，“图文静态表情符号”的娱乐性凸显。同时，表情图像因其虚指不确定性而带有意义的延展性，在文字衍义的势力范围外继续它的意义旅程——消解意义和意义的重构。

用同质的面孔应付花样繁多的文字，适应了当下青年被意义漩涡裹挟的无力感。后工业化社会，人们每天都处于追求意义和应付意义的焦虑之中，人们已经习惯单向度地接受消费时代一切物化的价值，商品和劳动以一种更温柔隐蔽的手段施行着“异化”。每一种符号表意都有一种“意识形态的维度”，霍尔认为，我们生活在“意义的地图”之中就如同生活在真实的世界中一样[②]。吊诡的是，我们被过剩的意义包围，但却没有一种意义适合、属于自己。这种焦虑在虚拟的网络社会便以一种想象性的狂欢来释放，在现实中面对每一种话语我们都要用不同的面容去应付，面对不同阶层的对象要用不同的姿态去迎合，但是在网络中人们无力再维护心中的意义，更无力追求自己或他人的意义，便通过此类表情符号的掩护肆意放纵对复杂意义的不屑和反抗，长期被社会规则规训的“超我”终于可以卸下重担，被压抑的“本我”得以被真实地解放。

---

① 赵宪章认为，图像符号比理性的语言符号距离身体更近，“观看”是生理机能使然，并且是心灵和情感愉悦的直接来源。图像是“虚指”，在语图统一体中承担“可悦”功能，语言是“实指”，承担命名的“可名”功能。见赵宪章：《语图传播的可名与可悦——文学与图像关系新论》，《文艺研究》2012年第11期。

② ［美］迪克·赫伯迪格：《亚文化：风格的意义》，陆道夫、胡疆锋译，北京大学出版社2009年版，第15—16页。

于是青年在相同的文化体验和心理的基础上形成了“想象的共同体”，在表情符号的狂欢中暂时逃离意义的世界并且享受着短暂的反抗特权。在这里，所谓“表情符号”的“表情”功能变得不那么重要，因为在双方默认的交流符码下，没有人会真的很认真地想告知对方自己目前真实的情感状态（毕竟图像不如文字的严肃性和精准性强），而更多的是寻找一种无意义的快感，彼此维护着默契沉沦在表情符号的“娱乐化”本质之中。那张表情便是我行我素的宣言，是对意义权威的抵抗消解。这应该被当作一种“亚文化”现象来看待。

“亚文化”是指在青年群体中出现的抵抗主流文化、自觉显示差异的文化现象，它体现着“支配群体和从属群体之间的张力关系”①，在“风格”之中体现着对霸权的挑战②。“图文静态表情符号”彰显着独特的风格，使用时的确可以忘记身份差异，无论现实中如何尊卑有序，都在同样风格的“表情符号”下平等对话，挑战着现实秩序。但是，“图文静态表情符号”的“意义重构”那一层结构告诉我们，事实并非如此。它对意义“解构”的结果——带有娱乐性质的“无意义”——本身便是它重构的意义。在这里，表情图像变成最普适的泛娱乐化“面具”，遮蔽了其背后真实的表情，人们也不愿或没有勇气以真面目示人，甘愿藏身于“面具”之下。真情实感的无保留泄露是有代价的，在不能保证对方绝对亲密的情况下流露“愤怒”“拒绝”等激烈的情绪会产生人际危机，这时“图文静态表情符号”便可以其或戏谑或夸张的娱乐化文字风格和搞笑的表情图像稀释本来情绪的激烈程度，以一种更讨巧的、符合人际交往规范的形式表达出来，以便“迂回”地达到目的。同时也存在虽然很愤怒但是通过表情符号顾左右而言他的情况，避开正事而不谈，将谈话转向轻松愉悦的氛围。既然“意义”存在风险，何不心照不宣地沉浸在虚无的“无意义”之中。

艾柯认为符号是可以用来“撒谎”的③。符号是表达意义的工具，但是当物质载体不能直接到达意义终点时，能指层面反而成为意义藏身的妙所。格雷马斯和库尔泰斯在建立“述真”模式时提出了有四种可能性的“述真方阵”，其中将“幻觉、想象”理解为“‘非是’但‘似’”，赵毅衡又进一步将它细化为“‘幻觉、想

① ［美］迪克·赫伯迪格：《亚文化：风格的意义》，陆道夫、胡疆锋译，北京大学出版社2009年版，第3页。

② ［美］迪克·赫伯迪格：《亚文化：风格的意义》，陆道夫、胡疆锋译，北京大学出版社2009年版，第19页。

③ 赵毅衡：《符号学原理与推演》（修订本），南京大学出版社2016年版，第255页。

象’=不诚信意图+可信文本”[①]。在这里，“图文静态表情符号”在交流双方的默契下便是一个完美的“可信文本”，在这个面具背后，使用者可能出现的反交际意图一再被压抑，建构成无论面对多么艰涩的事情，都可以以夸张戏谑的轻松姿态应对的幻觉。

此时的“表情符号”是一柄双刃剑，既可以调节气氛利于沟通，同时也雪藏了彼此的真心，“在场”功能被召唤出来成为最真实的“替身”，得到的只是冷漠的亲和。我们被随处可见的作为“景观”的表情迷惑，并产生强烈的心理依赖，仿佛看到它时对方才真正存在，但是却忘记了“在这一真正颠倒的世界，真相不过是虚假的一个瞬间”[②]。在图文的“异轨”中重构的意义隐含了当今社会特有的交际规则——真心话只有在合法的“无意义”中才能随意发泄。

这里我想唤醒的是对“图文静态表情符号”所可能陷入“符号危机”的警觉。它在表面上的确以一种抵抗姿态诱惑着人们，带有对现实秩序解构的“愤青”气息。但纵使是泄愤指责的意图都只是以玩笑轻松的娱乐性文字表达出来的，极具迷惑性的表情面具更为娱乐气氛助力，使用者受困于这一娱乐至上的“伪语境”[③]迷宫而不自知。事实上，等级制度并没有被打破，现实身份差异并没有被弥合，人们在一种被营造的抵抗错觉中进行精神自慰，而结果是表达真实自我的勇气和欲望在躲猫猫的游戏中被慢慢钝化，对现实不合理性的感知被规训，“娱乐至死”的魔咒终将应验。

结　语

“读图时代”的到来，使人们习惯于依赖图像表达自己。“表情符号”风靡网络，这种热潮将会持续相当长的一段时间。“图文静态表情符号”是其中的典型代表，又是一种独特的“多模态符号”，在图文“统一”与“异轨”的逻辑中实现了对意义的“建构—解构—重构”的过程。它是一种只有当今社会境况才会产生的

① 赵毅衡：《符号学原理与推演》（修订本），南京大学出版社2016年版，第257—258页。

② ［法］居伊·德波：《景观社会》，王昭风译，南京大学出版社2006年版，第4页。

③ 尼尔·波兹曼将电视媒介主导下的照片与新闻文字共同营造的语境称为“伪语境”，它的作用就是让原本与生活无关的内容变得看似息息相关，然而并不能提供行动或解决问题的方法，唯一的用处就是“娱乐功能”。见［美］尼尔·波兹曼：《娱乐至死》，章艳译，广西师范大学出版社2004年版。

亚文化现象，是对意义迷局的消极抵抗。但是人们在使用的过程中往往被“在场”的美好假象蒙蔽，陷入“娱乐”漩涡而不自知，这是我们应该警觉的。乐观的一面是，“图文静态表情符号”与其他语图结合体相比，图像元素承载的信息量更小，使得文字的表意优势更强，人们并不会陷入“读图时代”过度依赖图像而摒弃文字的危机。

（作者单位：南开大学文学院）

从“迷舟”叙述到“花家舍”兴衰史

——浅论格非小说情节模式的嬗变

姜 波

内容提要：在格非小说的文体转型研究中，情节模式的嬗变一直没有得到明确关注。目前，从充满神秘的“迷舟”式叙述到乌托邦范型“花家舍”的兴衰史，格非小说的情节模式可概括为五种类型：“权/欲”模式、“垃圾—微笑”模式、《敌人》《边缘》《望春风》模式、“江南三部曲”模式和《春尽江南》《隐身衣》《月落荒寺》模式，分别对应不同思想指向和文体特点。但是它们之间又存在逻辑上的嬗递关系，通过分析每种模式的内涵、特征，找出它们相互间的嬗变轨迹，可以发现格非小说经历了从欲望叙事到辩证超越的整体维度之变。

关 键 词：格非 情节模式 欲望叙事 辩证超越

一、“情节模式”概念界定

格非小说的文体转型可以追溯到20世纪90年代中期文学被边缘化的背景中，评论界从《敌人》《欲望的旗帜》等长短篇什中发现了他回归故事性和传统叙述的意味，其依据譬如人物脱离符号化、语言的典雅优美、古典小说意蕴结构的借鉴等，其中最常提及的是“情节完整性”。转型之作较以往的形式实验可读性增强，叙述“空缺”减少，情节前后因果链更为连贯，小说“冷漠、残酷的”①临界叙述造成的

① 赵树军：《从格非、苏童的创作看中国先锋小说的叙事革命》，《湖州师范学院学报》2010年第3期。

“感觉偏差”被常规情感经验弥合。从历时性上看，从“叙述缺省”到“欲望叙事”再到“文体转型”，似乎格非小说的情节总是被置于叙事结构或策略层面进行研究，满足于诸如圆形结构、“迷宫体”、目击者提供证据体、多视角叙事等结构的特点分析[①]，没有从整体上提炼和建构其小说的情节模式系统，注意模式系统间的递变关系，因此也就忽视了其小说文体嬗变的深层逻辑寓意。

“情节模式”的概念是基于格非小说的创作类型、阶段而提出的。以作品特点、主题走向为据，格非小说大体可分为先锋实验、文化哀伤和主体内审三个创作阶段。先锋实验阶段，叙事技艺是先锋文本普遍的审美对象。梦境、幻想、回忆、联觉等潜意识碎片化内容，空缺、重复和圆形结构等叙事技法，诗化的语言，弱化的情节，都使作者意图明显凌驾于读者接受之上，结果是小说晦涩得难以解读，无形中形成阅读的门槛。这一阶段作品形式化、符号化和抽象化地表达出人物私隐的性欲和权欲，作者的文学创作意图也从中暴露。到了文化哀伤时期，商业社会中知识分子精神全面溃退，先锋探索被迫终止，但作家敏感于时代失落感的来临，急于重寻写作的价值立场。此时期作品如《欲望的旗帜》《蒙娜丽莎的微笑》《不过是垃圾》等批判知识分子的堕落，展示不同知识分子的丑陋灵魂。《敌人》《边缘》《望春风》这些乡土题材小说，实际是另一视角下谱写的文化哀歌。当“故乡”这一空间被时间疏离而变为“他者”，对它的回望也就相应变成对此在的救赎和对失落价值的遥远呼唤。“离乡—返乡”是这类小说的普遍结构。主体内审时期，乌托邦叙事集中在“江南三部曲”中，作品以“起—落—回”结构成篇，对古典章回小说色空观、真妄观衍生出的情节架构多有借鉴。乌托邦激情回落，幻梦初醒，主要人物多在清醒的觉悟后重新成长。《春尽江南》《隐身衣》《月落荒寺》可构成一个关涉当代知识分子精神生存的系统，探讨他们如何平衡自我与现实，从而“活在真实中”的问题。它们在情节线索上多头并进，主要人物之外还存在一或多个神秘角色去承载小说更幽深层面的主题探索。在此时期，格非既超脱了一味缅怀知识分子理想价值的“感时伤世”，同时也在体味生活的真实情味中让出走的灵魂返归“存在之本真”。

---

① “圆形结构”“目击者提供证据体”转引自吴莱莱：《格非小说叙事策略研究》，东北师范大学2006年硕士学位论文，第26—31页。“迷宫体”“多视角叙事”转引自马琼：《论格非先锋小说的叙事结构》，《保山学院学报》2013年第3期。该文中对这两种结构方式另有命名，但含义并无不同。

二、情节模式嬗变的心理动因

格非小说的情节模式之所以发生嬗变，与创作主体的思想、心理变化有直接关系。1985年前后的先锋热潮中，格非等人接续马原、北村的探索，企图在西方现代主义美学影响下深化中国小说的形式主义实验，以叙述实验、语言游戏的趋极代替小说思想内容的精耕，“远离大众的生活，没有表现出对大众的关切”[①]。这是当时纯文学神话控构的结果。而当商品经济时代突然到来之际，小说也成为商品的一种，写作的成败只能由读者的消费反应来决定。新写实、新生代小说的“生活流”极大冲击了先锋小说，使后者最终变成标本。先锋作家至此分化、调整或退出。格非属于自我调整者中变化较迟缓，但相对较深入的一位。他必须迎入一个新时代，用写作去回应文学如何在这个时代安身立命的问题。因此，转向是不可避开的选择，这就必然要对过去所忽视不察的姿态进行反思。从西方焦虑中抽身而出，重审中国古典文学的叙事经验，使之能够延续并融合在当下文学语境中，书写中国日益复杂深邃的现实，这是包括格非在内所有那一代作家都要面对的文学生存问题。作家文学观的转变无疑为思想、心理的应时变化所推动。

转向绝不是当下与过去的割裂，而是以更广阔的现实主义为基准不断注入“异质”，使小说彻底成为一个活物。格非小说的情节模式嬗变就体现出这样一种逻辑。我们以上文提到的“阶段—类型”为依据将其小说情节模式归为五种系统：①“权/欲”系统，表现个人权力和欲望如何从根本上操控人类行为、决定历史走向，作品多用现代主义手法；②“垃圾—微笑”系统，揭露知识分子在商业社会中的堕落，作品现实因素增加；③《敌人》《边缘》《望春风》系统（简称“敌边望”系统），乡土怀旧和童年心理成为观照当下社会价值失落的参考点；④“江南三部曲”系统，透过乌托邦失败实践与回归日常真实，切入欲望对存在谜题的遮蔽。⑤《春尽江南》《隐身衣》《月落荒寺》系统（简称“春隐月”系统），关注当代知识分子生存的“物我平衡”问题。

其框架及包含作品如图所示：

① 贺仲明：《重建我们的文学信仰》，广东人民出版社2014年版，第50页。

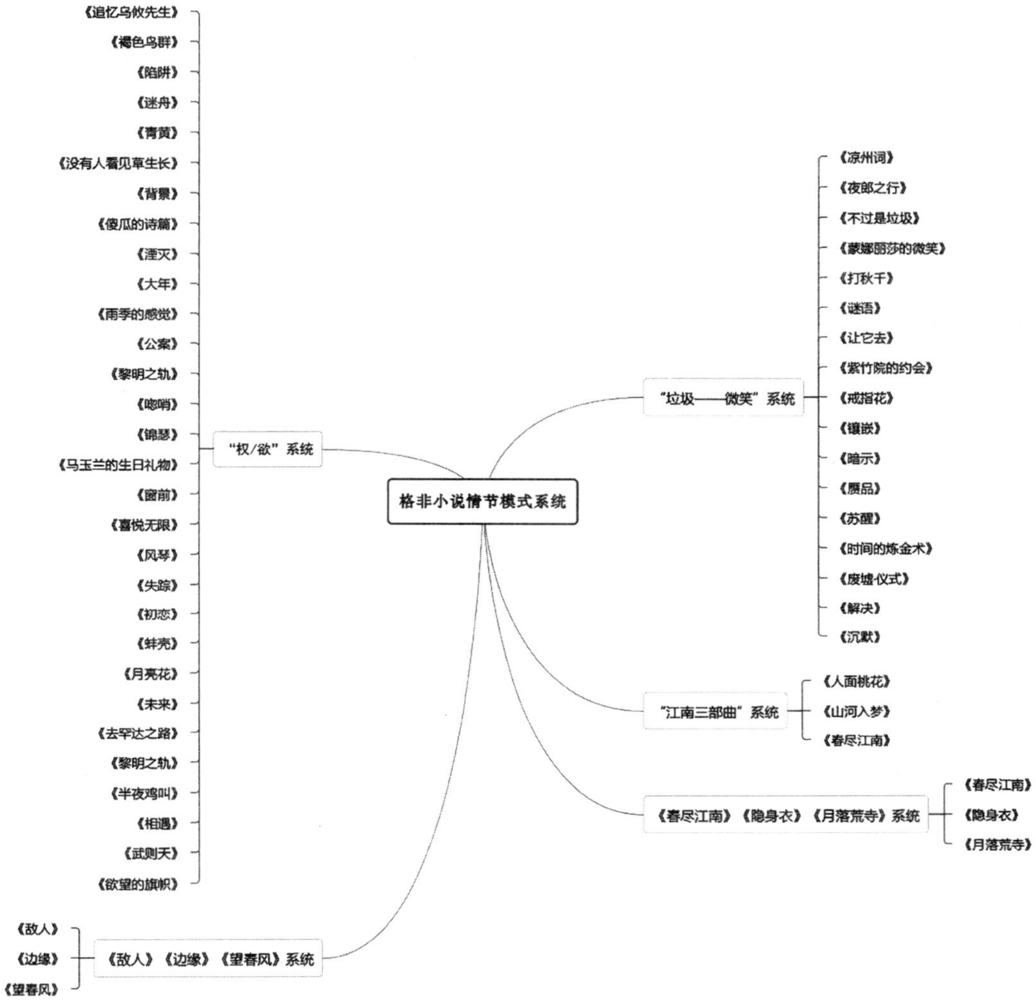

“权/欲”模式和“垃圾—微笑”模式基本囊括格非从创作伊始到新世纪前的全部小说，即先锋实验阶段到文化哀伤阶段的40余篇（部）作品。这两个时间跨度代表格非完成了第一次思想转跃，即对小说本体的艺术迷恋到现实社会冲击产生的精神迷惘下的反思。其情节，从抽象、程式化地探寻独立时空中的人性欲望，落入真切可触的凡尘中写尽知识分子的狼狈与痛苦。而当知识分子彻底凡俗化以后，中国社会滑入了一个去中心时代，任何话语都没有权威地位，金融和网络的兴盛使人们面对文化的目光不断位移，及至当今，正如王蒙所谓“经典都被吐槽成段子”。生活的复杂早已超出文化所能解决的范畴，小说的人文之光似乎又要从古代“兼济天下”的地平线升起。此时期格非敏感觉知到知识分子精神在逐利社会中再次发生萎缩，但他并未找到所谓救赎之道。进入新世纪，古典阅读使格非得以凿通历史与现代的想象区隔，认为精神危机、道德困境等一系列社会问题的产生是现代性驱动下以新代旧的结果，过去大量美好的价值被流逝的时间无情带走。在《敌人》《边缘》《望春风》模式（简称“敌边望”模式）、“江南三部曲”模式和《春尽江南》《隐身衣》《月落荒寺》模式（简称“春隐月”模式）三种模式中，他从历史和乡村入手，探讨乌托邦理想与欲望主义、淳朴人情与城市化进程之间的矛盾。小说负载和辐射出的人文光耀，此时照进了理想主义者的忧伤深处，对改换天地的时代发出无奈的浩叹，也给他们自己一个足以释然接受自我的理由：随遇而安地自我栖身。

三、情节模式特点和嬗变关系

以上在明确格非创作心理动因之后，我们再来阐析五种情节模式的具体特点和嬗变关系。

（一）“权/欲”与“垃圾—微笑”模式：从固化实验到俗欲世界的迎拒

“权/欲”中的“权”与“欲”有多重含义。“权”可指天命、世俗权力和作者意图，“欲”可指私欲、权力欲和文学创作欲。“权/欲”模式系统涵盖格非精英意识高涨、先锋精神正炽时的形式实验之作。而现代主义美学手法也是从现代精神危机的土壤中产生的。格非小说中最重要的一类人物是知识分子。此时期，知识分子人物总是身陷外源性的权欲矛盾和内源性的欲望困境。知识分子与“权/欲”是一对宿敌，因为知识可以解构权力、虚化欲望，反之“权/欲”也会消解知识分子的节操。但小说中“权/欲”与知识分子间并非绝对对立，而是搅缠在一起，知识分子也有“权/欲”诉求，但往往因此招致失败。例如《黎明之轨》中法明村长在众人敌意中带到村庄里来的漂亮女人被逼上吊而死。人欲被唤醒的恐惧使人宁可扼杀人欲也不容它“为祸”。法明村长作为启蒙先驱的意义由此确立。但权力和欲望不论出现于阶级社会还是意念深处，都要借助语言形式使之隐晦，构成“权/欲”的文学游戏。但这种炫技意味的个人化写作游戏很快趋向固化。从外显层面观之，精神分析、新历史主义方法在格非叛离本土传统的初衷下，被激进的文学创作欲驱使推动全篇情节开展和意绪流动，以诗语作小说语言，把简单的故事线湮没于神秘断裂的叙述之中，使文本难以释义，进而打破小说形态藩篱，造成“叙述至上”的效果，作者意图凌驾于读者的接受能力之上。《褐色鸟群》中的平行时空和梦忆组成的叙事结构，《青黄》中换麦芽糖的老人雨夜出门的原因，“青黄”的含义，《迷舟》中对旅长萧去榆关与杏幽会的省略，《湮灭》中金子频繁自杀的目的，《傻瓜的诗篇》中莉莉突然自愈后对杜预的厌恶，《半夜鸡叫》通过三个儿媳对“周扒皮”故事的改写和续写影射一段悲凉现实……种种叙述“空缺”正是文本释义的关键线索断裂之处。这样做，一方面表明作者有意凸显个人“权/欲”因素对历史的改变作用，一方面还通过叙述来证明语言对真实重新定义的可能。《唿哨》利用交叉重复叙事所产生的梦境化的时间，又是对客观现实的“稳定的挑战”①。传统小说的秩序是现实主义再现原则和典型理论，特别是对“真实”的规定，是长期论争的焦点。这种秩序指向人们评判事物真实性的标准，它在实际经验中常被证明是想当然。《唿哨》要突破“想当然”之围，自然要依靠潜意识体验提供另一种真实性，即有别于客观真实的心理真实。这样，小说就打破了传统作品的秩序权力。

“权/欲”还与天命、世俗权力和个人私欲有关。它们秘密改变着个人命运与历史的交叉点。《追忆乌攸先生》中的头领、警察、法官、村民与乌攸、杏子之间组成的矛盾，就是双方控制欲和性欲之争。作者为这种争逐涂上了充满阴谋和恐惧的语言色彩，如将头领的残暴赋予小脚女人的讲述、对康康在山羊身体上打出大洞的猎枪描写等。如果说《追忆乌攸先生》尚显直白，那么《青黄》《大年》《迷舟》《傻瓜的诗篇》《湮灭》《雨季的感觉》《相遇》等就更是将“权/欲”作用放大到极致。《马玉兰的生日礼物》中三个儿子的仇杀失败，源于马玉兰对小叔子朱大钧的疯狂爱欲。《风琴》中赵谣的背叛中有他对母亲的暧昧情愫。《锦瑟》则写出了时间的周期重复性，这更是人力不可抗的天命。《公案》则以志怪故事引发赵州和尚对现实氛围的惊恐，认为“文字竟然也有灵性”及“杀机已现”，不过与“群狗吠月”一样，是心理感受引发行为变化而已。小说提炼出隐没于现实历史中的个人欲望，并揭示和演绎它作为决定因素的更高真实性。

进入20世纪90年代后，知识分子在欲望面前的堕落与无奈，开始在格非小说中被反复吟叹。这就是“垃圾—微笑”模式的同质性。一方面是堕落，自由市场使中国社会压抑已久的物欲短时间内释放，道德节操随着理想的“过时”（不再正确）被舍弃，“权钱色名”诸欲望对知识分子也构成诱惑。一方面是无奈，不愿同流合污的

① 冉吉意：《从格非〈唿哨〉看先锋小说的当今启迪》，《青年文学家》2012年第27期。

知识分子只好退入边缘，无从反抗。时至此时，格非无外乎也是被冲击的知识分子一员，他无法再安享文学创造的成就感，找不到创作方向。因此此模式作品重在表现知识分子的绝望与自适。

抑郁自嘲的笔调，以今昔对比的穿插叙述写出今不如昔的无奈，是这部分作品的普遍面貌。《凉州词》中的临安以当下学界不正之风引入王季陵考证，又以王季陵的冷遇比况自己的遭际。《夜郎之行》中的“我”企图借去夜郎的“精神之旅”治好抑郁症，却在商业开发的夜郎患上肝炎。《不过是垃圾》写一度清高的女大学生苏眉在物欲时代的蜕变，《蒙娜丽莎的微笑》中怪才胡惟丏高洁与利欲的交缠让他遁世。《废墟·仪式》写宗教和历史遗迹在现世被嘲弄亵渎的状况。知识分子在改天换地的欲望时代备受打击，无所适从。合作的背叛者（伪君子）让人心寒，独立的退守者（失败者）“荷戟独彷徨”，还有人一死了之。

“昔”，是知识分子的“魏晋时期”。20世纪80年代末之前，社会尚未进入高速经济时代，信息传播还未网络化，知识分子还可以恃才放旷、论辩无羁，在充分表达自我中获得实在的尊敬。较高的地位也使他们有了“偶像意识”，当这种偶像被欲望原则涂抹，就立即变得可笑而尴尬。吃喝与繁衍需求重新回到生活的顶格，非分的邪念混淆着道德审判的标准，突然清晰地逼视着每个人半人半兽的灵魂。“今”，是新的价值系统挤掉旧价值系统的现在，适应或淘汰，是社会能给个人提供的有限的可选项。适者疯狂，汰者落寞，这说明新价值系统本身有问题。但固定的社会需要它，因此知识分子必须在两项选择之外寻求新的超越。

于是，该模式作品大都提供清醒的整体认知，以哲学视角将知识分子精神深处的隐痛带到表面上来，企图打开其心狱之门，而使用的钥匙正是过去丢失的价值。如《时间的炼金术》中将过去的杨迎和现在的韩冰穿插叙述，便使人怀念女性逝去的纯洁。《戒指花》中与主编上床的女记者丁小曼的心灵在孤儿歌声中得以净化，而主编邱怀德的龌龊、无聊和媚俗显得彻底无望。价值失范年代里的一切崇高都是幻影，若不从往昔中找回失落的希望，那么人人都是可怜的“垃圾”。

固化的形式实验中，欲望被当作推动情节发展的动力，但到知识分子悲歌式书写的“垃圾—微笑”模式中，欲望成为精神悲哀的表象和表演，不再是位居幕后的隐者，开始走上前台接受审视。

（二）“敌边望”与“江南三部曲”模式：乡土回望到乌托邦萎退

《敌人》《边缘》《望春风》是乡土回望系列。此系列包括的三部长篇小说，从两个向度探讨文化价值重寻问题。第一个向度与城市化进程销蚀所有美好价值的事实有关。格非与生于20世纪60年代的作家们一样，是从农村大地走向城镇，靠高考切实改变社会身份的人。当他从厌乡到返乡，发现乡村有别于城市的意义时，乡村已经颓败，此时只能提供给他一种记忆和想象。于是，对美好价值的追寻行为就变得无望，这就进一步表明商业文明的绝对胜利下埋藏着悲哀。第二个向度与传统文化对人性欲望的“致狂性”有关。当人的正常欲望在传统文化的捆缚下得不到疏解时，就会发狂，通过借助种种疯癫残忍的举动来获得变相满足。此时，乡土时空中的传统文化就露出它温情面目下的獠牙，既是发狂者的杀手，也是受害者的杀手。这两种向度的中心议题都是“欲望”，但当格非把视角延伸到乡土，我们就会发现“欲望”借助新旧文化的外衣同样控制了这里，与整个商业社会的步伐是一致的，同时，它也早就蕴藏在人性和传统文化的内里，商业文明不过是对它的鼓励和激发。

《敌人》虽是描写人性恐怖的心理小说，但子午镇隐匿的乡土文化，即未经现代文明冲击过的中国传统文化是将赵少忠变疯的元凶。人心是“象”的话，传统文化则为“势”。这股“势”在封建宗法社会呈上升状态，它要保证家族中最年长男性的统治地位。因而赵少忠的种种不轨行为得到它的保护，从而未完全暴露。这为他接连杀害子嗣提供了条件。但同时，童年纵火也使他惧怕面对先祖和家族，这也是传统文化对他施行的心理刑罚。还应看到子午镇社交环境中的伪善。赵立本、王胡子、老板娘、三老倌的自私本质之外裹着敦厚、重情的文化外衣，他们都在倾轧、侵占中眼看衰败的赵家。所以，赵家的衰败也寓指传统文化的势微。《敌人》不同于《欲望的旗帜》的“死亡”（贾兰坡）、“疯癫”（宋子衿）和“绝望”（曾山、张末）三线并进模式，而采用“一经多纬”模式：主要人物赵少忠之外，赵龙、赵虎、柳柳、梅梅、翠婶也参与构成小说不断转换的叙事视角。这样做的目的，是全方位展示赵少忠的疯狂在隐秘发酵状态中的可怖。

《边缘》和《望春风》是传统文化在宗法社会解体中的败势的体现。两作以“麦村”和“儒里赵村”作为“我”的地理和心理“故乡”，通过回忆童年乡居经历，将过去与现时连通，呈现人事在岁月中的前后变化。《边缘》中杜鹃为让“我”离开劳改农场与宋癞子媾合的酸楚和懊悔，曾经骄傲的胡蝶老年时在造纸厂食堂做工糊口，手握权力的宋癞子晚年凄惨死去……每个人的生命轨迹都与时代演进相合，亦跳出了“善恶有报”的因果对应，一切仿佛天定。《望春风》以“我”与父亲走差开篇，写到儒里赵村各色人物在新旧时代中的命运起落，并同样以“我”的离乡与回乡为起讫，显示出时代变革对故土和“故乡情结”的改变。父亲的特务史、通奸和便通庵“预言”，母亲的告发，雪兰的离开，春琴的爱情，让“我”的人生形成一个萦绕故乡的圆圈。作品对现代社会的疏离显而易见，认为乡土文化中的美好价值、乡间淳朴温暖的人伦关系被现代性摧毁，因此有必要“返乡”。从过去对故乡的无知、厌恶，到重新审视、热爱故乡在见识过现代社会后的知识分子身上留下印记，找回被埋没的真正价值所在，救赎我们痛苦不安的心灵。

“离乡—归乡”是“敌边望”系统的情节架构。《敌人》中赵少忠虽然长大成人，但并未摆脱童年恐惧，相反，这股恐惧助长了他的淫荡和凶残。他将妓女翠婶带回家，逼疯了善良的原配妻子，又与儿媳通奸生下“孙子”，再与人合谋杀掉赵虎，最后亲自出手杀掉柳柳和赵龙后，终于本相毕露，翠婶在他满足自己多年期待中也证实了所有不祥预感。赵少忠的“乡”是他不堪面对的童年记忆。他靠欲望的放纵去逃离它以及安慰自己，却最终要被它吞噬。“我”和赵伯渝的故乡既是乡村实体又是飘忽记忆，它们深深夯入生命，不论离开多远，格非都希望他们能像奥德赛那样返乡；当“即便在想象中也没有办法返回故乡时，我才体会到古诗文中所谓‘人生如转蓬’这样的伤痛之感”[①]，于是只有深深缅怀故乡，在心灵上返乡。

与故土之思同时酝酿的，还有知识分子群体对“乌托邦”政治社会理想的践行史。乌托邦与意识形态是一对古老矛盾，乌托邦被认为是人们不满现实、打破现有秩序缔造更完美社会形态的理想冲动，而意识形态则是当这种改变的结果凝固为社会制度后对人的思想规训。卡尔·曼海姆指出：“乌托邦的消失带来事物的静态，在静态中，人本身变成了不过是物。”[②]改变社会的意志最终被消磨殆尽，是因人性本身带有不可磨损的欲望。这种欲望无法用乌托邦理想加以绑架和规训，它早晚会演变成新的乌托邦或反乌托邦势力。但这是为乌托邦践行史的主体——知识分子所不愿相信的现实，因而失败的苦果早已种下。

---

① 陈龙：《格非：像〈奥德赛〉那样重返故乡》，《南方日报》2016年7月6日。

② ［德］卡尔·曼海姆：《意识形态与乌托邦》，黎鸣、李书崇译，商务印书馆2000年版，第268页。

百年乌托邦梦想史其实正是知识分子理想和失败、激情与悲哀的全记录。“江南三部曲”从清末写到21世纪，四代知识分子始于天下之忧、终于身世之叹的乌托邦实践，是格非对知识分子命运的最后一次“悲歌式”演绎。作品以“起—落—回”的古典章回体小说结构谋篇布局，可看出明清小说的痕迹，与早期实验文本碎片化、游戏性情节模式判然分殊。

《人面桃花》构思奇伟，情节惊心。陆秀米本是不谙世事的官宦小姐，在普济度过了天真烂漫的少女时代。一个浓雾的清晨，她的花轿梦幻般地离开了故乡。路遇花家舍土匪抢亲，她又成了六爷庆生的老婆。新婚当夜，庆生被人捅刀下毒。花家舍其他匪首也纷纷殒命、逃亡。惊恐过后她看清，“桃花源”般的花家舍原来掩藏杀机。东渡归来，她组建“普济学堂”，集合军队准备反清，不料事败被囚。乌托邦实践宣告失败，亲者死，家产丧，她自罚“禁语”，终以隐者自终。谭功达虽无母亲的离奇身世，却为实现幻想中的梅城县浪漫景象，不顾20世纪50年代粮荒实际而去筑坝挖河，终酿成大祸，被小人伺机陷害，人生从高峰跌入谷底：县长被撤，娶村妇为妻，“流放”花家舍。在花家舍人民公社，他清醒地看到60年前母亲所见之象：整齐和睦的秩序之下暗藏监控和独裁。入狱后的他，十余载铁窗相伴，申诉无门，死时尸身已腐，只得由王元庆默默背回。元庆承其精神衣钵，要把花家舍开发成“公社”以救济寒士，却眼见张有德将其变成夜总会，自己进了精神病院；谭端午自年轻时便心高气傲，为了自由远离欲望社会的争逐，虽苦闷抑郁，却终与自己和解，得到了庞家玉和绿珠的真爱聊作安慰，在俗世中体味人生。这种人生选择，也是对“垃圾—微笑”系统中“适应或淘汰”二元选项的辩证超越。

“回”作为情节链上最重要的一环，体现的是“反思”。反思的对象是知识分子痴迷其中的理想、欲望和存在之关系，从中找到被蒙蔽的“真我”。王阳明认为，“人须有为己之心，方能克己；能克己，方能成己”[①]。克己，首先是克制和调节欲望。知识分子为天下谋求“大同”的理想中有好胜心、名利心作祟，是不认同现实的一厢情愿。在错误的策动中走向失败，就须反思出发点中蕴含的“痴心妄想”。对“大同”价值的崇信，导致他们没有看到它的虚妄性，从而将整个人生投入嘈杂之中，心欲不宁，真我尽失。因而，“江南三部曲”正是在看透了知识分子乌托邦实践的虚伪性、功利性和幻想性基础上去肯定他们理想的进步意义，从而体现出格非

① ［明］王守仁：《王阳明全集》上卷，上海古籍出版社2011年版，第40页。

小说情节模式从围绕“欲望”主题的探寻形成的“欲望叙事”，转跃到打破“欲望”困境的“辩证超越”的嬗变。

（三）“春隐月”模式：后乌托邦时代的生活祭

乌托邦梦碎后，意味着两种现象不复存在，第一是对理想价值的坚守已不再是知识分子主体的意志所向，第二是人性欲望的操控得到主体自觉的克制和调控。于是，知识分子的精神生存与物质生存发生切实的弥合，他们纷纷回归日常生活，感悟其中的真趣妙味，并在网格化的现代生活空间中保留私密的自我精神空间，不断抚慰囿于其中的有限自由的灵魂。牺牲，忍耐，以此换取心灵的踏实和欲望的合理满足，向平凡生活祭出清高的理想。

《春尽江南》《隐身衣》《月落荒寺》都试图回答当代知识分子精神存在问题，彼此情节间也有联系，故而自成一个模式系统。这些作品中的人物虽活于俗世却不流于世俗，尤其反感人情世故。但他们难以抗拒生活和社交洪流的吞噬，也无力对抗欲望的焦灼。从某种程度上说，他们只能手握理想的桨，身体随波逐流。

谭端午、绿珠、崔师傅和林宜生面对的是同一社会，在这里，他们首先要确认自我存在的价值感，那就是内心追求的良知与真实。这是他们未被现实驯服的部分。与“三部曲”中的陆秀米、谭功达和王元庆相比，谭端午更熟悉人情世故，他知道现在社会上的人在想什么。例如在应对家玉表叔骆金祥儿子摔死一事上，他对骆金祥的揣测和建议，怎么都不像来自涉世未深的书生思维。他也熟知学界、诗界中人的迂腐和虚伪，只是不会点破。他明知家玉出轨，但还是与她共同维持夫妻关系。可以说他是个棱角磨圆的人，但并不昏愚，他心中自有真假是非的判断。绿珠看似任性而出格，实际颇通人情，她对谭端午心思的洞穿，对陈守仁的理解，对庞家玉之死给谭端午父子打击的预判都准确到位。林宜生博士毕业后到北京某理工大学教“公共政治”，靠全国讲座年入百万，还把教研室主任“贿赂”得服服帖帖。但他并非无原则的势利之徒。小说24节，老贺父亲问他“作家为何不提供正能量”时，他引述萨特所谓“真正的生活”，并说文学作品中的绝望和虚无是自我觉醒的前提，不仅不悲观，反而是真正的“乐观”。他还提到福柯“疯癫是文明的产物”的观点。可见他并非不知现代社会的精神危机。小说46节，他断然拒绝安大夫的请托，并亮明这是他“三个不能触碰的底线”之一。胆机制作人崔师傅技艺精湛、熟悉古典音乐，但他之所以算知识分子，更因他对事物有基于经验的独立思考。姐姐的欺骗，前妻的背叛，蒋颂平的鄙视，使他深感人情冷漠，但他依然凭借手艺认真生活。他的客户是教授群体和有钱的生意人，前者性喜空谈，后者灵魂空虚。他“半死不活”的生活就靠这些人的钱维持下去，因此他从不表达对他们的厌恶。但后来他发现，他必须为自己被无视、踩踏的尊严发声。终于，他对那个爱抱怨的教授奉劝道：“如果你能学会睁一只眼闭一只眼，改掉怨天尤人的老毛病，你会突然发现，其实生活还是他妈的挺美好的。不是吗？”①

从“三部曲”到“春隐月”系统，格非小说出现以“多个（组）人物为经、以各自故事为纬”的多维型情节模式。在揭示当代知识分子精神存在的同时，转换视点推进另外一或多条人物线索发展，使人领略作品负载的多层真实。如谭端午的妻子庞家玉、朋友绿珠，丁采臣介绍的蒙面女客户（毁容后的楚云），林宜生的女友楚云、楚云哥哥辉哥。她们都是暂借现实身份寄居于世的人。“庞家玉”是李秀蓉为赢取生活资本的“铠甲”，当它被现实击溃后，“庞家玉”便死亡了。她的死是欲望社会的暴力与罪恶步步紧逼的结果。绿珠是谭端午梦想中的自己，单纯浪漫，大胆直接。和端午一样，她终与生活和解。楚云为林宜生打开了一个闻所未闻的阴暗世界，她惊人的隐忍和低调中藏着一颗历经悲苦的灵魂，她背后的辉哥更像是真正善良的人。世界的复杂程度远超谭端午、崔师傅和林宜生的想象。

“春隐月”模式是格非小说情节在完成“辩证超越”后的又一次实际验证。既然从《春尽江南》开始，那么它必然承续着“三部曲”的哀韵，但它的精神走向，却是在斩断“三部曲”的自由理想序章后，直接让情节走入主体视野中的陌生化，进而揭示真正的生活以及人的本质化的精神归属。

结　语

先锋实验时期，格非小说情节在人物潜意识中的“权/欲”渴求拨动下发启、延展和完成，是简单的欲望“发生”到“满足”（或变相满足）的过程。若说这其中有形而上意味，那就是剥裸出人在现实历史中的真实存在。文化哀伤时期，格非转而渲染转型期社会文化价值失落的哀伤图景，着重描写知识分子群体的集体跌堕。由于此时他感到现实的复杂性远超先锋小说的表现力，必须重新为小说灌注现实介入

① 格非：《隐身衣》，人民文学出版社2012年版，第188页。

意识才能有所突破，因而他把视野重新拉回中国叙事传统之内。主体内审时期，他认识到要“重返时间的河流”，在过去的“他者”中找寻现代社会逝去的美好价值，乡土回望题材、百年“乌托邦”实践史就成为他在新世纪写作上的两类重要开拓。而知识分子必须要勇敢地面对当下，如何做一个真实而不被欲望摧毁的人，格非又在历史和乡土反思后给出自己的回答：节制欲望，简朴生活，坚守理想才能返归人类存在之本真。这就完成了从“迷舟”式的欲望叙事到“花家舍”坍塌后向欲望的辩证超越这一维度的跃升和检验。

（作者单位：山东大学文学院）

《音韵学教程》各版修订比较研究兼指瑕（下）

康博文

三、商榷之诸问题

以上就《教程》三十年来的修订过程做了简要的叙述，对于唐先生改正或改误之处分别举例做了分析说明，以供读者参考。此外，仍有在《教程》修订过程中未曾涉及之处，而我们认为有讨论余地者，择要述于下文。

（一）关于《音韵阐微》改良反切的条例

《教程》第21页①："清人李光地著《音韵阐微》，在吕坤和潘耒的基础上又进一步对反切做了一些改进，尽可能地不用生僻字，个别的地方可以灵活一点。"《教程》关于《音韵阐微》一书改良反切条例的说明是承接上文对《交泰韵》和《类音》的介绍而来的，对此需要简单地加以回顾：

> 明末吕坤著《交泰韵》，清初潘耒又著《类音》，都曾设计一套新的反切。他们的主要意见是，反切上下字要用本呼的字。所谓"用本呼的字"，就是指反切上字和反切下字的四呼一致，也就是开口切开口，齐齿切齐齿，合口切合口，撮口切撮口。吕坤、潘耒等人还进一步将反切下字改用以元音开头的字（即零声母字），同时顾及声调的阴阳。

① 以下讨论均以最新版（即第五版）《音韵学教程》为准，页码亦为第五版页码。

这里指出了吕、潘二书改造反切的三个要点，即一要保证反切上下字同呼，二是反切下字用零声母字，三是反切下字与被切字调同阴阳。第一点是对拼切过程协和的保障，后两点则可视为对反切下字的要求。可以认为，唐先生即是用这样三点来概括《交泰韵》《类音》以及《音韵阐微》改造反切的基本条例的。然而我们认为这样的概括是欠于周全的，至少对《音韵阐微》而言如此，以下从《音韵阐微》本书和其反切音理两方面述之。

《音韵阐微·凡例》云："凡字之同母者，其韵部虽异而呼法开合相同，……由此以推，凡翻切之上一字皆取支、微、鱼、虞、歌、麻数韵中字，辨其等母呼法，其音自合，以此数韵能生诸部之音在。凡字之同韵者……由此以推，凡各韵清声之字皆收声于本韵之影母，各韵浊声之字皆收声于本韵之喻母。盖影喻二母声有清浊，乃本韵之喉音。天下之声皆出于喉而收于喉，故翻切之下一字用影喻二母中字收归喉音，其声自合也。"①

这段凡例从声韵两方面叙述了《音韵阐微》的改良要点，即反切上字取支、微、鱼、虞、歌、麻六韵中同呼法字，反切下字清音取影母、浊音取喻母同声调字。显然，取支、微、鱼、虞、歌、麻六韵字是对反切上字韵尾方面的规定——倘若顾及《阐微》在实际切语中除此六韵外仍使用了"之""齐"二部和入声韵字的情况，至少这个规定可以称为不使用阳声韵（即不带鼻辅音②）。但此言似乎又过于囫囵，因为其一，彼时口语中的入声韵已然脱落其塞音韵尾，与上述阴声诸韵无所差别；其二，其所取各韵（包括入声韵），在明清时期亦多读为单元音。据王力先生《汉语语音史》中给明清音系的拟音，《阐微》用作合音反切上字的支、微、鱼、虞、歌、麻、之、齐、屋、烛、质、术、迄、昔、锡、职、缉韵字③，在彼时均读［i］［ɿ］［ʅ］［y］［u］［ɔ］［a］［e］等单元音④。从实质上说，此规定意在尽可能地剔除反切上字中除声母以外的其他音素。

---

① ［清］李光地等撰：《音韵阐微》，台湾商务印书馆景印《文渊阁四库全书》本，第240册，凡例第1b—2b页。下引该书仅注明作者、书名、页码。

② 李新魁先生在所著《汉语音韵学》中即如此介绍，详见《汉语音韵学》，北京出版社1986年版，第80页。

③《音韵阐微》合音反切上字归韵的统计，来自黄雪晴：《〈音韵阐微〉的音系与反切改良》，武汉大学2013年博士学位论文。

④ 王力：《汉语语音史》，商务印书馆2010年版，第444—453页。

从音理上说，关于此规定的语音理据，下举《阐微》卷二清母灰韵“猜，《广韵》仓才切，《集韵》仓来切，合声雌哀切”一例，列表对比如下[①]：（括号内为拼切时省去的部分）

《广韵》	猜cāi=仓c（āng）+才（c）ái
《集韵》	猜cāi=仓c（āng）+来（l）ái
《音韵阐微》	猜cāi=雌c（í）+哀āi

可见，《广韵》与《集韵》的反切在拼合时需要去除切上字的阳声韵韵尾和切下字的声母部分，这无疑都将增加拼合的阻碍，而《阐微》的“雌哀切”却顺畅无比，急读便出“猜”音。究其原因，非特切下字属零声母，且声调阴阳与被切字相同之故，更有切上字用开韵尾字之功。雌、哀二字皆为开口，上字又无韵尾，急读时切上字的元音部分与切下字的韵母直接接触，近乎辅音加元音的直拼，流畅非常。

再举《教程》中的例子：“东”旧用“德红切”，今改为“笃翁切”。原来的切上字“德”与切下字“红”不同呼。红，户公切，全浊匣母；东，全清端母，受声母清浊影响，两字在“平分阴阳”后显然声调也不同阴阳，故拼切不便。而改良后的切下字“翁”，一属零声母字，二与被切字均为阴平声调，加之切上字“笃”与其同呼（合口）且无韵尾，急读时“笃”的韵母［u］与“翁”的韵头［u］合二为一，自然得出了“东”的读音，而整个过程与切上字没有韵尾直接相关。

类似例字俯拾即是，如“公”旧用“古红切”，今拟“姑翁切”；“巾”旧用“居银切”，今拟“基因切”；“牵”旧用“苦坚切”，今拟“欺烟切”；“萧”旧用苏雕切，今拟“西腰切”等等，改良后无一不若《阐微》所言“缓读之为二字，急读之即成一音”[②]。

《阐微》的改良思想早为古人总结精当，陈澧评《阐微》合声之法即云：“切语之法，非连读二字而成一音也，连续二字成一音，诚为直捷，然上字必用支鱼歌麻诸韵字，下字必用喉音字。支鱼歌麻无收音，而喉音直出，其上不收，其下直接，故可相连而成一音，否则中有窒碍不能相连矣。”[③]反切本是上下字配合辗转成音的

① 摘自黄雪晴：《〈音韵阐微〉的音系与反切改良》，武汉大学2013年博士学位论文。

② ［清］李光地等撰：《音韵阐微》，凡例第9页。

③ ［清］陈澧撰：《切韵考》卷六，北京市中国书店1984年版，第12a—12b页。

过程，只强调反切下字没有声母只是半壁江山，切上字使用开韵尾字亦是《阐微》改良反切必不可少的一环，罗常培先生亦将其作为"《音韵阐微》改良反切的基本原则"①。"支鱼歌麻无收音""其上不收"的表述再明白无误，应该有理由认为，《教程》中对这一点的忽视是不妥的。

（二）关于开合口的界定

《教程》第38—39页："据古代等韵学家的研究，古代汉语中的韵母只有［i］和［u］两种韵头，而没有［y］韵头。但是在古音里［i］和［u］可以同时做韵头。比如说［an］这个韵，开口是［an］，前边加介音［i］成为［ian］，还算开口；合口［uan］前边加介音［i］成为［iuan］，还算合口。也就是说，韵母中只要有［u］的都是合口呼，而没有［u］的都是开口呼。"我们认为，这段论述最后的结论，即"也就是说"后的部分是错误的。

此处是《教程》修订过程中有所更动的一句话，但很遗憾仍未能改正。前四版结论句为"只要有［u］的都是合口呼，只要没有［u］的都是开口呼"，第五版改为"韵母中只要有［u］的都是合口呼，而没有［u］的都是开口呼"。将省略的定语补足且更加书面化，符合第五版的修订特点。但显然，开合口的界定标准不在于韵母——而在于韵头或韵腹中是否具有［u］音素。

由于传统音韵学的体悟特点，古人认知的开合口区别大致只能限于对唇形的描述。如潘耒《类音》："初出于喉，平舌舒唇，谓之开口；举舌对齿，声在舌腭之间，谓之齐齿；敛唇而蓄之，声满颐辅之间，谓之合口；蹙唇而成声，谓之撮口。"②又如江永："音呼有开口合口，合口者吻聚，开口者吻不聚也。"③这里的"舒唇""敛唇""蹙唇"和"吻聚"皆指嘴唇而言，难免显得模糊，而在引入现代语音学知识后这个问题就变得清晰起来，罗常培曰："若以今语释之，则介音或主要元音有［u］者，谓之合口；反之，则谓之开口。"④这指明了影响唇形的具体原因是韵

① 罗常培：《王兰生与〈音韵阐微〉》，《罗常培语言学论文集》，商务印书馆2004年版，第390页。

② ［清］潘耒撰：《类音》卷二，《续修四库全书》影印清雍正潘氏遂初堂刻本，上海古籍出版社2002年版，第4b页。

③ ［清］江永撰：《音学辨微·七辨开口合口》，《丛书集成初编》第275册，中华书局2011年版，第34页。

④ 罗常培：《中国音韵学导论》，山西人民出版社2015年版，第41页。

头（即罗之“介音”）和主要元音中［u］因素的有无。

而以此对照《教程》中的表达，便不难发现问题所在：唐氏所言的“韵母”除韵头与韵腹外，无法排除韵尾在外，而事实上韵尾是不能对“呼”发生影响的。如王力先生给《广韵》中尤、侯两韵的拟音分别作［ĭəu］［əu］，其韵母中皆存在［u］音素，而在《韵镜》等韵图中两韵从来是作开口呼的。正如罗常培释四呼曰：“韵母之不含［i］［u］［y］三音素者，统谓之开口；以［i］作介音或主要元音者，谓之齐齿；以［u］作介音或主要元音者，谓之合口；以［y］作介音或主要元音者，谓之撮口，并指韵头或韵腹之唇态而言，与韵尾或声母完全无涉。”[①]可以认定，《教程》对开合口的界定不够严谨——不过由于原书脱胎于课堂实录的事实，这也是情理之中的小瑕疵。

（三）曾运乾《切韵五声五十一纽考》的音韵学史定位

《教程》第88页：“白氏（白涤洲）用同样的方法，还将三十六字母中的……亦各分为两类，加上……共计也是四十七声类，跟瑞典高本汉所得的结果相同。后来，曾运乾、陆志韦、周祖谟等先生，进一步从审音的角度，并参用‘统计法’或‘系联法’各自得出了五十一声类的结论。即除了上述的四十七类外，又将表示‘精、清、从、心’四母的反切上字各分为二……”

《教程》此处排比《广韵》声类的研究史，从陈澧的四十声类，到黄侃、钱玄同的四十一声类，高本汉、白涤洲四十七声类，最后到曾、陆、周的五十一声类，看似愈趋精细，井井有条，实则违背了客观史实，具体来说，对曾运乾《切韵五声五十一纽考》的音韵学史定位出现了失误。

曾氏《切韵五十一声类考》，其文曰：

> 其（陈澧）所分声类，不循条理，囿于方音，拘于系联，于明、微之应分者合之，影等十母之应分者亦仍其旧而不分，殆犹未明陆生之大法也。今辄依切语音侈声鸿音弇声细之例，各分重轻二纽。陈氏原四十类，加入微……十一母，故四十类为五十一纽也。[②]

---

① 罗常培：《中国音韵学导论》，山西人民出版社2015年版，第43页。

② 曾运乾：《音韵学讲义》，中华书局1996年版，第121页。

又杨树达《曾星笠传》云：

> 自唐守温创三十六字母，清季番禺陈兰甫著《切韵考》，谓《广韵》照、穿、床、审、喻五母切语各分二类，当别增五母，又并明、微为一，合之得四十类。君读陆法言《切韵序》，谓支、脂、鱼、虞、先、仙、尤、侯须轻重有异者，明韵与切之易于淆混，当明辨也。君因是考影、见、溪、晓、疑、来、精、清、从、心十母在《广韵》切语亦各有鸿声侈音与细声弇音之别，谓陈氏之增五母，善矣，而未尽也，至其并明、微为一，乃囿于方言致然，遂定《广韵》切语当为五十一纽，著《广韵五声五十一纽考》。①

由上可知，曾运乾分《广韵》声母为五十一类是以陈澧的四十类为基础的，其所遵循的原则是陆法言在《切韵序》中暗示的“音侈声鸿、音弇声细”，其方法是传统音韵学的审音方法，其结论是陈澧的分析不够细致，于是再分影、见、溪、晓、疑、来、精、清、从、心十母为二，析明、微为二，共得五十一声类。

最有力的证据是年代先后。曾氏之文刊于《东北大学季刊》第一期，时间为1930年；而白氏《广韵声纽韵类之统计》载《北京女师大学术季刊》1931年第2卷第1期，显然并非如《教程》所言“后来……除了上述的四十七类外”又分精组四母为二云云。且白文绪言曰：“东北大学教授曾运乾先生又曾把其中的声纽分成五十一类。”②是足证曾运乾《切韵五十一声类考》成于白涤洲《广韵声纽韵类之统计》之前，其结论直接继承陈澧四十声类而来。《教程》在此处的叙述欠妥。

（四）臻摄的内外转归属

《教程》在这一问题表述上的不一致，易使读者认为是存在矛盾的。第60页介绍内外转时其表述如下：

> 从等韵图所归纳的二〇六韵来看，每一个“转”都与“摄”有关系。一般情况是，凡有二等韵的摄就叫外转，凡没有二等韵的摄就叫内转。十六个摄中

① 杨树达：《曾星笠传》，载曾运乾《音韵学讲义》，中华书局1996年版，第1—2页。

② 白涤洲：《广韵声纽韵类之统计》，《北京女师大学术季刊》1931年第2卷第1期。

每一摄所包括的韵数不等，有的是一、二、三、四等韵俱全（如山摄、咸摄、效摄、蟹摄等），都属于外转。但是也有些摄并不是一、二、三、四等韵俱全的。比如梗摄只包括有二、三、四等韵，而缺一等韵，也属外转；臻摄缺四等韵，有一、二、三等韵，也属外转。又比如假摄，仅有一个麻韵，但是这个麻韵包括二、三等，所以假摄虽然只有一个韵，也属于外转。江摄也只有一个二等江韵，也属外转。所以说，十六摄里凡是具有真正二等韵的，就叫做（作）“外转”。而不具备真正二等韵的摄，就叫做（作）“内转”，如通摄、止摄、遇摄、果摄、宕摄、流摄、深摄、曾摄。

本段先后两次对内外转和二等韵的关系作了论断，第二次尤其强调具备真正二等韵的摄就叫作外转，这是非常正确的（说详下）。因此臻摄是否属于外转的问题也就转化为了臻摄是否具有“真正的二等韵”。同时，本段把臻摄作为外转叙述，与此处观点吻合的是同书第151页《内外转与十六摄》（一〇六韵与二〇六韵）表，该表称臻摄为“外6臻”，将臻摄定为外转。

但《教程》中同样存在认定臻摄没有“真正二等韵”之处：第115页《广韵》二〇六韵的分类分等情况，在“二等韵”栏下不见臻摄韵目，即真、谆、臻、文、欣、元、魂、痕（举平以赅上去入，下仿此）[①]。具体来说，真、谆、臻、文、欣、元六韵在三等韵下，魂、痕二韵在一等韵下。第116页解释“假二等”时，又明言“真正的二等韵只有麻二、皆、佳、夬、肴、山、删、江、庚二、耕、咸、衔等十二韵，韵图上的其他二等字也都是假二等”，亦把臻摄诸韵排除在外。与臻韵相配的入声栉韵在《〈广韵〉韵母与现代普通话韵母比较表（一）》中同样被认定为三等。是则依定义不得将臻摄归为外转，产生了所谓矛盾。

我们认为：其一，“具备真正二等韵的摄就叫作外转”的论断是独到而正确的；其二，臻摄不存在“真正的二等韵”，即臻摄二等韵属“假二等、真三等”。

首先分析“具备真正二等韵的摄就叫作外转”一句。

依理想情况，韵图的一列代表一个声母，一行代表一个韵类，由此形成一个声韵调配合表，图中的字只要循其经纬便可求得其所属的声纽和韵目。不过三十六字母中，照穿床审禅、精清从心邪十个字母，所代表的声母在隋唐音里比较复杂，即

① 元韵在《广韵》中属臻摄，《韵镜》中属山摄，列于三等韵，与本文讨论的问题无涉，故从略。

代表着庄初崇生、章昌船书禅、精清从心邪共十四个声母。由于等韵图的局限，这十四个声母在《韵镜》中仅仅可占齿音一栏。于是韵图的作者为了调和这一矛盾，便强行规定：正齿音排在二等地位上表示其声母为庄初崇生，排在三等地位上就表示其声母为章昌船书禅，一等和四等地位上则是精清从心邪五母的字。这样一来，原本只用以分析韵母的“等”便被赋予了声母的信息。

倘若庄组仅可与二等韵结合，那么将其置于韵图中的二等地位亦无不可，问题正在于庄组字除二等以外，亦同时具有三等字。这些三等字由于声母不属章组而无法正常归于三等地位，只能迁就声母排在二等的位置上，如此造成的现象便是，不论庄组的二等或三等字，在《韵镜》中只表现为二等，于是就出现了“假二等、真三等”的情况。同理，精组声母与三等相拼的字也由于章组占据了三等的地位而被迫移至四等，即所谓“假四等”。此外喻母的情况亦与上述相似，经系联喻母存在“于”类和“以”类两个声类，且不是同一声母的互补关系，“于”类属于匣母而“以”类独立，换言之一个“喻”字代表了两个声母，为了加以区别只得分别规定在三等和四等的地位上，实则四等地位上的“以”类亦与三等韵相拼，同样属于“假四等”。

所谓内外转，实则就是等韵门法为区别庄组二等字和庄组三等字所设立的。门法的设立主要是为了说明反切在韵图中如何列等归位的问题，“内外”门亦不例外。刘鉴曰：“内外者，谓唇牙喉舌来日下为切（引者按：即反切上字），韵逢照一（引者按：即庄组），内转切三，外转切二，故曰内外。”“内转切三”说的是某个字的切下字是庄组字，若这个庄组字属内转，则被切字当从三等出切（即切出三等字）；若切下字是属于外转的庄组字，则切出二等字（即“外转切二”）。这实际上便是以“内（外）转”的字样将庄组二（三）等字做了区分，使被切字的列等归位与其反切下字的实际等第相符合，是非常科学的。

关于内外转的界定，此前诸家多表述为是否具有“独立二等韵”，如李新魁：“外转是指具有独立的二等韵（原注：即不是原属三等韵而韵图将它的庄组字列于二等的‘假’二等）；内转则没有独立的二等韵，即唇舌牙喉等声母字都没有二等字，只有某些齿音庄组声母列于二等的地位，这些字都属于三等韵的一类，只不过是韵图按其声母将它们列于二等而已。”[①]但“独立”的表述仍有学者在其他意义上使用，如严学宭：“韵图中一等韵的冬、模、泰、灰、咍、魂、痕……各只有一类，不与

① 李新魁：《汉语等韵学》，中华书局1983年版，第145页。

其它（他）的韵等（如二、三、四等韵）发生牵涉，一般称为独立一等韵……一等与三等合在一个韵部之内的，有东、戈两个，称为一、三等合韵。”①可见严先生是将“独立韵”（或“纯韵”）与“合韵”对举的。我们认为，在“独立”的意义诸家既有分歧，且又不能明确指出作为内外转分别关键的“假二等”的情况下，唐先生采用“真正二等韵”的表述是非常正确的。

其次论证臻摄没有真正的二等韵。

代表意见来自严学宭先生：“三等韵的微、废、夕、欣、元、严、凡、臻（韵图列于二等，实为三等），幽（韵图列四等，实为三等）诸韵，也与一、二、四等混合一起②，一般称为独立三等韵，或称纯三等韵。”③明确将臻韵定为三等韵，董同龢、李荣、郭锡良、陈广忠、许良越、刘芹等意见同此。

《韵镜》中属臻摄的韵图从外转第十七开至外转第二十合，凡四图；其中列为二等韵的字有：臻蓁莘、齔涊、榛、栉齜瑟、蠔、黜率。其中有误排者当删去，又有漏排者当补入：

蠔，据李新魁《校证》：《广韵》休谨切，又虚偃切，居于隐韵之末。……《韵镜》此字已列于十九转隐韵内，此位又列，重出。《磨光》《易解》《七音略》本转皆不列此字④，当删去。

本转轸韵二等齿音清（庄母）之位，当补𧿹字。《广韵》有𧿹字，仄谨切，入隐韵。戴震曰：“昔人论韵，审其洪细……或因字少，不烦别出。则兼数等为一韵，……不别立部目，又……臻韵、栉韵并二等；欣韵、迄韵并三等；惟上声隐韵，去声焮韵兼二等三等，其二等𧿹齔等字即臻栉二韵之上去也。亦以字少不别立部目。”⑤“欣、隐、焮、迄”四声相承，而欣、迄只有三等韵，说明隐、焮韵中的二等非本韵字，正臻栉韵所缺之上去声也，以其字少未单独立目，附于隐、迄韵耳。《七音略》以韵目“隐”置于韵目“很”之下，“很”为一等痕韵上声，则正将隐韵视为臻韵上声也。《集韵》沿袭了《广韵》字少不立目的原则，只不过将臻栉的上去声字从隐、焮韵移入准、

① 严学宭：《广韵导读》，巴蜀书社1990年版，第102页。

② 引者按：联系上下文，“也与”当作“也不与”。

③ 严学宭：《广韵导读》，巴蜀书社1990年版，第102页。

④ 李新魁：《韵镜校证》，中华书局1982年版，第187页。下引该书仅注明作者、书名、页码。

⑤ ［清］戴震撰：《声韵考》卷二，《续修四库全书》影印清乾隆四十四年孔继涵刻微波榭丛书本，上海古籍出版社2002年版，第3b—4b页。

稕韵罢了。而此位《集韵》准韵正有螓字，阻引切，按切当入轸韵。《广韵》隐韵螓字当即《集韵》准韵螓字之讹[①]。李新魁亦云："《广韵》以臻韵之上声字入隐韵，《韵镜》按原来面目以齔等字列臻韵上声之位，殊能突破《广韵》收字立韵之限制，惟缺列螓字为不妥耳。……案其他韵图俱列螓字，甚是。"[②]加上李先生指出的其他韵图列螓字的旁证，我们便更有理由将螓字补入轸韵二等齿音清（庄母）之位。

本转栉韵二等齿音次清之位，当有刹字。《校证》："此位《切三》《王一》《广韵》均有刹字。……《磨光》《七音略》《等子》《指南》均有。"[③]

删补之后，我们看到属于喉音晓母的"𧌄"字被剔除，余下所谓臻系的二等字皆为齿音庄组字，从假二等产生的原因来看，它们极有可能不是真正的二等字，以下参考各字反切，逐一对其音韵地位进行分析。

（1）平声：臻蓁莘。

臻，《广韵》侧诜切。

蓁，《广韵》士臻切。

莘，《广韵》所臻切。

按，侧、士、所皆属庄组；诜，《广韵》所臻切，与臻互用，而与《广韵》音系十分接近的《晋书音义》中，莘作"所申反"，三等真韵。

（2）上声：螓齔濜。

螓，《广韵》仄谨切。《集韵》阻引切。

齔，《广韵》初谨切，又初靳切。《集韵》楚引切。

濜，《广韵》鉏纼切。《集韵》鉏引切。

按，仄、阻、初、楚、鉏皆庄组，谨、纼均在三等隐、轸韵。

---

① 鱼、角之讹，其例甚多，《说文·角部》："角，……角与刀、鱼相似。"王筠《说文句读·角部》："角，……许君所以言此者，《曹全碑》《景北海铭》'鮃'字皆从角。知是时六书裂坏，故言之。……北齐《药方碑·疗五痔方》'用牛角鰓'，是又讹角为鱼也。虽非许君所及见，而鱼、角互讹可见矣。"其他字书、韵书对"鱼""角"互讹的现象也时有记录。如《集韵·混韵》："鯀，人名，禹父也。或作鮌，通作鲧。"《龙龛手鉴·角部》："觼，俗……正作鱞字。"详参吉发涵：《李觯名、字、号辨正》，《文史哲》2014年第3期。

② 李新魁：《韵镜校证》，第186页。

③ 李新魁：《韵镜校证》，第192页。

（3）去声：榇。

榇，《广韵》初觐切。《集韵》同。

按：初属庄组，觐，《广韵》渠遴切，三等震韵。

（4）入声：栉剥龇瑟。

栉，《广韵》阻瑟切。《集韵》测瑟切。

剥，《广韵》初栗切。

龇，《广韵》崱瑟切。《集韵》则乙切。

瑟，《广韵》所栉切。《集韵》色栉切。

按：阻、测、初、崱、则、士、所、色皆庄组，瑟与栉《广韵》互用，栗、乙在三等质韵。

此外《韵镜》中臻摄外转第十八合，术韵有黜、率两字列于二等，需要加以分析：

黜，《广韵》侧律切。

率，《广韵》所律切。

按，侧、所为庄组字，律在三等术韵。

《韵镜》中同属臻摄者尚有外转第十九开“欣隐焮迄”、外转第二十合“文吻问物”，两图皆仅有三等字，与假二等无涉。

综上所述，《韵镜》中排在二等的臻蓁莘、鰇龇浕、榇、栉剥龇瑟、黜率诸字，经过分析它们的反切，发现都与三等韵有密不可分的联系。邵荣芬先生也在《切韵研究》中把臻韵系并入真韵系，认为臻、栉两韵是真韵系“在一定声母条件下的异调异读”[①]。

另，从语音结构上看，臻摄二等韵也无法独立存在，李荣先生说：“臻摄二等字并非五音具足，也只限于齿音。”[②]的确从与声母拼合的角度看，这是个不争的事实。

既已认定臻栉韵是假二等、真三等，臻摄并无真正二等韵，另一个问题则随之浮出——“具有真正二等韵”是区别韵图内外转的标志，臻摄既无真正二等韵，《韵镜》第十七、十八、十九、二十图所标“外转”又该如何得到解释？

《韵镜校证》“外转第十七”注云：“《宽永本》及《古义》与此本同标作外转。《易解》《磨光》并作内转，《七音略》亦作外转。十七、十八、十九、二十四转皆臻

① 邵荣芬：《切韵研究》，中华书局2008年版，第88页。

② 李荣：《切韵音系》，科学出版社1956年版，第182页。

摄，《韵镜》及《七音略》各本多作外转，而日本宽永五年本、元禄本、《韵镜易解》《改订韵镜》《磨光韵镜》等均作内转。罗常培《释重轻》一文曰：‘臻摄二等只有正齿，而列之外转……皆与辨例显然抵牾。’（原注：《罗常培语言学论文集》第八九页）盖臻摄四图，二等惟有正齿而无唇舌牙喉音，宜标作内转为是。”①

以上为我们认定《韵镜》十七至二十四图的“外转”有误找到了其他韵图上的依据，同时罗常培“臻摄二等只有齿音”的意见亦与李荣一致，更考虑到反切中体现的内部联系，因此我们接受李新魁先生怀疑此四图应标为“内转”的意见。

（五）幽韵是否属于四等

对于幽韵所属等第的认定在《教程》中亦有所矛盾。第115页介绍《广韵》二〇六韵的分类分等情况时，将“幽黝幼”列于三等韵下，而在《〈广韵〉韵母与现代普通话韵母比较表（一）》中又将幽写作“幽四”。不特此处，《〈广韵〉反切下字表》中给幽韵的拟音为［iəu］，而依据同书第122页对介音的说明，［ĭ］介音用于三等、［i］用于四等，则又可推知这意味着以幽韵为四等。

关于这一问题学界亦素有争论，王力先生《汉语语音史》将幽韵判作四等，郭锡良《汉字古音手册》也持此观点。相反意见则见于李荣《切韵音系》、邵荣芬《切韵研究》、李新魁《汉语音韵学》、严学宭《广韵导读》、董同龢《汉语音韵学》及余璐《论“幽”韵三等》②。我们同样认为，幽韵属于三等韵，现依照余璐先生的观点组织证明如下，间杂己意。

幽韵十小韵，它们分别是幽，于虯切；虯，渠幽切；彪，甫烋切③；镠，力幽切；樛，居虯切；淲，皮彪切；稵，子幽切；缪，武彪切；聱，语虯切；飍，香幽切。

第一，这十小韵的反切上字所在韵皆为三等、所在声组亦可以与三等韵相拼切，其中“渠”字属牙音全浊群母，而群母只与三等韵相拼。董同龢亦将有群母字作为幽韵属于三等的重要证据之一，其言曰：“有群母字，这是三等韵的特点之一，而四

① 李新魁：《韵镜校证》，第183页。

② 余璐：《论“幽”韵三等》，《古籍研究》2006年第1期。

③ 甫烋切，《切韵》原作“甫休反”，《切三》《王三》彪字甫休反，《王二》补休反可证。《王三》休字有两切，一在尤韵，一在幽韵，幽韵休字下注：“许彪反，美。加火，失。”然烋为俗体，姑仍《广韵》之旧。详见张渭毅：《陈澧〈切韵考〉考证条例研究》，《中古音论》，河南大学出版社2006年版，第180页。

等韵是绝对不会有群母字的。”[①]

第二，幽韵的反切下字虬、幽、烋、彪通过分析应当属于三等韵：

幽，《广韵》于虬切。

虬，《广韵》渠幽切。与其相承的上声字是纠，《集韵》“纠，吉酉切”，《广韵》“酉，与久切”，《广韵》“久，举有切”，“有”在《韵镜》中列于三等，故反推之，久、酉、纠、虬、幽皆为三等字。

烋，《广韵》香幽切。

彪，《广韵》甫烋切。《刊谬补缺切韵》甫休切，《切韵指掌图》补尤切，休、尤在《韵镜》中都是三等字，故彪、烋亦为三等字。

第三，幽韵各小韵字的反切经过分析属于三等。

缪，《玉篇》眉救切、眉鸠切。鸠、救均属三等尤韵，其《广韵》武彪切，彪在《礼部韵略》中转入尤韵，与三等尤韵关系密切。

樛，《玉篇》居秋切，《说文系传》饥酬反，秋、酬皆为三等尤韵。

滮，《玉篇》皮留切，留属三等尤韵。

综上，余璐先生通过分析幽韵小韵字的反切上字、反切下字和被切字本身得出了幽韵属于三等的结论。

《教程》在臻摄的内外转归属、幽韵是否属于四等的问题上表现出的所谓矛盾，并不说明唐先生不知两韵系实情，而是囿于《教程》作为基础音韵学读本的性质，不宜将它们铺展开来叙述。相反，只要对照王力先生在《汉语语音史》上的观点，便可知唐氏对上述两问题是确有灼见的。王力《汉语语音史》：

> 除去假二等、假四等不算，《广韵》206韵和四等的关系如下表：……
>
> 二等：江佳皆夬臻删山肴耕咸衔
>
> 　　　觉黠辖麦洽狎
>
> 四等：齐先萧青幽添[②]

由此可见王力先生是在考虑过假二等的情况后认定了臻韵属于二等、幽韵属于

① 董同龢：《汉语音韵学》，中华书局2001年版，第177页。

② 王力：《汉语语音史》，《王力全集》第二卷，中华书局2014年版，第9—10页。

四等的。而《教程》第115页对此并未完全袭用，将臻栉韵从二等、幽韵从四等中均调至了三等。至于书中个别表头写“外6臻”“幽四”等字样，只可理解为唐氏尊重韵图文献原貌的照录。对于这类问题，需要稍加注释，不使读者觉得含混甚至误会为矛盾即可。

四、第五版修订建议

1.第21页：“清人李光地著《音韵阐微》”宜作“清人李光地等著《音韵阐微》”或“清人李光地、王兰生著《音韵阐微》”。[①]

2.第21页：“在吕坤和潘耒的基础上又进一步对反切做了一些改进”后宜增“反切上字尽量使用不带鼻音韵尾的字”。

3.第35页：《韵母表》中［un］宜改为［uən］。

4.第39页：“也就是说，韵母中只要有［u］的都是合口呼，而没有［u］的都是开口呼。”此句宜删去。

5.第40页：“第一类是没有韵尾的，如［ɿ］［ʅ］［i］［u］［y］［a］［ia］［ua］［o］［uo］［io］［ə］［iɛ］［yɛ］等韵母”中［io］宜删去。

以鼻音为韵尾的韵母中［un］宜改为［uən］。

6.第48页：《古调类今读演变表》，修订意见详上文。

7.第60页：“凡有二等韵的摄就叫外转，凡没有二等韵的摄就叫内转。”此句宜删去。

8.第60页：“臻摄缺四等韵，有一、二、三等韵，也属外转”欠妥。

9.第66页：“到了公元581年，杨坚统一了中国，建立了隋朝。”“公元581年”当改为“公元589年”，并删去“建立了隋朝”五字。[②]

10.第66页：“《切韵》原来收字一万二千一百五十个”宜改为“《切韵》原来收字一万二千一百五十八个”。据《封氏闻见记》：“隋朝陆法言与颜、魏诸公定南北

---

① 罗常培：《王兰生与〈音韵阐微〉》，《罗常培语言学论文集》，商务印书馆2004年版，第375—405页。

② 杨坚建隋在公元581年，而灭陈统一中国则在589年。此处《教程》强调国家统一对韵书的影响，故作如上修订。

音，撰为《切韵》，凡一万二千一百五十八字，以为文楷式。”①

11.第74页：“戴震考定‘齓’字为臻去声，附见焮韵。按今《广韵》上声隐韵‘龀’字下注：‘毁齿。俗作龀，初谨切，又初靳切，一。’”宜改为“戴震考定‘龀’字为臻去声，附见焮韵。按今《广韵》上声隐韵‘龀’字下注：‘毁齿。俗作齓，初谨切，又初靳切，一。’”②

12.第77页：“尤（於求反）”宜改为“尤（于求反）”。

13.曾运乾系联五十一声类经过宜重新叙述：1930年，曾运乾从审音的角度，在陈澧四十声类的基础上将影、见、溪、晓、疑、来、精、清、从、心十母各分为二，将明、微二母分开，得出了五十一声类的结论。

14.第93页：“耻”当作“恥”。

15.第93页：禅母反切上字当重新排序：時$_{15}$市$_{11}$常$_{11}$是$_{6}$承$_{5}$視$_{3}$署$_{2}$殊$_{2}$氏$_{1}$寔$_{1}$臣$_{1}$殖$_{1}$植$_{1}$嘗$_{1}$蜀$_{1}$成$_{1}$。

16.《〈广韵〉反切下字表》：

上声“三十一混”“三十三旱”宜改为“二十一混”“二十三旱”。

下平声“一先”反切下字“烟”宜作“煙”。

入声“二十陌”中反切下字“卻”宜作“郤”。

17.第113页：“弓、穹、空、豨”，“空”字当作“窮”。

18.《〈广韵〉韵母与现代普通话韵母比较表（一）》，共错乱92字，当复其位，详见上文。

19.第125页：“浊上变去”群母例字“窘”建议删去。

20.第128页：（三）“［uo］韵母和卷舌声母相拼的字，来自古代入声”例字中“溯”宜作“朔”。

21.第135页：《绝句》拟音中所有的［ɤ］宜改为［ɣ］。

22.第138页：“‘陟鱼切’，切上字‘知’……”宜改作“切上字‘陟’”。

23.第143页：“采、有、喜、哉、梅、时、思、丝”后宜增“母”。

24.第145页：《诗经·小雅·庭燎》“庭燎晰晰”宜作“庭燎晣晣”。

25.第147页：“厦门念［tŋ］或［t］”宜作“［tŋ］［tĩ］”。

---

① ［唐］封演撰，赵贞信校注：《封氏闻见记校注》卷二“声韵”条，中华书局2005年版，第13页。

② 周祖谟：《广韵校本》上册，中华书局2004年版，第282页。

26.第150页：《平水新刊韵略》较《壬子新刊礼部韵略》“早出二十五年”宜改作“二十三年”。

结 语

唐作藩教授著《音韵学教程》是当今音韵学入门的权威著作之一。自初版至今已历三十年，修订至第五版。本文首先梳理了《教程》各版的修订情况：第一版使用简体字，在整体结构基本理想的前提下，本版《教程》的观点和客观材料都有许多不完善之处，口语痕迹明显、时代印记突出，这些特点为日后的不断修订埋下了伏笔。第二版改为繁体字，在企图解决繁简矛盾的同时制造了不少技术性失误，总体质量仍可提高。对“北曲用韵”、反切下字分类等问题进行了正确的修订，同时也在“四呼”、古调类今读、现代汉语韵母、顾炎武“四声一贯”说等处的修改上出现了偏差。第三版在内容上的增补较为引人注目，对《音韵阐微》改造反切的条例、反切上字的归类及各表格中的例字做了有益的订正。第四版最大的亮点在于重新统计了《广韵》的反切上下字，同时提高了表述的严谨性，相关说明和举例也更趋完善。但对于“江北平水”、《广韵》舒声韵母数等问题的叙述尚未使人满意。第五版主要解决了《教程》口语性强的瑕疵，涉及学术本身的修改较少，在《〈广韵〉韵母与现代普通话韵母比较表》的排版上出现大面积错乱。除修订过程中展现的各类问题外，尚有几个问题值得商榷探讨：本文认为，《音韵阐微》改良反切的“切上字使用开韵尾”条例被《教程》忽视，“韵母中只要有［u］就是合口呼”的提法不准确，将曾运乾系联《广韵》五十一声纽的成果置于白涤洲之后有违事实，对臻摄的内外转归属、幽韵三或四等的判定，书中叙述不够清晰，易使读者误会。最后，制最新版《音韵学教程》修订建议一份，以期对该书的进一步完善贡献微薄之力。

（作者单位：山东大学文学院）

（特约审稿人：孙剑艺）

性别规范及其双重性

——朱迪斯·巴特勒的性别理论解读

刘凡愚

内容提要：在众多针对性别问题的研究中，朱迪斯·巴特勒的性别理论独树一帜。她将“性别规范”作为一个独立的概念，对其进行了系统性的探讨。性别规范的运作机制以“他者、身体、语言”三个要素为基础。性别规范通过对他者的排斥来定制自身，并争夺主体的身体自主权，将其塑造成自身的他者；性别规范也作用于身体，通过对身体的暴力行为来巩固自身，对他者进行“非人化”的消解；语言也是性别规范发挥作用的工具之一，是行为的最终完成，性别规范通过语言等要素引用自身、复制自身、完成自身。同时，性别规范的内部要素也具有双重性。巴特勒的“性别表演论”告诉我们，性别并非固有，而是建构起来的，语言和身体就是其主要载体，但语言和身体要素存在着内部矛盾，甚至性别表演论本身就存在着悖论。而主体则因其自身的双重性，在突破现有规范秩序的过程中也面临着无法逃避的难题。

关 键 词：性别规范　他者　身体　语言

“性别”是人体非常重要的属性之一，它对人如何存在于、生活于社会之中起到至关重要的作用。传统意义上，人们习惯于将性别看作人体的生理性别，在欲望、生理性别及社会性别之间建立起密切的联系。举例来说，你拥有子宫、卵巢等系列生殖器官，意味着你的生理性别为女性，即你的社会性别也为“女性”，你应该具备“女性特质”，应该且只能对男性产生欲望。这就建立起一个异性恋性别规范。

在这套规范下，同性恋不被允许，跨性别成为病症，性少数群体（GLBQTI，即男女同性恋、双性恋、酷儿，跨性别者及双性兼具者）成为这个社会避之不及的“他者”，被排除在“人”之外，被性别规范所消解。

着眼于性少数群体所遭受的暴行，国内外学者对性别规范展开了质询。其中，朱迪斯·巴特勒的性别理论独树一帜。巴特勒将“性别规范”作为一个独立的概念，并对其进行了系统性的分析。性别规范如何发挥作用，现有的异性恋性别规范是否完善，能否寻求一个更开放、更包容、更多元的世界等问题，都是巴特勒所关注的。

本文立足于巴特勒对性别规范的阐述，提取出了性别规范运作机制的内部要素。经分析发现，要素本身具有双重性，他们既是性别规范发挥作用的载体，也对反抗规范起到了重要作用。

一、性别规范的多重要素——谁塑造了我们?

巴特勒的性别理论主要体现在其著作《性别麻烦》《身体之重》以及《消解性别》中。在《性别麻烦》中，巴特勒提出了“性别并非内在固有，而是由规训的压力产生”[①]的观点，构建了其著名的“性别操演理论”；在《身体之重》中，巴特勒着重探讨了身体和性别的物质性、表演性；而《消解性别》可谓其集大成之作，巴特勒重新审视了自己的性别理论，将前两本书的主要观点进行总结、深化，并回应、修正了理论中存在争议的一些问题，同时，也首次概念性、系统性地提出并阐释了“性别规范”这个概念。值得关注的是，巴特勒的“消解性别”并非要否定性别差异，也并非要否定性别规范存在的意义，而是要对现有的规范提出质疑。她并不是要取消现有的规范、构建新的规范。任何规范都有界线，都不可能完全，都会面临被打破。作者追求的，是一种更加开放、包容、多元的可能性。

巴特勒首先从“规范”谈起，引用了福柯、埃瓦德、拉康等人的相关论述，指出规范是一种尺度，一种制造普遍标准的方式。规范具有象征性地位，是早于作为主体的“我”出现的。换言之，在我们出生之前，规范就将我们放置在某个社会环境中，制定了我们日后的行为标准，规定了我们将成为什么样的“人”。规范决定了什么是可理解的，什么是能够出现在社会领域之中的，并将一切想要超出它的东

① 何成洲:《巴特勒与表演性理论》,《外国文学评论》2010年第3期。

西内化，任何对规范的反抗实际已经被控制在规范之下了，对规范功能的发挥起到正向作用。规范的表现形式非常复杂，如埃瓦德所言，规则和法律只是其表现形式之一，它不是具体的某一条法规，不是具体的某一件事例，而是作为规范化的隐形标准，运作于社会实践的内部，含蓄而难以解读。但同时，对规范的解读却又离不开实例，规范与现实不断交接，在制造其实施领域的同时制造自己。

而性别规范就是对我们性别属性的制约，它具有规范的属性及特征，但巴特勒认为，性别规范也具有独立的特点和规范化手段。在《消解性别》中，巴特勒阐述了性别规范的运行机制，笔者将其归纳为三个要素——他者、身体及语言。他者包含两层含义。其一，性别规范通过对他者的排斥来制造自己。任何想要成为“人”的他者都渴望被规范所承认，都要屈从于规范。巴特勒在书中举了大卫·莱默的案例，讲述了生理性别为男性的大卫在年幼时由于手术失误而被强行培养成女性，最终无法适应而变回男性的事件。在这个案例中，规范对他者的拒斥从大卫失去男性生殖器的那一刻开始，而大卫对规范的屈从也贯穿了始终。主治医师马尼强行将大卫培养成女性“布伦达”是对性别规范中“女性特质”的屈从，而布伦达选择以注射荷尔蒙、重造阴茎的形式变回“大卫”的过程则是对“男性特质”的屈从。规范在对大卫的拒斥和吸收中现身，不断地引用自身、巩固自身。其二，性别规范让每一个主体都成为自身的他者。在人类所具有的各种情绪中，尤以激动和悲伤最难以控制，而这两种情绪多是由与他人的联系而产生，如破镜重圆或爱人离世。主体与他人的联系正是由规范制定的社会关系所决定，在我们出生之前，规范就已经决定好了我们在社会中的位置。联系所导致的“情难自制”让我们脱离了对自身的主导权，此时此刻，我们无法控制自我，无法认知自我。我们处于自身之外，成为自身的他者。而这种对身体自主权的剥离也正是规范所需要的，是其加强主体规训的一种手段。

要素之二是“身体”。性别规范作用于身体，并通过对身体的暴力行为来巩固自身。身体并非完全属于自我，身体的社会性在我们还没有意识的时候就将我们抛入了与他人的联系之中。身体更像是一种媒介，是性别规范实施其控制行为的载体，是性别规范构建主体的方法之一。“行为、姿势和欲望构成身份认同的要素”[①]，欲望驱使着人的身体行为，让我们以为自己所做的一切都是自主选择的，但实际上，欲望也是从超越了自我的规范中产生，当人们被其所驱动时，其实正是被规范所驱

① 何成洲：《巴特勒与表演性理论》，《外国文学评论》2010年第3期。

动。当主体想要反抗规范时，就会遭到来自规范执行者的暴力行为。施行暴力的人担任“惩戒者”的角色，消解反抗者的可理解性，质疑其可能性，让他们显得“不真实”“不可解读”，让反抗者成为“人”之外的他者，抑或逼迫其屈从。巴特勒指出，这种“非人化”手段要经历两遍，第一遍经历于判定其被施行暴力时，第二遍则经历于施行暴力的过程中。对身体的暴力行为直接作用于身体之内的“我”，通过对“我”的幻想（对可能性的一种表达）的剥夺来加强规范。例如对同性恋的生殖把控、对双性兼具者的强迫手术，都是性别规范以其暴力行为维护自身的表现。在美剧《超感猎杀》里，主角之一的黑客诺米就是一位跨性别者和同性恋者，从男变性为女，并且爱上了一个女孩。她的决定遭到了周围人强烈的反对，家庭与她断绝关系，母亲甚至联系非法机构强行为其进行脑部手术，以“纠正”其对自身的“错误”认知。诺米是规范之外的他者，这种强制性改造手术就是性别规范对他者的暴力惩戒。诺米的母亲以一个规范之内普通主体的身份承担起“惩戒者”的角色，希望用手术这种暴力行为将诺米规训在规范所实施的范围之下。

要素之三是“语言”。语言是行为的最终完成，是性别规范发挥作用的载体。语言塑造主体，而言谈行动需要权威的支持。语言的行动力依赖于社会规范，换言之，社会规范将语言作为实施自己权威性的一种工具。阿尔都塞曾举过这样一个例子来论述语言对主体的塑造功能：警察走在路上，朝街边人喊话，受到召唤的街边人回头应答，成为规范下的主体，塑造行为完成。而巴特勒则认为语言是一种引用规范的工具，警察并不能直接象征权力，只是他的语言引用了权力，而被警察召唤的人也不需要回头承认召唤，只要他被语言召唤了，就已经被塑造成主体了。[①]在这里，巴特勒引用了福柯的理论，同时以“告白”为例，论述了语言在规范运行中发挥的作用。福柯早期提出了“牧养权力”观念，指的是在告白行为中，分析者通过权威话语，解读告白者的倾诉，以此达到把控、塑造告白者主体性的目的。这里的“分析者”与阿尔都塞召唤故事中的“警察”扮演着同样的角色，告白者的倾诉行为是对被解读的渴望，而分析者的权威话语引用了规范，在规范所实施的领域内解读告白者，实际上是将告白者圈定在了规范之下。同时，巴特勒也指出，福柯在后期否定了自己的“牧养权力”理论，将其修正为告白者对自我的重新塑造。在笔者看

① ［法］路易·阿尔都塞：《意识形态与意识形态国家机器》，见［斯洛文尼亚］斯拉沃热·齐泽克、［德］泰奥德·阿多尔诺等：《图绘意识形态》，方杰译，南京大学出版社2002年版，第171—172页。

来，“牧养权力”与“自我重塑”是一件事情的两个不同角度，这并不能否定语言的塑造作用，但确实可以证明，语言并不仅仅是规范塑造主体的工具，也是主体反抗规范的有力支点。后文中我们将详细分析，在这里就不加赘述。

举例来说，电影《霸王别姬》的主角程蝶衣在成长过程中就经历了语言对性别认同的塑造作用，陷入了对自身性别的认同矛盾，而这种社会性别与生理性别的不协调是有迹可循的。主角的人生片段可以分成两个部分，“小豆子”与“程蝶衣”。从小豆子到程蝶衣，是一个从男性到女性的过程，是一个被“阉割”的过程。阉割分为两步，第一步是隐喻的“身体阉割”，小豆子进戏班的条件是割去“第六指”，这里的“第六指”就暗比男性生殖器；第二步是“精神阉割”，通过语言的引用作用让小豆子彻底变为女性。片中小豆子成长的几个关键时刻都伴随着《思凡》里的一句唱腔，“小尼姑年方二八，正青春被师傅削去了头发，我本是女娇娥，又不是男儿郎……”这句唱词实际是对性别规范中女性特质的引用，隐喻着强加在小豆子身上的性别认同矛盾，并最终造成了他的社会性别转变。从错唱为“我本是男儿郎，又不是女娇娥”，到最后或被动或主动地成为舞台上、生活中的“真虞姬”，小豆子成为程蝶衣，社会性别完成了转换。

二、性别规范的双重性——多种可能性的开端

那现有的异性恋性别规范是否是完善、固有、不可更改的呢？巴特勒通过描绘对性少数群体的暴力行为给出了答案。“假如质询或者规则本身就是带有暴力的伤害性，那么这种主体建构的过程必然更加复杂和充满波折，在制裁和建构的角力中孕育着颠覆性的反抗力量。”[①]而性别规范的反抗力量正是诞生于其功能性要素，并在其中茁壮成长。

要谈巴特勒的性别理论，就绕不开她的“性别表演论”。性别表演论受到了奥斯汀、德里达的影响，是指性别并非固有，而是“作为主体本身的一种效果而建构起来的”，“是一种强迫性的表演”[②]。在这里，我们再次用到阿尔都塞的召唤故事，

① 何成洲：《巴特勒与表演性理论》，《外国文学评论》2010年第3期。

② 王宏维：《巴特勒：性别研究视域下对“二分监狱”的反抗》，《华南师范大学学报》（社会科学版）2013年第6期。

故事中的警察并非权力的象征，他只是一个媒介、一个工具，是权力所代表的规范在自己引用自己，不断重复书写、复制自己，以达到控制、塑造主体的目的。性别的表演性包含两个方面，即身体与语言。这两个要素是性别规范引用自身时的主要载体，也正是在这两个要素内部，蕴含着反抗性别规范的主要能量。

身体是规范引用自身的工具之一，也是主体反抗规范的有力支点。规范将人的欲望约束在实施其控制行为的领域之内，将欲望所支配的身体行为禁锢，不允许超出范围。巴特勒从对同性恋的生殖把控谈起，以乱伦禁忌为例，论述了“身体”要素内部存在的矛盾性。异性恋性别规范反对同性恋以任何形式养育儿女，因为同性恋组成家庭违背了亲属关系的“象征秩序”。生物学意义上的性别差异以文化意义作为生命的基础，只有男女结合才能延续生命，因此男人的父亲的位置和女人的母亲的位置，就是文化及象征上的根本，起到参照作用，而孩子正是通过对父亲、母亲的参照而获取性别身份。心理分析领域，在孩童获取性别身份的过程中，俄狄浦斯式的乱伦禁忌发挥了重要作用，它是对乱伦欲望的禁止。在异性恋家庭结构中，男孩对母亲产生欲望，女孩对父亲产生欲望，而乱伦禁忌让男孩明了母亲属于父亲，从而对其他女性产生欲望；让女孩明了父亲属于母亲、对母亲产生认同，从而对其他男性产生欲望。在异性恋性别规范下，性取向与性别身份是紧密相连且具有唯一性的，换言之，对某种性别的主体产生欲望就等同于确定了自己与之不同的性别角色，由此，孩子们获得性别身份，完成性别分化。

但是，异性恋性别规范下的乱伦禁忌也存在着一些问题。其一，乱伦禁忌发挥作用的前提即是乱伦欲望的出现，而我们不能否认乱伦是一种创伤性行为，只是由“禁忌”之线的阻拦，才成为性别分化所谓的“先决条件”。但是，当禁忌的界线被逾越，乱伦行为切实发生，就会对孩童产生不可忽视的创伤及痛苦。例如英剧《梅尔罗斯》的主角帕特里克·梅尔罗斯自小受到父亲的性侵，成年后只能借助吸毒逃避现实，生活堕落，性格也抑郁乖戾。剧中多次以“壁虎”作为其被父亲性侵的隐喻，暗示着在受到父亲侵害时，帕特里克只能盯着墙上的壁虎，以求逃避现实的苦难，刻画出乱伦带给主角的极端痛苦。其二，乱伦禁忌也会造成侵害。它排斥他者，却无法否认他者的存在。当乱伦禁忌构成父亲、母亲的象征性地位时，实际上是对性别规范的僵化，认为这种规范是不可变的，是一种禁锢。它制造了异性恋亲缘关系，将非二元对立的家庭形式排除在外，但却无法阻止其他爱的形式的存在，而处于其他爱的形式中的人会被压抑、被否认、被阻碍，会产生痛苦乃至精神忧郁。如果乱伦禁忌成全侵害，那它是否还是唯一正确不可置疑的？如果乱伦禁忌受到质疑，那以它为基础的异性恋亲缘关系也就面临崩溃的可能。

同时，对身体自主权的争夺也成为性少数群体反抗性别规范的主要战场之一。越来越多的跨性别者开始勇敢地改变自己，变性手术的获得成为可能；同性爱人逐渐走出阴影，大声宣誓他们/她们也有爱的权利；男性、女性在社会生活中扮演的角色正在发生改变，主体通过身体行为质疑本应具有的“性别特质”，性别身份所应承担的责任、享受的权利与他者之间的边界正在变得模糊。正如《超感猎杀》中诺米所作出的性别选择，不可否认那是对性别规范的某种妥协，但自主选择进行手术、拥有女性的身体特征也是其争夺身体自主权的表现。

福柯曾说：“话语可以既是一种工具，同时又是一种障碍，一块绊脚石，一个抵抗点，一个反抗策略的起点。”[①]前文中，我们分析了巴特勒所举“告白”一例中分析者的角色，在这里，我们从告白者的角度入手，论述语言是如何成为反抗规范的要素之一。福柯在后期提出，告白行为中，语言具有操演力量，告白是牺牲已有的自我，“把自我作为一个可以无限阐释的疆域来敞开”[②]，是对自我的一种重塑。告白者用语言将已经发生的事叙述出来，他的欲望实际有两层。第一层欲望存在于他所叙述之事发生时，驱动了那时的身体行为；第二层欲望则存在于叙述事件本身，驱动了现在的告白行为。在这里，巴特勒引用了安提戈涅的故事，俄狄浦斯的女儿安提戈涅不顾国王克瑞翁的禁令，将自己的兄长——反叛城邦的波吕尼刻斯安葬，并在克瑞翁面前将自己的罪行和盘托出。她埋葬哥哥持有的是一种欲望，将自己的罪行公之于众又是另一种欲望，且这种欲望所带来的结果比违抗法令埋葬哥哥事件本身要严重得多。克瑞翁用语言来表达权威，“禁止任何人埋葬那具尸体”，而安提戈涅则用语言来反抗权威。她说“我不否认”，用一种“男人样的、不屈的”话语，在那一刻，她成为克瑞翁，成为语言的主人，将语言作为自身的工具，引用权力话语，让规范的施行者自己反抗自己。当她面对克瑞翁，以一种绝非忏悔的态度坦白自己的罪行，这已经构成了一种反抗。她埋葬哥哥的身体行为违反了规范，坦白罪行的语言行为挑战了规范，她对所面临惩罚的坦然，构成了对权威的、对规范用来

---

① ［美］朱迪斯·巴特勒：《模仿与性别反抗》，见李银河主编《妇女：最漫长的革命》，中国妇女出版社2007年版，第213页。

② 转引自［美］朱迪斯·巴特勒：《消解性别》，郭劼译，上海三联书店2009年版，第168页。

巩固自身的暴力行为的不屑。她将自己打开，用语言将自己的行为、欲望公之于众，是对刻板的、不变的规范的拒绝，是想要斩断规范所塑造的“我”而塑造新的“我”的决心，是给予自己重新解释自己的机会，是自我的重生。

其实，性别的表演性本身就是一种悖论。性别表演论意味着，性别是被制造出来的，是一种表演效应。巴特勒在书中这样写道：“尽管存在着各种规范决定着什么是、什么不是真实的东西，以及什么可以、什么不可以被理解，但是，当展演性开始它的引用实践时，这些规范的意义就受到了质疑，并被重新表达。当然，我们可以引用已经存在的规范，但是这些规范在引用过程中可能会严重地失去根基。当它们发生并通过一种具体化形式挑衅了规范的期待时，它们也可能被视为是不自然的、不必要的。这就是说，通过性别展演的实践，我们不仅可以看到统治现实的规范是如何被引用的，也能了解现实被复制以及在复制过程中改变所依据的机制。”[①]对规范的引用是不确定、不唯一的，我们不能忽视引用失败的可能性，换言之，规范的重复操演本身就是自相矛盾的，因为并不能保证操演的每一次重复都完美地复制了自身。规范本身因为引用失败而出现缺口，同时塑造出规范外的他者，而这缺口，就是他者重返的门户。他者的重返会引起主体的重建，从而引起规范的动摇。

同时，性别的表演性在某种程度上还可以成为对主体自身的保护，保护身体之下的“我”不被规范所挟制。让我们再次回到大卫·莱默的案例，大卫曾说过：“医生说，‘这会很艰难，你会受到挑衅，你会很孤单，你会找不到伴（除非你接受阴道手术，并像女人一样生活）’。我自己在想，你知道那时我年龄不大，但我已经看出来如果这些人认为我的想法就仅仅是这样的话，那么这些人就太浅薄了；也就是说，人们会结婚生子仅仅是因为他们两腿之间的东西……如果他们就是这样看待我的，也就是说，如果他们光用我两腿之间有什么来衡量我的价值的话，那么我就只能是个彻底的失败者。”[②]大卫认为，自己有没有阴茎并不是自己能否得到爱的原因，他能够感知到身体之下还存在着深层次的东西，而这种东西能够证明自己的价值。他并没有用一种性别规范去替代另一种性别规范，他认为深层次的“我”不能被简单地看成生理结构与规范之间是否保持统一，而是具有独立性、不可言说性的。因此，

---

① 转引自范譞：《跳出性别之网——读朱迪斯·巴特勒〈消解性别〉兼论“性别规范”概念》，《社会学研究》2010年第5期。

② 转引自［美］朱迪斯·巴特勒：《消解性别》，郭劼译，上海三联书店2009年版，第72—73页。

他从“布伦达”回归“大卫”所作出的一系列改变身体的决定并不能被简单地看成对规范的屈从。笔者并非要推翻前文中的相关论断，不可否认，大卫在某种程度上屈从于了“男性特质”，但笔者更倾向于这种屈从是大卫有意识地对规范的一种引用，一种保护性的表演。大卫不再是性别规范所排斥的他者，却也因其自主性的清醒而无法全然融入规范所要求的领域，他处在“能否是人”的界限上，是“人”的无名的、批判性的状态。这造成了大卫自我认同上的痛苦，却也超越了规范所塑造的主体本身的自己。

三、主体的双重性——必须面临的问题

性别规范内部确实存在着很多问题，但这并不意味着反抗规范、寻求更多元社会的道路会一帆风顺。在这个过程中，我们会面临很多问题，而主体自身的双重性，则是其中最难以避免的难题。

主体自身的双重性是指，人在反抗规范的同时，又不可能完全脱离规范，甚至在某种程度上是依赖于规范的。对规范的反抗实质上是主体对社会、对自身可施予的能动作用，但这种能动作用正是由非我能选择的社会事实所构成的。在反抗性别规范的争斗中，最重要的一项就是对身体自主权的争夺，然而不论主体选择什么样的身体，都是选择了这个身体背后起把控作用的规范。人对性别的判断和认知只能达到社会规范所让你达到的程度，只有脱离了社会性，主体才能成为真正的“自己”。但“自己”难道不是一开始就存在于社会中了吗？在“我”出生以前，就已经被规范放置在社会的某个位置中了，不存在于社会之中的主体到底该如何存在？这样看来，何谈脱离？何谈“真正的”自己呢？

巴特勒以DSM-IV（《精神失调诊断及统计手册》）关于性别身份紊乱的诊断为例，表达了自己对此的担忧。这种诊断法以异性恋性别规范为前提，将非典型性特征视作异常，将性少数人群超出规范范围的欲望病理化，将变性手术当作治疗这种“疾病”的手段之一。这种诊断法要求所谓的患者“长久以来一直有一种想要作为另一种性别的人来生活的想法；它还要求你证明你有一个长期作为另一种性别的人生活的实际可行的计划”[①]，以性别规范对男性、女性的特质要求为准则，去检测诊

① ［美］朱迪斯·巴特勒：《消解性别》，郭劼译，上海三联书店2009年版，第83页。

断对象是否符合病理化的变性要求。性别规范将主体的变化控制在规则之下，强调一种“合理、合法”的变化。性别紊乱诊断提出的真正问题是：你是否能够服从于这种诊断法的语言，你是否能够遵从规定了这些规范是什么的心理学话语，实质上，这是将跨性别者这个“他者”框定在性别规范有限的范围之内，让主体失去表达真实自我的权利。这不仅是对想要超出规范之外者的身体行为的把控，更是对其内在精神、内在本我的禁锢。

这种病理化的诊断会招致对跨性别者的歧视，对性少数群体而言，这是非常不公平，甚至含有侮辱性的态度，是其极力争取想要去除掉的观念。然而在现有条件下，对自身性别产生怀疑的人群想要获得社会对变性手术的支持，还必须经过这种病理化的诊断。这种诊断法能够提供“疾病”证明，为利用医疗、技术等手段进行改变提供可能性。变性手术需要一笔很高的费用，对大多数人来说都是负担，而诊断法的“帮助”能够通过保险为改变者提供经济方面的支持，让身体的改变成为可能。“去诊断”并不容易，自主性的使用需要物质条件，变性后的主体也需要获得社会的认同，而诊断法正是为其提供了支持，提供了“合理、合法”改变自己的途径。是的，诊断法是对主体自主权的剥夺，但不得不承认，主体在某种程度上也依赖于此，依赖于诊断法背后的规范。

性别规范在我们能接触到的生活中也发挥着同样的作用，主体对规范的依赖体现在方方面面。以娱乐圈为例，虽说“小鲜肉”的审美风潮甚嚣尘上，但不可否认的是普罗大众对男性的特质要求仍然停留在“阳刚”“男子汉”的阶段。随着《偶像练习生》等选秀节目的突起，占绝大比例的饭圈（粉丝群体内部）之外的路人甚至创造了“少年娘，则国娘”的语录来嘲讽这种审美风气。许多本身性格、气质都偏柔弱的男明星都不得不塑造“硬汉”人设来赢得大众的欢心，即使这强加于身的硬朗性格、阳刚外表是不符合其自身想法的。而我们身边的男性女性又何尝不被这性别规范所困扰呢？要获得某种身份或物质，就得依赖于规范，先成为规范之下的“标准化”主体。

结　语

纵观巴特勒的性别理论，我们可以发现，巴特勒关注的不仅仅是性少数群体，更是整个人类群体。在书中，巴特勒不断提出这样一个问题：是什么塑造了我们，是什么定义了我们，是什么规定了我们能成为什么样的“人”？她想要剥开规范的外衣，探寻其内在特质，探求一个能够容纳更多“非典型”者的包容社会。肤色不是隔阂，性别不是阻碍，人与人之间可以平等而互相尊重。就像马丁·路德·金的“我有一个梦想”，这也是巴特勒所追寻的目标。

在笔者看来，巴特勒理论中的可贵之处就在于，她所提出的对“非典型”群体的包容，是在尊重性别自然属性及规范存在合理性的基础上建立起来的。我们呼吁接纳性少数群体，并不意味着否认生理性别存在的必然性、必要性，必须承认大部分主体天生就具有某种生理性别，而其之后的性别认同、身份认同都是建立在此基础上的。我们所拒斥的是性别规范对他者的暴力规训，而非将规范的价值一概否定。同时，她对“性别规范”概念系统性的梳理也具有很大价值，为性别理论的进一步研究提供了有力支持。

但是，学界对巴特勒的性别理论也存在着很多不认同的观点。有的学者认为，巴特勒的“性别操演论”是一种政治策略，它将生理性别、社会性别和欲望之间的自然决定关系强行解读为异性恋文化为掩盖自己强迫性行为而做的话语表演，[①]并由此认为操演将带来恣意的行为主义、个人主义。也有部分学者对此提出反对意见，认为巴特勒是将“性别操演”作为一种分析，来揭示其背后的权力运作。而笔者则认为，巴特勒在其理论中只提出了反抗性别规范的要求，并没有提出相应的指导意见，理论的实践性不强。这也对后来的研究者提出了要求。

可喜的是，我们的社会正在一步一步变得更好。社会文化领域，2014年，社交网络Facebook更新了提供给用户的性别选项，除了传统的男、女两性，还有56种新的非传统性别可选，包括“两性人、顺性人、跨性人、泛性人、无性人”等；2017年，加拿大双性人诞婴获发“无性别”健康卡，成为世界上首个在身份认证上未确认性别的人，其长大后，可由自己决定性别；近些年国内外兴起的女性维权运动、男性审美化变革以及社交网络平台上层出不穷的相关言论，都显示出越来越多的人开始追求本不属于自身性别的特点、风格，也愿意承担原界线之外的责任、义务。文学艺术领域，关注性少数群体的作品也比比皆是。国内有《春光乍泄》《蓝宇》《春风沉醉的夜晚》等，国外有《死于威尼斯》《莫瑞斯》《超感猎杀》等，反映了性别及身份认同存疑人群的生存现状，并对其未来的走向进行了探讨。越来越多的现

① 严泽胜：《朱迪·巴特勒欲望、身体、性别表演》，《国外理论动态》2004年第4期。

象显示，性别划分已经出现变革，性别认同的边界已然开始消解。我们并非否定规范存在的意义，而是在尊重规范的基础上，寻求一个更加包容、更加开放的世界。道阻且长，任重而道远。

（作者单位：山东大学文学院）

（特约审稿人：杨建刚）

郭延礼教授访谈录

李开军访问整理

李开军：您好郭老师！《山大中文论丛》委托我，对您做一次学术访谈，也正好借这个机会，听您回顾、总结、反思自己的学术历程，我肯定会有很大收获，相信其他从事中国近代文学研究的年轻学者，读后也会受益匪浅。

郭延礼：我很高兴接受《论丛》的访谈！以前类似的学术访谈已有几次，但这次是我们自己的刊物，感觉很是不同。我很高兴有这个机会谈谈自己60年来从事学术研究工作的点滴心得。

李开军：谢谢郭老师！想先请您结合人生经历，谈谈自己的学术历程。

郭延礼：我1955年考入山东大学中文系，那时山大还在青岛，名师荟萃，正处于山大文史学科的辉煌期，我于其中，受益良多。1958年山东大学迁来济南，1959年我毕业时，因为学习成绩较好，被留在中文系古典文学教研室担任教学工作。

其实大学时期我兴趣广泛，不要说古代文学、现代文学、文艺理论这些学术领域，就是校园活动，我也十分热心，我曾经担任学校广播站编辑兼记者、校报《新山大》的记者。当然兴趣最大的，还是在学术方面。在老师们的影响和鼓励下，我在大学时代就发表了好几篇论文。第一篇我记得很清楚，题目是《试论〈可爱的中国〉和〈狱中纪实〉》，发表在《文史哲》1958年第12期。这是我的处女作，给我极大鼓舞。大学毕业前又发表了《论讽刺文学如何处理人民内部矛盾》《论曹禺的〈雷雨〉和〈日出〉》《试论〈饿乡纪程〉和〈赤都心史〉》《关于写真人真事的几个问题》，后一篇在1959年《群众文艺》上还引起了山东文艺理论界的讨论。从发表的文章来看，我那时思考较多的主要还是现代文学和文学理论方面，还没有迈进近代文学的门槛。

我转向中国近代文学研究是1959年毕业留校以后的事儿。毕业之后，最初我被安排在明清段。1961年，系里安排我去复旦大学跟赵景深先生进修近代文学。一年之后回到山大，开始独立担任中国近代文学史课程的教学。恰在此时，受教育部委托，林庚、冯沅君两位先生主编《中国历代诗歌选》，冯先生命我来做近代诗歌的注释工作。这为我尔后踏入近代文学研究领域奠定了一个初步的基础，也正式开始了我的中国近代文学史的教学与研究工作。回忆起来，至今已有60年了。

我选择近代文学作为自己学术研究的方向，除了工作安排的原因之外，也有一些自己内在的考虑：第一，虽然那时对近代文学知之甚少，但对它的研究价值是确信不疑的。古典形态的中国文学，正是经过这80年，具体而言就是1840—1919年，才发展到现代文学那个样子，其间有怎样的起承转合，怎样的众声喧哗，我觉得都特别值得研究，尤其是它的转型意义，这是近代文学的重要价值，也是近代文学研究的基本问题所在。第二，我这个人喜欢挑战，喜欢拓荒性的工作。近代文学当时少有人研究，这种未知蕴含的诸种可能，反而吸引了我。愈是展开研究，这种吸引力就越大。国家的，个人的，学术本身的，诸多因素集合在一起，最终促成我选择近代文学作为自己的终身事业，后来的研究也充分证明，这确实是一个值得我奉献一生的研究领域。

但安稳的日子没过几年，1965年，我因所谓的“只专不红”被迫离开山大，下放到高青一中教书，因为对姚文元批判《海瑞罢官》的文章发表过不同意见，认为姚的文章“战斗有余，理论不足”，“以势压人”，“文革”期间受到严重的政治迫害。一直到1980年，我才通过中国社会科学院的考试，录取为山东省社科院文学研究所的研究人员。我本来考上的是中国社科院，但当时山东省社科院的院长蒋捷夫教授，原是山大历史系主任，了解我的情况，便把我给“截留”了下来。给朋友们说起此事，都有些遗憾，但我那时真是充满了感激，毕竟经过十几年之后，我终于回到了正常的学术生活中来，终于可以一门心思地从事近代文学研究了。有了山东省社科院这个平台，再加上我自己的努力，以后的一切都变得顺理成章了。后来1994年，我重回山大，一直工作到2005年退休。

李开军：在高青下放的十几年，您的学术研究中断了吗？

郭延礼：一开始的处境比较艰难，生活的，政治的，都受极大限制。1974年以后，情况有所好转，我就一边教书，一边开始着手重理近代文学研究工作，但仍然困难重重。主要就是资料匮乏，借不到想看的书籍，学术环境也十分闭塞，得不到什么学术信息，不了解相关学科的进展情况。就在这样的情况下，我“闭门造车”，到1978年基本完成了《龚自珍诗选》《龚自珍年谱》《秋瑾年谱》三部书稿，若加上我1964年即已完成交给人民文学出版社审查的《秋瑾诗文选》，我在进入山东省社科院之前已经有点学术积累了。所以到了山东社科院之后，业务工作成绩比较突出，整个20世纪80年代，我几乎是每年出版一本书，在近代文学研究界渐渐有了点小名声，并于1988年敦煌会议上被选为首届中国近代文学学会第一副会长。

李开军：我跟您读研究生的时候，就觉得您对学术有一种献身精神，您的这段经历，再一次印证了这一感觉。那您60年的学术研究，整体上看，有没有显著的研究路数上的调整？

郭延礼：我的研究工作大体可以20世纪80年代中期（1986）为界，此前主要从事微观研究，之后转向宏观研究。

我的近代文学研究，是从作家作品个案入手的。1962年从复旦进修回来之后，我就在冯沅君先生的指导下做《秋瑾诗文集》的选注工作，1964年完成后交给人民文学出版社审查，该书18年后（1982年）才得以出版。1974年至1978年又先后完成了《龚自珍诗选》《龚自珍年谱》《秋瑾年谱》，此后，在20世纪80年代，我又出版了《秋瑾研究资料》《秋瑾文学论稿》，并在研读各家诗集基础上选注完成了《近代六十家诗选》（1986年）。这一时期我的研究大体以秋瑾和龚自珍为核心，建立起自己的根据地。在展开研究的过程中，第一，我重视诗文选本的编注工作。这在很多人看来属于普及的低端工作，但据我自己的体会，并不容易。此外，选本编注的过程，也是自己精读原典的过程，有助于对作家作品的准确把握。况且，全局性的作品选本的编注，还可以体现编选者对文学史的看法，比如我的《近代六十家诗选》，以龚自珍、黄遵宪和柳亚子作为三卷之首，即体现了我当时对中国近代诗歌发展的意见，我认为以上三家分别代表了近代诗歌发展三个阶段的主流和最高成就。当然，今天看来，这一认识也许还会有“见仁见智”。第二，重视年谱的编写。在我看来，知人论世，是一个不会过时的研究方法和研究思路。年谱可以为我们呈现研究对象的整体情况，是我们考察和评价某个作家作品的基础。至今我仍然认为，年谱编写是作家研究最基础、最重要的工作。第三，重视作品的注释、校勘、考证工作。这些工作都十分琐细，但它们是学术研究辨析求真的必要手段。像我在龚自珍和秋瑾研究过程中，就发现关于二者的基本史实中存在太多的疑点，大到出生年月，小到作品编年，我都多方钩稽史料，力求有一个真确可信的答案。这些工作，就是我所理解的微观研究。

做了多年微观研究之后，就不满足了，自信心也“膨胀”了，所以自20世纪80年代中后期开始，我转向对中国近代文学进行整体观察、研究和描述，即所谓的宏观研究，最初的成果就是20世纪90年代先后出版的《中国近代文学发展史》一、二、三卷。通过对整个近代文学的研究，我获得了对中国近代文学的整体把握。这个工作对于我的研究而言很重要，其重要性主要还不在于总结自己此前的研究，而是为自己建立起观察近代文学的整体观念，并且开启了此后的几个研究领域——中国近代翻译文学、近代西学与中国文学和中国近代女性文学。这都是在整体研究中国近代文学的过程中发现的重要课题，这些研究一直持续到现在，当然，这些研究也需要微观研究的支撑。从微观到宏观，这大概可以算是我研究路数的一个转向吧。

李开军：三大册《中国近代文学发展史》是您的宏观研究之作，是一部给您带来巨大荣誉的作品，它自1993年全部出版之后，不但赢得诸多奖项，而且成为许多年轻学者进入近代文学研究领域的必读书。您能谈谈这部书的写作出版，和您对中国近代文学的整体认识吗？

郭延礼：《中国近代文学发展史》是山东省“七五”（1986—1990年）出版规划时，我报送的一个课题，当时山东教育出版社的张华纲社长来社科院选题，很是欣赏，便签署了出版合同，所以第一版的《中国近代文学发展史》是在山东教育出版社出版的。最初规划75万字，出版协议定下来之后，我扫尾了手头的工作，就开始昼夜兼程地调研、写作。我全是手写，然后修改；我爱人朱云雀负责誊清，后来有了电脑，她改用电脑录入。到1992年全部完成时，竟有160多万字！这部书因为2000年入选教育部研究生用书，所以2001年改在高等教育出版社再次出版。2017年又由人民文学出版社第三次刊行，放在了“断代专题文学史”丛书里。人民文学版是一个修订本，增加了第41章，有五六万字，专门论述1900—1919年间的女性文学，这一部分感觉在上两版里写得不够充分；又将梁启超在文学革新运动中所提出的“三界革命”术语调整为“四界革命”，也即将学界原来一直使用的“戏曲改良运动”改为“戏剧界革命”；也订正了原版中存在的作家生卒年、事迹、作品成书时间等失误，经过认真订正，进一步加强了该书的学术严谨性。

经过这么多年对中国近代文学的关注和研究，我形成了一些对于近代文学的整体性认识，这里可以略举几条：第一，中国近代文学处在古代向现代的转型期，它是一个历史范畴，它的发展是一个由新因素孕育、萌生、开始转型到转型基本确立的过程。它既不是古代文学的尾巴，也不是现代文学的开端，它是一个独立的文学时期，即中国近代文学时期。第二，我把中国近代文学的发展分成三个阶段：1840—1873年资产阶级启蒙时期、1873—1905年资产阶级维新时期、1905—1919年资产阶级民主革命时期，这一分法我在1963年就提出来了，见于《文史哲》1963年第2期我的文章。尽管现在有学者批评说，这一分法和命名有强烈的政治色彩，但这么多年我一直坚持。我认为它较为准确地呈现了中国近代文学阶段性的变化和转折。第三，中国近代文学是一个以汉族文学为主体、由多民族共同创造的文学，我的《发展史》写到了除汉族之外的十二个少数民族近代作家作品的风貌和成就，开创了中国近代多民族文学史的写作体例，当然，少数民族部分写得还不够充分。第四，我觉得近代文学要加强少数民族文学、翻译文学和女性文学三个方阵的研究，这后两个方面我都有专门论著。第五，我将近代文学的特质高度概括为“觉醒、蜕变、开放”六个字，这个就不细说了，可以去看我的《中国近代文学发展史》“绪论”部分。

李开军：您写《发展史》时即认识到要加强少数民族文学、翻译文学和女性文学“三个方阵”的研究，您的《中国近代翻译文学概论》应该就是这一认识的实践吧。能谈谈这一研究的开展和您对中国近代翻译文学的看法吗？

郭延礼：我高中和大学时代学的是俄语，于英语、日语只略知一点。所以说，我不是研究近代翻译文学的最佳人选。但我通观中国近代文学，意识到翻译是极其重要的一翼，只有对翻译文学了解得比较清楚，才能更好地认识与讨论中国文学发展中所受到的西方文学影响，更深入地理解中国近代文学发展路径的形成问题。所以，我实际上是带着一种近代文学研究的使命感，进入翻译文学研究领域之中的。

在《中国近代文学发展史》中，翻译文学我写了两章，一章写林译小说与严复的翻译，一章写辛亥革命至五四运动时期的翻译文学，包括苏曼殊、马君武、辜鸿铭、周桂笙、陈景韩、伍光建、吴梼、曾朴、周氏兄弟等十三四个人，但主要还是点上的研究，缺乏整体观照，就是点上的研究，也稍嫌粗略。为了更好地反映中国近代翻译文学的整体风貌，我从书目入手，检对翻译作品的单行本，再去翻阅旧报刊，试图从这些基本史料入手，构建中国翻译文学发展的原初图景。前后大约五年，也算历尽艰辛吧，终于完稿，1998年《中国近代翻译文学概论》在湖北教育出版社"翻译研究"丛书中出版。这是我写得最艰苦的一部书。有了翻译文学研究作基础，我接下来着手西学与中国文学关系的研究，1999年出版了《近代西学与中国文学》和《中西文化碰撞与近代文学》等著作。

在《中国近代翻译文学概论》这部书里，我以各体翻译文学的研究为经，以著名翻译家的研究为纬，力求全面呈现近代翻译文学的面貌。该书分绪论、上篇、下篇、结束语四部分：绪论界定了"中国翻译文学"这一概念；上篇首先勾勒了近代翻译文学"萌芽期（1870—1894）""发展期（1895—1906）""繁盛期（1907—1919）"的发展脉络和主要特点，之后分专题讨论翻译理论、翻译诗歌、翻译小说、翻译戏剧和伊索寓言在近代的译介历程，尤重小说，因翻译小说数量多、品类杂，又将政治小说、侦探小说和科学小说的翻译情况分专章进行论述；下篇以重要翻译家为研究对象，分述梁启超、严复、林纾、苏曼殊等20余位译者的翻译成就和特色；在"结束语"——"近代翻译文学与中国文学的近代化"里，探讨了翻译文学与中国文学近代化的关系问题。在这本书里，我从尘埋的史料中发掘出若干女性翻译家，如陈鸿璧、黄翠凝、薛绍徽、张默君、罗季芳、凤仙女史、汤红绂、陈信芳、听荷女士等，和一些不太为人提及的男性翻译家，如戢翼翚、吴梼、陈嘏、奚若、应时、李石曾等，使得近代翻译文学家的阵营变得更加丰富多彩。

我很高兴《中国近代翻译文学概论》这部书能得到翻译史研究界的认可，北京师范大学王向远教授说："现在看来，《中国近代翻译文学概论》是上述丛书中质量最高的一部专著。在资料的丰富翔实、资料使用的准确可靠、论说的条贯、持论的平正方面，堪称翻译文学史写作的范例。"日本的樽本照雄在《清末小说》年刊（第21辑）发表长篇评论，肯定了此书的开拓意义。但我对这部书还有些不满意，它只是"概论"，还不是"史"，再加上此书出版之后的20年中，众多报刊得以披露，史料获得条件较当年有了极大改善，也出版了不少相关研究成果，所以，最近三两年中，我正着手重写"中国近代翻译文学史"，希望在有生之年，能了此愿。

李开军：《中国近代翻译文学概论》是您的著作当中我最喜欢读的。在您的研究规划里，与它相当的是《中国女性文学研究（1900—1919）》，您能接着谈谈您在

2016年出版的这本近代女性文学研究专著吗?

郭延礼：在2005年前后，我开始转入近代女性文学研究。一个年近古稀的人做女性文学研究，当然不是跟风凑热闹。我前面说过近代文学史应该加强“三个方阵”的研究，女性文学是其中的重要方阵之一。在近代中国这个时期，正是女性走出家门，知识结构、人生理想和社会地位都在发生根本性变化和大幅度提升的时期，也是女性争取自身解放和女权高扬的时期，女性作家的浮出是一种必然。不去考察女性文学的近代文学史，是残缺的文学史，也是不客观、不科学的文学史，而且，我们也不能很好地理解，为什么“五四”之后一下子涌现了那么多优秀的女作家。所以我是从近代文学史研究的学术需要出发，进入这个十分陌生的领域。此前，近代女性文学研究方面，我也只是做过秋瑾和徐自华的专题研究，对近代女性文学的整体样态，不甚了然。当时我给自己定了两个研究目标：一个是写一本近代女性文学研究专著，一个是编一套《中国近代女性文学大系》。大约10年吧，2016年，我出版了《中国女性文学研究（1900—1919）》，算是完成了第一个目标；而我主编的这部《中国近代女性文学大系》，目前正在进行之中。

我在2007年首次尝试性地提出“20世纪第一个二十年（1900—1919）中国女性文学四大作家群体”这一文学史概念，之后不断地通过史料搜集、文本分析来完善这一提法。在《中国女性文学研究（1900—1919）》一书中，我详论1900—1919年间女性小说家群、女性翻译文学家群、女性政论文学家群和南社女性作家群四大群体，充分展示近代女性作家的文学形态和成就，进而解答中国女性文学如何从古典走向现代这一重要问题，也证明了“五四”之后女性作家群星闪耀与近代文学之间的内在关联。

李开军：您一辈子从事近代文学研究，平常和您言谈，读您的文章，感觉你在从事研究的同时，对中国近代文学的学科建设也有颇多思考，请谈谈您在这方面的想法。

郭延礼：近代文学要想吸引更多学者进入这个领域从事研究，保持学科的独立、拥有明晰的边界，是很重要的保障，这是近代文学保持学科独立的必要性。从近代文学本身来说，它有自己的时空限定，表现出自己不同于古代文学和现代文学的特质，也就是说，已经具备了作为一个独立学科的充分条件。而历史地看，中国近代文学研究也走过了一条从无到有，再到拓展、繁荣的历史进程，这一进程实际上即近代文学学科逐渐独立的过程。

从今天来看，我从学科建设的角度思考近代文学，应当说是由来已久。20世纪60年代初我曾参与近代文学分期问题的讨论，发表了《中国近代文学史的分期问题》(《文史哲》1963年第2期)，大概可以算一个开始。不过那时我只有25岁，刚开始步入近代文学研究领域，也还没有相邻学科的冲击问题，所以思考主要集中在近代文学学科内部，还没自觉地去思考学科的独立性问题。但是到了20世纪八九十年代，文学研究界兴起一股重写文学史的热潮，在一些文学史著作和讨论文学史分期的会议上，近代文学学科的独立性受到冲击。在20世纪80年代，我又专门写了两篇文章，来论证1840年和1919年作为古代文学与近代文学、近代文学与现代文学界碑的不可逾越性，维护了近代文学的时空界限。进入21世纪之后，我感觉到，甚至在一些从事近代文学研究的学者那里，也不是特别在意近代学科的界限问题，尤其是下限，觉得可以自由来往。我对这些看法比较敏感，而且不夸张地说，感到焦虑。为了向学界展示中国近代文学学科的历史合理性，我在21世纪初开始了《20世纪中国近代文学研究学术史》的写作，在这部2005年出版的书里，我对1950—1979年这一时期的文学史研究予以了重新评价，往常人们常以衰落期或萎缩期名之，我称之为拓展期，即着眼于这一时期对于近代文学学科独立的特别意义。因为正是在这一时期，近代文学作为中国文学史中独立的一个时段获得了确认，在这一点上，除了教育部《中国文学史教学大纲》的制定之外，北京大学中文系1955级编著的《中国文学史》和复旦大学1956级编著的《中国近代文学史稿》是有贡献的，为20世纪80年代之后近代文学学科的形成和发展奠定了良好的基础。2011年，我专门撰写了长文《中国近代文学的历史地位》，有三四万字，在《文史哲》上发表，阐述了我对近代文学学科独立性的思考，全面阐释中国近代文学与之前的古代文学和之后的现代文学之间的差异，以及它作为一个在特定时空中存在的文学史时段所具有的独特品质。我的立场一直没有改变：作为中国文学史四大段（古代、近代、现代、当代）之一，作为一个独立的学科时段，其历史和现实地位是必须坚持的。

从各高校的学科建制来看，近代文学所受的待遇也是不公平的，它不是在古代文学教研室里，就是在现代文学教研室里，它只是下属的一个方向。历史系的“中国近代史”为什么成为独立的学科，我认为就与新中国成立后各高校的历史系均有独立的“中国近代史教研室”的建制有关。20世纪80年代中国社科院文学所还有近代文学研究室，后来也被取消了；近几年又恢复了近代文学室的建制，汇聚了一批中青年学者，可喜可贺。当然，这一变化也与近代文学研究的总体状况有关，希望近代文学研究的同道同心协力，改变我们目前的困局。顺便说一句：20世纪80—90年代，中国社科院文研所近代室的存在，对于团结、带领全国近代文学研究队伍，对于推动近代文学学科的建设，均起到了不可或缺的作用。

李开军：您开始时提到上学时山大名师荟萃，能略谈谈您的学术师承吗？

郭延礼：在我的学术生涯中，影响最大的是冯沅君先生和萧涤非先生。萧先生是我大学时代的老师，他那时候讲授汉魏六朝文学和隋唐文学，一直比较关心我，鼓励我做科研。大学一年级下学期，我写了一篇课堂作业，题目是《从〈妇病行〉的标点谈谈对这首诗的理解问题》，经萧涤非先生推荐（他当时是授课教师，又是中文系主任），得以参加山东大学首届“五四”学生科学论文评奖（1956年），获优秀论文乙等奖。二年级时，我又写了《论〈古诗十九首〉的思想与艺术》，也是经萧先生推荐，获得参加山东大学第二届学生科学论文参评资格，可惜因为1957年的“反右”斗争中断了评奖工作。我很感念萧先生对我的扶携，他对我走上学术研究道路起到了很大的引导作用。冯先生是我毕业之后的指导老师，正是在她的带领和指导下，我参加到《中国历代诗歌选》的注释工作中，开始了对中国近代诗歌的研读，并进而选择秋瑾作为我近代文学研究的突破口。冯、萧两先生重实学不虚泛的严谨学风，也影响了我，令我受益终身。此外像复旦大学的赵景深先生，我跟着他进修一年，他重视资料的学风，与冯、萧两先生路数一致。我跟自己的学生讲，所谓科学研究，就是发现、细读与运用第一手资料。这种主张，都可以追溯到当年老师们的教诲和影响这里。

李开军：在访谈结束前，我还想提一个问题，这也是研究生和指导教师双方都要面临的一个实际问题：如何选择学位论文题目？

郭延礼：这个问题难度比较大，也不是几句话可以说清楚的。一般说，硕博研究生选择学位论文题目，应与自己的爱好，自己熟悉的知识范围，专业资料的积累，自己预设的未来研究方向有关。比如你将来想研究近代诗歌，在读硕士期间你可以选择一位诗人或同一流派的几位诗人作为论文题目。如果进一步要求学位论文（特别是博士学位论文）能瞄准学术前沿，预测到主攻方向的发展走向，论文写成后，能在本学科的某一领域或某一方面进入领先行列，这样的学位论文，一般说，研究生单方面难以做到，这就要靠导师的指导了。一个好的指导教师，他应当能预测自己所研究专业的学术走向，又能准确地洞察与发挥学生的学术潜能，二者相结合，就可能写出一篇位居学科新风尚的学位论文。所谓位居学术前沿，这个问题也比较抽象，我这里举自己指导的两篇博士学位论文为例，希望有助于理解这个问题。1997—2000年，我招了两位博士生，一年之后要考虑学位论文的时候学生都犯了难，想不出很好的论文题目。后来我根据自己对当时近代学术研究方向的判断，建议一位写“近代四大小说杂志”，一位写“近代女性文学”，经过作者的努力，这两篇学位论文均有新见，答辩时成绩优秀。后来论文出版了，由于选题在当时还少有人作专门研究，又是近代文学十分重要、必须面对的问题，所以受到近代文学研究界的好评，客观地说，这两个问题的研究当时都是走在近代文学研究的前列的。

李开军：好的，谢谢郭老师！我们的采访就到这里，谢谢！

（作者单位：山东大学文学院）

随罗宗强先生读书的岁月

孙学堂

我是罗先生1997级的博士生，但实际上从1995年春天就开始跟随先生上课了。那时我在张毅老师门下读硕士，是文学批评史专业1994级。罗先生给我们开了两个学期的课，授课内容是《庄子》和《文心雕龙》，现在想来真是非常幸运。

《庄子》课的上课地点是在主教学楼一楼北侧的一个小教室。当时只觉得罗先生授课的方式很特别，完全不同于我们上过的其他课程。其他课程都是老师讲，我们只是听课、记笔记，也很少讨论。而罗先生的课则要求我们课下仔细阅读布置的书籍，课上要我们自己讲。先生布置重点阅读的书《庄子》内七篇，要求我们把郭象注、成玄英疏、林希逸《庄子鬳斋口义》和陆长庚《南华真经副墨》逐句对照阅读，仔细辨析诸家解释的异同，思考谁的解释更符合上下文的语境，谁的解释偏于主观，偏于主观的解释体现了怎样的时代思潮。一学期下来才发现，这样授课我们受益非常大，无论是就读书、治学方法还是就治学态度和思辨能力而言，都有很大程度的提高。我治学的基础都是在完成这两门课的过程中打下的。多年以后，人们把这种授课方式称为“翻转课堂”，不但在研究生教学中使用，还在本科教学中推广。但效果如何，还取决于学生在课下投入多少精力、是否认真阅读。

先生容色清竣，不苟言笑，令人自然而生敬畏之心。大概上了两次课以后，便发生了一件令我愧汗无地的事。我得了严重感冒，发烧，中午服了一种叫复方新诺明的消炎药，却忘记上闹钟，到了上课时间还一直在昏睡。昏睡中被史伟和陈宏摇醒，说罗先生让他们跑回来叫我去上课。从学校的主楼到十七宿舍，再上到五楼，至少需要十多分钟，等我们赶回教室，大概上课时间就过去一小半了。这次先生的容色愈加清竣，语气更是十分严厉。在听完我的解释后，先生脸色逐渐缓和下来，叮嘱我生病必须请假，不可以不请假而无故旷课。领教了先生的严厉之后，我们读书更不敢有丝毫怠惰。与当时其他专业的同学相比，我们那一年的课业是最繁重的。当然多年以后才知道，当时我们所受的是最严格的学术训练，收获也是最大的。

或许因为我散漫的个性与庄子哲学比较投缘，加之读书还算用功，在课程结束后绞尽脑汁写了一篇关于“天籁”注解的作业，得到了先生的认可。因为写得很吃力，交给先生后也没有想到会受表扬，何况之前交作业就是为了有个成绩，至于老师给多少分，我们也都不知道。想不到我交作业后的第二天，陈宏和史伟也去先生家交作业，回来时兴冲冲地给我带来了先生的一幅书法作品，内容是先生集古人句：“诗书敦所好，相与尽清尊。日暮倚修竹，飘然思不群。”落款：“集陶潜、吴骐、杜甫、李白句以赠孙学堂学弟。宗强。”当时我很激动，读之若有所得，但现在想来，那时肯定没有领会先生的意图。毕业工作后，随着我当老师的时间越来越长，我也越来越能够体会到先生当时对我的鼓励和爱护之情。多年后我有了自己的书房，便一直把先生的这幅手书悬于座右，举手投足之间便仿佛感觉到先生“望之俨然，即之也温”的音容辞色。

先生的书法清秀俊雅，富有书卷气。我上大学时也对书法有浓厚的兴趣，尤其崇拜线条刚硬、造型朴拙而略显怪异的孙伯翔先生的书法。因为把太多的时间消磨在书法上，以至于“不务正业”，常到图书馆翻看一些美学和古代文论的书籍，看宗白华、朱光潜、李泽厚的书，翻《文心雕龙》《诗品》，走马观花，似懂非懂，不知不觉间也在古旧书店了买了很多与古代文学批评相关的书籍。从经济系毕业后到天津河北区一家推土机场上班，一个人可以温饱，但对于计划统计工作没有兴趣，人生完全没有方向。在产生了考研的念头后，读到了先生的书，看到书的后记里语气淡然而又极富深情地述说他所经历的人生逆境，读到“青灯摊书，实在是一种难以言喻的乐趣”，我闭塞的人生视野似乎敞开了一道缝隙，渐渐觉得眼前明亮起来，于是奋力考取了文学批评史专业的研究生。读书期间我也曾拿我写的毛笔字向先生请教，先生并没有跟我谈什么笔法行气之类的话，而是打比方说“感觉像一个人穿了很紧的毛衣”，当时我懂了先生的意思，如何才能摆脱拘谨，也就成为后来我读帖和练习的方向。

当时在中文系办公室看到过先生所画的大写意荷花和山水镜心，今天已记不太清当时的印象。只记得在系主任办公室里有一幅横幅山水，突兀的巨石斜亘画面的中心，远处有轻帆一叶。当时印象最深的是画中的题款：“送行者皆自崖而返，君由此远矣。”读后我被一种莫名的情绪所触动，沉吟不已。稍后很快就知道这是《庄子》中的话，既创造了一种令人回味的审美意境，又体现出独立不随流俗的人生追求。先生在学术上苦心孤诣，何尝不是在旁人止步不前时越走越远？早在1990年，《文史知识》上就刊有一篇先生谈研究中国古代文学思想史体会的文章，题目就叫《路越走越远》。

1996年到1997年，先生应邀赴新加坡讲学，也还一直惦记着我的学业。我进入研究生三年级之后，有很长一段时间在犹豫是应该找个工作就业还是继续读书。苦闷彷徨，主要是觉得自己在学术上尚未入门，对自己是否适合读书治学完全没有信心。我写信给先生表达了希望继续读书的想法，很快就收到了先生的回信。先生在信中肯定了我的想法，还提议由他和张毅老师联名给研究生院写一封信，推荐我免试直接进入博士阶段的学习。这让我受到极大的鼓励，从此坚定了继续求学的信念。

先生在信中劝我一定要学好外语，说：“望你能用大力气攻读英语，务必达到能顺利阅读的程度。这里（指新加坡国立大学）本科三年级与四年级各有一学生，程度之高，令人吃惊。我看国内一些博士生亦难以与之相比，究其原因，就是通数种语言，我读他们写的作业，广征博引，甚为惊喜。……我因外语不好，吃了很多亏，望你能在这一点上苦下功夫，将来能作到兼通中外，并有机会能到国外交流。”

先生在信中还教导我要围绕问题读书，泛读效果往往不好；但如果要研究问题，又必须先对历史上的哲学和文学问题有大概的了解，因而泛读又不可缺。我大概在去信中也向先生请教了要不要买书的问题，先生在回信中说：“最基本的书，如《论语》《庄子》《老子》《前四史》《文选》，若有可能，还是买了好，读时就在上面划划批批，并把他人有关研究成果注在上面（如注出处，主要论点），这样印象就深了。做卡片往往片言只语，不易形成完整想法，倒不如做笔记。若一本书一本笔记，以后凡关系此书的种种研究都记在一起，用起来方便。”先生还强调：“读书的秘诀，不外两点，一是认真，不漏过细小的材料；一是思考，学而不思，等于不学。除此之外，就是要眼观四面，耳听八方，了解自己研究领域之种种动态，不作闭门读书的呆子。”现今于灯下展读二十多年前先生的手书，每每感到惭愧，自己不够努力，实在有负于先生的谆谆教诲。

先生这封信是十月写的，十二月寄来了推荐信，仍是用极为洒脱的毛笔行书写的，落款是“中国文学批评史专业罗宗强”，并加盖了先生的私人印章，请张毅老师签名后，又请系主任陈洪教授签署了意见上交。之后得到的答复，大概是说研究生院很重视院系和导师的意见，但中文专业没有免试直接读博士的规定和先例，故仍须经过入学考试才行。

1997年先生从新加坡回国后，在秋季学期为四年级本科生开了“《文心雕龙》精读”课，先生说请我做课程的助教，在课上他还特意向同学们介绍，要大家称呼我为先生，这让我一时不知如何应对。其实《文心雕龙》课先生给研究生上了十几年，而且在新加坡时也一直在上，但每次上课先生还要认真准备教案。选课的人数不少，记得有六七十人。当时系里有专人负责幻灯设备，我所做的工作，除了跟着听讲之外，大概就是批改作业。在我批改完后，先生又亲自审阅了一遍，改动了几位同学的成绩。先生对任何事都非常认真，张毅老师曾半开玩笑地对我们说，做学问必须认真，越认真学问就越好，“我比你们认真，罗先生比我认真，所以罗先生的成就我们都比不上”。

1998年春夏之交，先生患了一种叫“重症肌无力”的罕见疾病，虽然症状是四肢无力、吞咽困难、眼睑下垂，但其根源在免疫系统，肯定是多年超负荷工作的缘故。先生患病治疗期间也没有放松对我的指导，根据我的选题意向，指导我精读了《近思录集注》和陈献章、王守仁的全集。先生在病榻上跟我谈儒家思想，谈陈白沙的诗歌，堪恨我没有记日记和笔记的习惯，只是记住了只言片语。在先生的启发下，我写了一篇关于陈白沙诗歌与晚明文学思想之关系的作业，又一次得到了先生的褒奖。先生亲自写了推荐信，让我和稿件一起寄给一位权威杂志社的编辑。编辑先生看了以后给我回了信，说他觉得很有“填补明代文学研究空白的意义”，下一步会启动杂志社的审稿流程，让我耐心等候进一步的消息。由于我愚钝疏懒，没有等到进一步的消息，后来也就放弃了，辜负了先生的厚意。当时南开大学要出版学术集刊《文学与文化》创刊号，先生让我把毕业论文中的一部分拿给他看，他觉得还可以，便让我做了一些修改，拿给主管这件事的老师。那是我发表的第一篇较长的文章，有两三万字。

2000年初，在我的毕业论文基本成稿后拿给先生看，先生说框架已立起来了，还需要一些进一步的修改，并且问我：“你是不是有的地方引用了二手资料？薛蕙的《西原遗书》，南开图书馆没有，你从哪里看到的？”我忙向先生解释说，图书馆不久前刚购入《四库全书存目丛书》，先生方才释然。我当时对征引材料和概括论述的比例比较困惑，有些地方资料引证过于密集，先生则给我标出哪一段写得好一些，让我参照斟酌修改。其实先生一直强调严密的论证过程，也强调简明扼要地把握问题的能力，在表述上应该要言不烦。在我毕业工作之后，又用两年多时间修改毕业论文，也还在琢磨论文中先生给我标出的段落。论文修改完成后寄给先生看，先生欣然为我作序，在序中肯定了我的成绩，再次给我以莫大的鼓励。

过去参加学术会议是获取学术信息的主要渠道，故先生对此十分重视。凡是别人参加会议，先生总是会问：有没有什么重要的信息，重要的观点？先生在新加坡时给我的回信中附了一封给张毅老师的信，信中就问张老师是否参加了袁行霈先生主编的《中国文学史》编者会议，说“有何新闻，望能来信示知，不唯可广我之见闻，且亦可知新朋旧友之行止”。可我一直没有机会跟先生一起参加学术会议。1998年10月在天津举办过一个“古代文学、文献学博士点座谈会”，因为主会场在蓟县盘山，而先生又是大病初愈，故只是参加了开幕式。直到2003年12月，郭延礼老师主编的《中国文学精神》出版，山东大学文学与新闻传播学院举办了“中国文学精神暨文学史理论与实践学术研讨会”，派我邀请罗先生来参会，并且叮嘱我全程照顾好先生。那年先生72周岁，是与会者中年龄最长的学者。可我发现，先生竟然是整个会上出勤最全、最认真听会的学者。无论是大会发言还是分组讨论，难免有人迟到或早退，还有人因故缺席，而先生每一场都准时坐在自己的位置上，很认真地听别人发言。有一次我劝先生说“要不下午您在房间多休息一会儿吧？”可先生还是要坚持按时去会场聆听，有时也参与讨论。我在先生身上看到了一位长者对学界同仁的尊重。

先生在2004年办了退休手续，但直到2012年《明代文学思想史》出版，老人家一直在看书、写作，甚至有很长一段时间每天都到图书馆阅读《明实录》。退休之后没有学生，也没有助手，所有资料都要自己查阅核对，对于一个年逾古稀的老人来说，其辛苦是任何人都可以想见的。直到八十岁还要每天工作三个单元，这样的工作强度，我们这些年轻人都觉得难于承受。坦率说，我也无法理解先生这样辛苦工作，是凭着一种什么样的精神为动力。在职者人在江湖，身不由己，为了项目、经费、团队、地位等等，不一而足。而作为一个退休老人，与这些利益丝毫无关，似乎只能说是为了完成自己的使命；而这个使命不是外来的，而完全生于先生的内心。

先生本来体弱，年轻时受苦太多，调回南开后又一直拼命工作，故身体消瘦，有多种疾病缠身。几乎每年都会因为各种病症住一两次医院。但出院后又一如既往地读书、写作。有时我又反过来想，先生之所以能如此长寿，或许正是由于一直勤奋于读书治学、坚持要尽可能完成自己的使命吧！近些年先生视力退化严重，腿脚行动不便，不能像以前那样工作了。我每次打电话问候，先生总是说“能吃能睡，但是不能工作，简直像个二流子一样，一天到晚什么都不干”。我心想，有多少人四五十岁就退休了，整日优哉游哉，逍遥度日。而您工作到八十多岁，您的著作影响了那么多人，本来早就应该安享晚年，却在一本又一本地写书，一篇又一篇地写论文，只要保持身体健康，就是对国家、对学术的贡献啊！

今年先生九十岁了，我随先生求学已有二十五载。无论是读先生的论著，还是观先生的画作，我都觉得高山仰止，虽然心向往之，却实在无力望其项背。自忖虽枉称及门弟子，然而在思辨能力、审美感受、文献掌握等方面都不能得先生之一二分，尤其想到先生对于学术的不渝追求，更是觉得自己差距太大。蒙先生不弃，始终对我鼓励有加，先生的鼓励正是我多年来一直在读书写作、不断成长的主要动力。

门人　孙学堂

2020年4月3日，谨记于历下

殷孟伦先生的学术成就

刘晓东

摘　要：殷孟伦先生是我国当代著名的语言文字学、古代文学专家。他学承章（太炎）黄（侃），治学由小学入经学，由经学入史学，由经学、史学而兼词章之学，形成层次分明、诸科有序、浑然一体的系统。先生在语言文字学方面，有《果赢转语记疏证》《〈四声五音九弄反纽图〉简释》《尔雅郭氏纂疏》等著述；古代文学方面，有《汉魏六朝百三家集题辞注》《如何理解〈文选〉编选的标准》等成绩；考据方面，有《莫友芝与〈韵学源流〉的关系质疑》《试论唐代碎叶城的地理位置》等代表作。

关键词：殷孟伦　语言文字学　古代文学　考据

殷孟伦先生（1908—1988），字石臞，四川郫县（今郫都区）人，是我国当代著名的语言文字学、古代文学专家。先生学承章（太炎）黄（侃），博纳新知，卓然为一代学人。“文革”结束后，笔者有幸考入先生门下做研究生，对于先生精深博大之学，虽未能瞻其涯涘，不过聆诲受教，自然也有点“如是所闻”，近承《文史哲》杂志之邀，命写一篇绍介先生的文章，因此不揣梼昧，谨撰小文。自知识既窥管，述多隔搔，也只好如此罢。

一、生平经历

殷孟伦先生早年在成都读书，当时四川学风颇盛，廖平之后，若林思进（山腴）、龚道耕（向农）、向楚（仙乔）、赵世忠（少咸）、蒙文通（尔达）、庞俊

（石帚）、向承周（宗鲁）、刘咸炘（鉴泉）、祝同曾（屺怀），诸学者竞爽于蜀中（刘师培于民初也曾一度在蜀授教），其中赵少咸先生为当代屈指可数的音韵学家，对殷先生格外赏识，关系最密，影响也最大。在这样一个良好的学术氛围中，殷先生周游于这些学者之间，或直接奉手，或间接熏陶，于是打上了深厚的传统文化底色，确立了一生治学的起点定位。此后，殷先生力求深造，慕明趋光，遂考入当时国立中央大学中国文学系，正式向黄侃先生拜门称弟子。此时学中更是名师云集，群星交辉，先生又问学于汪东（旭初）、汪国垣（辟疆）、吴梅（瞿庵）诸先生，复请益于章太炎先生，于是学术视野愈益开阔，学术趋向愈益明确，学术思想也逐渐成熟。毕业后，为进一步汲纳新知，于是在1935年又赴日本东京帝国大学大学院做盐谷温教授的研究生。在此期间，先生翻译了L·R·Palmer的《现代语言学导论》和铃木虎雄的《赋史大要》[①]。1937年归国后，先后任教于四川大学、兼职于中央大学。新中国成立后，于1953年调入山东大学，直至1988年去世。在此期间，先生一直在教学科研的第一线，曾任山东大学中文系古汉语教研室主任、校学术委员会委员、《文史哲》编委、山东省社会科学联合会副主席、山东省语言学会理事长、中国语言学会理事、中国训诂学会副会长、中国音韵学研究会顾问等职。当时山东大学的汉语言文学之所以在全国高校中居于不可忽视的地位，与殷先生的贡献是有着很大关系的。

二、知识结构与治学特点

晚清张之洞撰《书目答问》，在所附《清代著述诸家姓名略》中论及治学次第，云："由小学入经学者，其经学可信；由经学入史学者，其史学可信；由经学、史学入理学者，其理学可信；以经学、史学兼词章者，其词章有用。"[②]这是对清代学者治学方法的总结，也是对此后研究国学者所开示的取径法门。殷孟伦先生作为在当时国学氛围中成长起来的学者，又受学于章黄一系，自然是循此而行，形成了他知识结构中的层次性与浑然性。殷先生一生服膺于顾炎武、王念孙、段玉裁诸清儒之言，顾氏云："读九经自考文始，考文自知音始，以至诸子百家之书

① 此书有上海正中书局1942年版。

② 范希曾编：《书目答问补正》，中华书局1963年版，第221页。

亦莫不然。”[①]王氏云：“训诂声音明而小学明，小学明而经学明。”[②]段氏云：“音韵明而六书明，六书明而古经传无不可通。”[③]所以殷先生早期从赵先生学时就对“小学”尤其是音韵学有了很专精的研究。继从黄先生学时除了精读《说文解字注》《广雅疏证》《尔雅义疏》进一步接受音韵训诂学外，开始对群经下大功夫。先生自述他从黄先生求学时的情况时，说：“先生让我圈点《十三经》，专力章句之学，每天直到深夜方命归寝。如此裁成，经时一年有余，才把《十三经》圈点完。先生于是告我，继此之后，可以把必读书增广至二十四种，我都照先生教导读完了。”[④]这是殷先生知识内在结构与层次。先生又自言：“三十年代初，我侧重于诗歌文辞之学，四十年代起，致力于语言文字之学。”[⑤]则是由于个人兴趣及客观需求形成的次序，两者并不是一回事。

这样，先生治学，先立核心，再将知识层层积累，范围一步步拓展开去，形成了一个层次分明、诸科有序、浑然一体的系统。先生曾对我讲：现在学科愈分愈细，自然是学术发展的自然趋势，而且易于出成果，可是也造成了一些弊病。搞语言的不通文学，搞文学的不通历史，甚至搞唐宋文学的不通六朝，稍微越出一点自己的方向范围便出错误甚至笑话。这种严重的知识缺项使整体知识不到位，是需要补偏救正的。先生常讲“颛守与兼揽”（即精与博）的关系。先生说：能颛守而不能兼揽，则失之于“陋”，就会成为庄子所说的“不该不徧，一曲之士也”；能兼揽而不能颛守，则失之于“杂”，又会成为荀子所说的“闻见杂博，而倜然无所归宿”。先生治学，能将各科知识相互贯通，思路相互启悟，资料交互运用，方法相互借鉴，就是因为将精与博的关系处理得十分得当。记得有一次先生见我拿着一本某书的“索隐”，就对我说：“索引只能够为做学问提供方便，但绝不能拿它来做学问。有的人写文章，看起来旁征博引、头头是道，似乎很渊博，但一经深究，却肤浅之至。

---

① 顾炎武：《答李子德书》，《音学五书》，中华书局1982年版，第8页。

② 王念孙：《说文解字注》序，见［汉］许慎撰，［清］段玉裁注《说文解字注》，上海古籍出版社1981年版，序第1页。

③ 段玉裁：《寄戴东原先生书》，见［汉］许慎撰，［清］段玉裁注《说文解字注》，上海古籍出版社1981年版，第805页。

④ 殷孟伦：《忆量守师》，见程千帆、唐文编《量守庐学记》，生活·读书·新知三联书店1985年版，第139页。

⑤ 殷孟伦：《子云乡人类稿序》，《子云乡人类稿》，齐鲁书社1985年版，序第1页。

为什么？就是因为他的资料大都是从各种索引或辞书中转引来的，有的把意思都弄错了，原来他根本就没从头到尾读过那部书。”又说：“做学问，自己肚子里总要有那么几部不需要索引的书才行。”现在都使用电脑了，连“索隐”都有些过时了，先生这些话，更值得铭记。

三、学术成就

殷先生作为一代博雅的通人，成就是多方面的，大致归纳一下，从语言文字学、古代文学与考据三方面谈一谈，而且只能从其代表性的著作略作一下述评。

（一）语言文字学方面

孟伦先生早年，曾编有音韵学讲义，多承黄（侃）、赵（少咸）之说，取材丰富，条理分明，对汉语音韵学的传授，取得了很好的效果。1933年，《安徽丛书》第2期收录了清代学者程瑶田的《果蠃转语记》，先生于1943年《四川大学集刊》上发表了《果蠃转语记疏证》的长文（1985年出版《子云乡人类稿》时，只收录了该文的“叙说”部分），以精湛的音韵学知识和丰富的文献例证，严谨地把握着音转的规律，对程瑶田之文作了详尽深入的阐发。按清儒以音转贯通义训求得名之源的专文，以王念孙《释大》最有代表性，但王氏仅取单名，而程氏之作则专取謰语，“华夏之语，单复兼行。单以立名，复以广用”①，单复双究，始为全面，故二氏之文，相得益彰。殷先生发现，程氏之作，其音转理论本于戴震《声类表》，于是以戴释程，以程证戴，“举戴表以律程记，依程记而张戴表”②。这样，一方面证明了程氏之说皆符合戴氏的音转理论，同时另一方面也就证明了戴氏理论在具体运用中的科学性。从而把以双声叠韵为主要形式的复音词之间所隐藏的音义关系发露无遗。我们现在常用的工具书如朱起凤的《辞通》、符定一的《联绵字典》，往往从音转上联系解释字面不同的联绵词，但多能知其然而不知其所以然。如果研读一下殷先生此文，那么对古代联绵词自然会有更深入的认识、更准确的判断和更广泛的拓及。

1957年，先生在《山东大学学报》第1期上发表了《〈四声五音九弄反纽图〉

① 殷孟伦：《〈果蠃转语记〉疏证叙说》，《子云乡人类稿》，齐鲁书社1985年版，第264页。

② 殷孟伦：《〈果蠃转语记〉疏证叙说》，《子云乡人类稿》，齐鲁书社1985年版，第271页。

简释》一文。这图乍看起来确实复杂费解，尤其是当等韵学发展得愈来愈成熟，愈来愈精密之后，人们也就更少去关注它了。清代戴震写了《书玉篇卷末声论反纽图后》[①]，不过他的目的只在于说明“反切字音，咸溯源叔然”（按：指孙炎），并非出自神珙，并没有对此图本身作任何研究性说明。及至江有诰，在他的《等韵丛说》中对此图才作了分析和解释。虽说要言不烦，可是确实过于简略了，没有进行全面的阐明。先生撰此文，对图式的结构、概念的内涵、方法的原理、目的的确认，一一作了极为深入细致的阐发，破千载之迷雾，指明此图是“根据双声叠韵取音的方法，有了进一步发展的产物”[②]，“是一种简易的熟练反音的方式”[③]，在汉语音韵学发展过程中给予了一个准确而又合理的价值定位，填补了汉语音韵学史中的一个空白。

先生晚年，尤多致力于训诂学，撰写了一系列这一方面的论文，比如对段玉裁《说文解字注》、王念孙《广雅疏证》等作了专书研讨。清代“段王之学”已形成了一个有理论、有方法、有效验的学科，将汉字形、音、义三元素及其之间的关系研究得十分透彻。他们的成就已经为“语言文字学”的独立奠定了实绩性的基础，已使“小学”从“经学”的附庸而蔚成大国。清末章太炎先生之所以正式将“小学”改称“语言文字学”[④]，主要就是因为有以段、王为代表的乾嘉学者的实际成就。因此对他们的著作抽绎其理论和方法，归纳其原则和条例，这对进一步丰富完善和发展传统语言文字学是极为必要的。先生在这些论文中，发覆表微、钩深启蕴，不是简单地作价值评判，而是致力于探求他们的研治理念与研治方法，从中发掘出了具有启悟性的、对我们进一步研究语言文字有指导意义的元素。同时，先生还撰写了《略谈“训诂学”这门科学的对象和任务》《训诂学的回顾与前瞻》等文章，对“训诂”这一古老概念进行了科学的界定，承“故”融“新”，在对前人成就的总结和深刻认知的基础上提出自己的构想，为“训诂学”今后的发展取向提供了重要的借鉴。

《尔雅》一书，更是先生专精研治的典籍。《尔雅》一书的价值人所共知，这里不必费辞，需要说明的是，先生精切地认识到《尔雅》的性质，一方面“《尔雅》之

---

① 此文见戴氏《声韵考》卷四，又收入《戴震文集》卷四中。

② 殷孟伦：《〈四声五音九弄反纽图〉简释》，《子云乡人类稿》，齐鲁书社1985年版，第309页。

③ 殷孟伦：《〈四声五音九弄反纽图〉简释》，《子云乡人类稿》，齐鲁书社1985年版，第323页。

④ 1906年章氏曾撰《论语言文字之学》一文，作为《国学讲习会略说》之一部分，发表于《国粹学报》上，后删定为《语言缘起说》收入《国故论衡》卷上，故不见此语。

书，实依他起，必附诸经籍，其用始显，反之则无所用”[①]，另一方面“它又总结了曾经行用过的古汉语的词语，加以类聚群分，勒成专书，这便为古汉语词汇的研究勾画出了一个大的轮廓。唯其如此，这就使《尔雅》由主要以服务于古代文献的阅读为目的的著作，进而成为独立研究词汇这一学科的开端的著作”[②]。明确提出，《尔雅》既有它的附属性又有它的独立性。这样，对《尔雅》的研究必然要一方面以群籍证明其义训，另一方面又要以其义训来解读群籍，进行双向求证，彼此互验。同时又要以音贯义，通过音同、音近、音转的途径来探求义训的相关与文字的相假。实际上，乾嘉以降研究《尔雅》的学者已都遵循这种法则，并取得了辉煌的成就，然而随着学术的发展和时间的推移，我们今天已不能惬意。以最通行而影响最大的郝懿行《尔雅义疏》来说，郝氏对《尔雅》中文字的声韵部类的归属和转变的规则都欠精当，或失于疏误，或失于拘挛，以至于王念孙、黄侃都对其书大加删订，这是其一。其二是取证材料也不甚完备，后继研究者无论是对文字的校勘还是对佚说的辑存，都有新的成就，取证材料愈益广博，精见卓识层出不穷。然而都散见于各家著作，未能汇采以全面疏释本书。先生则全面搜集了郝氏之后直至近代各家之说，博系其通，细别其异，取精用宏，撰写了《尔雅郭氏纂疏》一书。这不同于“汇纂”“诂林”之类的编辑类著作，而是理法具备、断制精确、有伦有脊、自成系统的一部义疏式的典籍，可以说是研究《尔雅》集大成的巨著。遗憾的是由于种种原因，后几卷尚未写定，稿存于家，尚待整理，只以“举例”的方式发表并收入在《子云乡人类稿》中。

（二）古代文学方面

殷先生在古代文学方面的成就，最有代表性的是《汉魏六朝百三家集题辞注》。这是先生早期（1935年）的著作。明代张溥编《汉魏六朝百三家集》，在所收的每一家文集之前，均撰写了该家《题辞》，采撷故实，阐发特色，对各家的文章分别作了简明扼要的述评。不仅表达了他自己的文学观点，而且文风洒然，具有很强的可读性。只是因为散列于全书，不便于给读者一个整体观。先生将各篇《题辞》聚置别录，成一专书，为之作了极为详备的注释，引证了大量史料，语语核其指归，事

---

① 殷孟伦：《论治中国语言文字之要籍》，《子云乡人类稿》，齐鲁书社1985年版，第43—44页。

② 殷孟伦：《从〈尔雅〉看古汉语词汇研究》，《子云乡人类稿》，齐鲁书社1985年版，第61—62页。

事发其根据。张氏重在“评”，先生重在“证”，以文献辅证文学，两者俱彰。资料繁富得当，有人称为“碎金遍地”，成为研究汉魏六朝文学的必读之书。

先生又曾撰《如何理解〈文选〉编选的标准》一文，从《文选》与《文心雕龙》的关系切入，探讨了萧统之所以不选经、史、子部类文章的原因，重要之处在于指出“文章”与“文学”概念的不同，确认《文选》是“文章”选本而不是现代意义上的“文学”选本，得出了“《文选》是一部在当时有先进文学观点的存留到现在的文章选本”的准确结论[①]。这对于我们在研究古代文学中注意避免不对应概念，是有普遍意义的。

（三）考据方面

这里仅举先生在专书考据和专题考据的两个典型例子。

在对专书考据方面，先生在1963年发表了《莫友芝与〈韵学源流〉的关系质疑》一文，对近代在语言学界流传较广，影响较大的署名莫友芝的《韵学源流》一书作了深入全面的考查。先生揭示出此书68处取材的来源，结合莫氏的学养，明确指出莫友芝当不是此书的作者。其实，《续修四库全书提要》已对此书作出过质疑性的述评，认为像段玉裁、王念孙、江有诰、钱大昕等人最有价值的研究成果“而友芝概不援引，未明其意”[②]，云“莫氏声韵之学本不精深，如欲撰述此书，但当搜辑旧说排比有序，稍加按语，其功已大，不必自作聪明擅定取舍也”[③]，不过认为此书应是莫氏《声韵考略》的初稿。先生此文在这一认识基础上又进了一步，认为“编者知道莫氏著作有过《声韵考略》这样名称，所以嫁名莫氏，以图为世所重”[④]。我们说，此书作者是不是莫氏已不是十分重要了，先生通过内证法，由精确的文献事实判断而自然得出的对学术价值判断的重新认定，这才是重要的。

在专题考据方面，先生在1974年发表了《试论唐代碎叶城的地理位置》（《文史哲》1974年第4期）一文。此时尚在“文革”期间，这篇文章的产生是由于读了郭沫若《李白与杜甫》一书中所涉及李白出生于碎叶城而诱发的，问题的发现却是通过

① 殷孟伦：《如何理解〈文选〉编选的标准》，《子云乡人类稿》，齐鲁书社1985年版，第388页。

② 《续修四库全书提要·经部》，中华书局1993年版，第1251页。

③ 《续修四库全书提要·经部》，中华书局1993年版，第1251页。

④ 殷孟伦：《莫友芝与〈韵学源流〉的关系质疑》，《子云乡人类稿》，齐鲁书社1985年版，第441页。

分析欧阳修撰《志》的文例而对《新唐书·地理志》中一个句读的正确认知。先生说，对于一个字的“理解属上或属下，不仅是文义问题，关系到历史的客观实际不容颠倒错乱，关系至为重大”①。句读一准确，文意便讲通了，文意一讲通，问题也就显示出来了。先生征引了大量文献资料，驳正了历史上各种误解，揭示出产生这些误解的原因和过程，指出“唐有两碎叶城”“碎叶镇即焉耆”说的错误，得出“碎叶在中亚，焉耆无碎叶”的结论②，从而解决了一个历史地理领域中的大问题。而历史地理学本不是先生的主研方向，但是能写出这样高水平的论文，足见先生学问的渊博了。

以上只是对先生学术成就极粗疏肤浅的概述，如果要全面深入地评述先生学术思想、方法和价值，那就应当分别针对各个方面作专题式的探讨和阐发，断不是像这样一篇戋戋小文所能完成的了，所以，就让它勉强承担一下作为纪念的任务罢。

（作者单位：山东大学儒学高等研究院）

（原载于《文史哲》2011年第5期）

① 殷孟伦：《试论唐代碎叶城的地理位置》，《子云乡人类稿》，齐鲁书社1985年版，第460页。

② 殷孟伦：《试论唐代碎叶城的地理位置》，《子云乡人类稿》，齐鲁书社1985年版，第469页。

殷孟伦自传

殷孟伦撰　李振聚整理

一、姓名、性别、年龄、籍贯、现在家庭具体住址、出身、成分、民族、部别、职别等

殷孟伦，号石臞，原名开明。在一九二六年暑假投考国立成都高等师范学校时，改用今名。（当时我只读满旧制中学五学期，以经济困难，想改公费学校，由小学先生张良卿之助，代为办了彭县华英中学毕业证明书，因改今名。）男性。出生于一九〇八年四月七日。（原推算为一九〇九年，今照新历书推算改正。）四川郫县人。现住成都将军街四十号。小资产阶级出身。本人成分，教员。汉族。现由四川大学借聘山东大学任中文系教授。

二、家庭情况

我所知道的，在我祖父和父亲两代，都无土地，仅有住宅一所，后来因我家生活困难，已由我父亲将住宅卖掉。在抗日战争前后及日本投降前后，本人虽在教书，仍然无土地及房屋，全凭薪资收入维持家用。新中国成立后，以原有余款和学校工资并卖去一些藏书，凑合拢来，买了住宅一所自住。学校工资收入足用，生活愉快。

我妻名赵苑云，家庭妇女。过去未参加过任何党派团体及道会门宗教等。未受过高级学校教育，有看书能力，工作能力不强，单独工作比较困难。现在关系正常。

抚有一子，名正麐。本年暑假在小学毕业后，已考入成都第十四中学一年级。

三、社会关系

我主要的亲戚，是妻的后家。妻父赵少咸先生，是一个年过七十的学者。现任四川大学中文系教授。过去参加过同盟会，现在无党派。在成都现同住一处。对语文学研究有较大贡献。现正整理所著二百万字的《广韵疏证》一书，其他著作已有刊行。

妻母张荷秋，是一个居家的老太太。现年已七十。过去信佛。未参加任何党派团体。

妻弟赵吕甫，现任四川省立石室中学历史教员，有著作发表。去年在《历史教学》上也发表过文字。过去未参加任何党派团体和政治活动。新中国成立后，曾到西南革大学习并参加“土改”工作。

现在的老师，有庞石帚先生，现任四川大学中文系教授。无党派。解放后，曾参加西南革大学习。对祖国古典文学及史学极有研究，有著作发表，如《国故论衡疏证》等。他是自学出身，已任大学教授多年。

汪旭初先生，现任上海文物保管委员会委员，过去参加过同盟会。年近七十。擅长语言文字之学和词学。

汪辟疆先生，原任南京大学中文系教授，现已退休，患半边风症。年近七十。擅长诗学和目录学。有著作多种发表，如《唐人小说》《目录学研究》等。党派不详。

庞先生和二汪先生对我治学及工作援引关系不小。另外已故的黄季刚先生（详后）及林山腴先生（原川大中文系教授，四川文史研究馆副馆长）为我揄扬，使我在过去教育工作上增加声光不小。

朋友有陈子展，现任复旦大学中文系教授。进步作家。党派不详。有《中国文学史讲话》等。现闻病神经衰弱极厉害。一九四五年在北碚，我因代汪旭初先生在复旦教课，那时他任主任，因此相熟，谈得来。以后在上海见过几面，有信往来。现参加综合大学用《中国文学史》教本编写。

程千帆，现任武汉大学中文系教授。抗战时期，曾作过叶秀峰任西康建设厅厅长时秘书。新中国成立后，学习进步，常发表文艺批评及古典文学方面论文，听说已入党。曾参加赴朝慰问团工作。擅长文学史及目录学。现参加综合大学用《中国文学史》教本编写。他是金大出身，也上过黄季刚先生、汪辟疆先生的课，又是我同学沈祖棻的爱人，因此熟起来。他对我治学多提意见，过去有著作发表，也彼此商量。新中国成立后，他曾寄他编的《文艺学》和《中国文学史》讲义给我看。

孙望，现任南京师范学院中文系主任。进步作家。党派不详。孙系与程千帆在金大同学，因而相熟。有著作发表。如《全唐诗补遗》等。

同学关系，从小学算起。同班同学有吴英，现在四川大学中文系工作。过去未参加任何党派。擅长古典文学。曾在西南革大学习毕业。

杨成垣，现在四川乐山从事工业，专做工业上用品金刚砂。党派不详。

杨尚昆，党高级干部。新中国成立后，曾通过信。

杨尚仑，尚昆六弟，现任四川省民政厅副厅长。

杨尚直，尚昆七弟，现任成宝铁路局秘书。在小学比我低一班，新中国成立后，在成都常见面。

中学同班同学有赵幼文，现任四川省立第二师范学校语文教师。是我妻出继之兄。过去未参加任何党派，擅长古典文学及考据。

吴英、杨成垣，在中学亦同班。

杨钰声，现任四川大学物理系副教授。党派不详。

高等学校同班同学，在高师时代有曾君一，现任四川大学中文系副教授。过去未参加任何党派，擅长文学史。

杜仲陵，现任四川大学中文系教授。1952年思想改造后，参加民盟。

在中大时代，同班的有游寿，现任山东师范学院中文系教授。党派不详。到山大后，曾通过信。

常任侠，现任中央美术学院教授。参加民盟。常有著作发表关于艺术方面者。

非同班同学有沈祖棻，现任江苏师范学院中文系教授。过去未参加任何党派。擅长词学。

陈志宪，现任四川大学中文系副教授。新中国成立后，学习进步。擅长词学、曲学。在中华书局出版有《西厢记笺证》。近一年有论文在《文学遗产》上发表。

潘石禅，在中大时，比我高一班，后同事，在川大亦同事。曾同办过《学林》。胜利后，任安徽大学中文系主任。解放战争时，已去香港，现状不明。他是黄季刚先生女婿。

同事关系，在中大时，有黄耀先，是我老师黄季刚先生的侄儿。过去政治情况不明。现任武汉大学中文系教授。擅长古典文学及语言文字学。

钱子厚，现任贵州师范学院中文系教授。擅长古典文学及中国哲学。党派不详。钱、黄两人在二十世纪三十年代曾同我办过《学林》。

金静安，现任中国科学院近代史研究所研究员。擅长史学。曾编印《辽海丛书》。过去与东北地方关系极深。他是黄季刚先生早年北大学生。现年近七十。曾介绍我到东北大学去教书，我未去。

在川大时，同事有曾圣言，现任四川大学中文系教授。过去与四川军阀关系极深，是黄季刚先生早年北大学生。擅长文学。

曾宇康，现任四川大学中文系教授。现在参加文学史教学。无党派。

蒙文通，现任四川大学史学系教授。新中国成立后，参加民盟。与已故张澜（表方）先生关系极深。有《古史甄微》等著作发表。曾主办私立尊经国学专科学校，约我去担任过音韵学方面的课。他同赵少咸、黄季刚都熟，过去对我很好，为我到处游扬。

黄念田，现任川大中文系副教授，过去曾参加国民党。新中国成立后，参加西南革大学习。他是我老师黄季刚先生之子。有口才。最近曾写好十几万字的《语文教学法》。

周菊吾，现任四川大学中文系讲师。无党派。解放后，曾参加西南革大学习。工作积极。擅长古典文学，现参加川大语言组古代汉语教学。

朱寄尧，现任四川大学俄语讲师。过去未参加任何党派。新中国成立后，曾参加“土改”。由校派赴哈尔滨俄专学习。长文学。

刘芃如，现任香港大公报编辑。川大毕业后，曾在中文系任助教。后留英。与卞之琳同志熟。有《外交家》译本印行，自著有《卓别麟外传》。

王利器，现在文学古籍刊行社工作。过去曾任北大副教授，政法学院副教授。在川大时，任讲师。无党派。擅长古典文学及校勘，近在人民文学出版社出版有《水浒全传》。常有论文发表。

杨明照，现任四川大学中文系教授。无党派。擅长古典文学及校勘，有著作多种印行。

其他因同学关系而共过事的，有高明，中大中文系同学，比我高一班。是黄季刚先生学生。他任西北大学中文系主任时，曾拉我去，我未去。介绍赵幼文去。后来在胜利后，他又同我在礼乐馆同事。

因同学关系而接触过的，有李瑑仁，中大同时代同学，他学的数学。他老师何鲁（新中国成立后，重庆大学主任委员）因为同黄季刚先生熟，黄因向何替我游扬，何向李谈过我。因此李对我有好感。在抗战时期，他任国民党四川省党委，我曾因川大对我解聘事找过他，他说他同黄耽娃（指黄季陆）不对头，劝我算了。以后即未见过。

女同学胡元度，她丈夫是黄埔出身的黄仲翔，我因同胡熟而认识。黄任国民党四川省党委，又任社会处，曾经受黄念田之托同他和陈志宪向胡代他兄弟黄念祥求事，到他家去过。

中大同学成都军校教官张天民，他是法律毕业，在校时间同，不熟。胜利后，因成都中大同学分会开会，见过面。四川省府秘书李开第，他是哲学系毕业，在学校时，我已做助教。亦不熟。在抗战期间及胜利后，偶在茶馆及中大同学分会开会时遇见。这两人在成都解放前半年曾游说我参加大川学院。

其他因老师关系而认识的，有孙德操、于右任和章行严先生。

我在成都高师上学时，曾因中学老师吴照华（原联中教务长）介绍，在孙德操（他当时是一个师长）家，为他儿子孙吉寿补习功课。后来孙吉寿到中大上学，孙德操曾面托我照料他儿子，在南京及上海见到几面。后来我们办《学林》，他捐了几十元。他儿子孙吉寿和我较熟，在一九四九，他任成都浙蓉中学校长时，曾约我去兼课。我们的关系便是这样。

在一九四四年，因川大不聘我和程千帆，我曾写信给汪旭初先生请求设法，汪先生就写信给那时住在成都的于右任，请他向当时川大校长黄季陆转圜，汪先生并叫我们去看于，这样我同程千帆便认识他。他因我是黄先生的学生，黄先生是他的朋友，他就另眼相看，说是同黄讲，并要把他所藏的汉熹平石经残片，拓一份给我。胜利后，在南京，他和张溥泉、贾景德，在紫金山登高，大请其当时的文人。汪先生同我也被邀请。我作了一首歪诗，并和人韵的另一首歪诗应景。后来他过七十征诗，我也因为我回川大事，向他寄了一首无耻阿谀的诗。我同他的交往便是这样。

在抗战期间，我们因办《学林》，由汪辟疆先生介绍，曾去见过章行严（士钊）先生（现任政务委员会委员，全国人民代表大会代表，北京文史研究馆副馆长）。他是我老师黄季刚先生的朋友。他勉励我们，有诗相赠。在新中国成立后，一九五三年，曾因川大事写过信给他，谈到我同黄念田调工作的问题。黄念田做过他的学生。

因作诗而接近的有杨廷福和潘伯鹰。在北碚礼乐馆工作时，由于我妻弟赵吕甫认识了复旦学生杨廷福（赵时亦在复旦念书）。杨喜文学，写旧诗，当时曾写过几首给我看。胜利后，在上海见着。他现在在上海教书，最近他寄给我他著的一本关于王船山、黄宗羲、顾炎武的书。

在上海时，杨为我介绍了当时主办《铁路周刊》上的《饮河集》的潘伯鹰。潘是章行严先生的学生，当时在伪中央银行做秘书，又在同济大学中文系兼课。他在《饮河集》上刊了我两首诗。据闻潘做过章行严先生的私人秘书，党派不详。

后来，我又到上海时，曾听他说人民战争必然胜利的话。

总的说来，我的社会关系主要是师生、同学和由这两种关系而后同人认识的。在旧社会乱拉扯关系，在我也以此为关键。但是点头之交多，深交的少。旧社会的情况往往如此。因为我教书的教程已较长，教过的学生也不少，有些有往来。他们一出社会，或者与我同事，或者在异地相逢，因而比较熟起来。这种情形在我到北京所遇到的几个川大学生，便是因为同在异地相逢才熟起来的。如本校本系的殷焕先，在同事时才熟起来。

四、我的详细经历及思想转变过程

（一）从识字起到小学

我从三岁后，即开始识字，读了七八年私塾。所读过的，如《三字经》《百家姓》《四书》《五经》等，都是封建读物。到一九二〇年（民国九年）才进新式初等小学——郫县县立模范小学——三年级。学校里所教的，是国文、修身、算术、珠算、图画、手工、音乐、体操等等。这在我原先私塾所学之外，又传播给我一些资本主义教育。（当时同学比我后的，有杨文浏，现在川大化学系工作。）在那时，有一位彭县姓杨的先生，到学校来教“韵学一见能”，觉得他口念“当汤唐郎”（即注音字母之“ㄉㄊㄌ”），很有趣，学了后，很容易上口，因此也培植我后来专治文字声韵的兴趣。

初小毕业，有同学张德溥（已故），因他叔父张继良先生（成都高等师范毕业，新中国成立后，尚见过。现在四川中级学校教书，在何校不详。）那时在成都高师附小教书，他约我同去考，被录取。可是我那时因家境不好，要继续读几年，却很困难。当时张先生便是我们的级任，因为我在校成绩好，他知道我的家境，就不时帮助我。我读了一年，学校试行所谓“道尔顿制”，我参加越级考试，就由高八班考上高五班。再读一学期即毕业（当时是旧制，三年毕业），因此我高小只读了一年半。那时同学多半是地主阶级或官僚子弟，像我这样的寒士是很少的。因此生活在一起，他们给我的影响，一方面使我羡慕他们，另一方面又使我有了极深的贫富观念。虽然同学没歧视我，可是我的确感到我的境遇总不如人。因此只有拼命用功，才能得到师长的青睐和奖掖，也才是我的出路。我还记得张先生评我的成绩时，有"群季俊秀，生尤翘楚"之语，这使我感到很大鼓励。

那时的同学，在一班有杨尚仑，五班有杨尚昆、吴英、杨成垣等。杨尚昆后来成为党的高级干部。当时相好，曾同在一位高师同学处补习。

在小学时期，我开始看过《学灯》和《学生杂志》，因此我那时能写较长一点的文字。

我小学毕业后，因无经济能力再升学，留在学校管理图书。那时附小主任是邓只淳先生（现任西南师范学院教授），教务主任是张良卿先生（成都高等师范毕业，已故，近他家有信来谈到）。张良卿先生和张继良先生同样地看重我。在我上中大读书时，张先生在学费上亦帮助过我。

（二）中学和高师时期

后来因同班同学考上成属联立中学，鼓励我去考。我在一九二四年春季便考上了。当时在附小教过我们国语的李鉴衡先生（成都高等师范毕业，现在情况不详）就介绍我去教他亲戚姓周的两个初小上学的小孩，供膳宿，每月十元钱，只是下午替他们复习功课（当时这两小孩在省立第一师范附小初级班念书）。我这样便过了两年。到第五学期暑假，当时高师和成大发生分家问题，高师这部分需要学生，我便因张良卿先生之助去报考高师，取入国文部。这样解决了我升学的困难，同时也为我的出路抬高一步。

联中时代，我每期考试都考第一，因此便增加我的自高自大。因为过去读了一些古典文学，而联中当时所教的国文，也属古典文学，我就更为任意。这样便加深我后来对古典文学的嗜好的倾向，那时学校有《说文解字》一课，我笔记得很详细，同学都借去抄，这也与我后来钻研语言文字之学大有关系。

适当五卅运动爆发，传到成都，同学都热心参加游行宣传，我也非常激动，我之参加政治运动，这算有了萌芽。可是进高师后，震于同学所说要先读那些书，因此就向故纸堆中寻生活，而前此一点新的萌芽便逐渐夭折下去。所受于老师的影响，是要多看专书，要钻牛角。当时的老师，主任是庞石帚先生，我听过他讲《文选》

以及章太炎先生的《国故论衡》；龚向相先生（已故），我听过他讲经学通论；林山腴先生（已故），我听过他讲《史记》；赵少咸先生，我听过他讲《说文》、音韵学、古音学；向先侨先生，我听过他讲文字学。

因为当时四川是在军阀割据局面之下，学校虽然名属国立，而经费则由四川出。地方税收，既为军阀夺取，因此学校经费，又得向军阀乞怜。以致每学期上课不过十二周就完事。当时学校内派别之争很厉害，自己置身事外，常到祝屺怀先生（已故，原川大教授）那里听讲《汉书》，赵少咸先生那里听讲古韵专书和《诗经》。而我们那时所受到军阀压迫，我非常憎恨，但又有一些恐惧。在一九二八（农历正月十七日）曾发生逮捕，一大早把我们全体同学关在一间大教室里，经过半天，点名捉人。像我这样逐渐受到封建文学毒害，不敢面对现实，起来与当时军阀作斗争的人，也就只有退缩，不敢向前；只好顾自己，不敢参加学校其他活动。除听课看书外，就给中学改作文，给人补习来补贴自己，并蓄积一点钱作为升学打算，我就这样度过了我三年半的光阴。而我的个人主义，也可以说就是这样渐渐发展起来的。

在高师时，因支部同学曾出过《国文会刊》，第二期我参加过编辑，以无经费，未能即出。

一九二九年底，算结了业。明年的上半年，照例是实习，可是那时学校没有这样办，各人走各人的路子去教书。我因赵少咸先生介绍，就到成都公学去教书。那时月薪有好几十元收入。我教的是高中文科，教的功课是《诗经》《文选》《说文解字》《荀子》等，当时也不过是贩卖知识，谈不上教学，相反只是向青年放散了一些封建毒素，而在他们走向革命的道路上生出一些障碍而已。

（三）中央大学时期

那时我因有部分积蓄，又早从老师那里知道章太炎和黄季刚两先生，因此我非常仰慕他们的名望，想到南京升学，好亲近他们学一点东西。因此在农历五月初，就同一些同学到南京。当时赵少咸先生给我写了一封信给黄季刚先生。到南京报考中大后，去见黄先生，黄先生一见我，大为赞赏。第二天，他写信给我并请我吃饭，他信里有这样的话："考四海而为儁，非仅蜀中之奇也。"我一时受宠若惊。因此我后来有些自负，在这一事件上，不能不受到一些暗示和影响。我同黄先生接触后，以后六年中，便紧紧地跟他学习古典文学和文字声韵之学。黄先生是有名的狂士和学者，性情兀傲乖僻，脱略不羁，有时使酒骂坐。因此我接触他以后，亦受到他一些坏影响。把人瞧不上眼，也好臧否人物，老子天下第一的思想，便这样潜滋暗长起来。唯其如此，也就容易给人以可乘之隙，那就是：好恭维，轻信人言，一切感情用事。这便使我一生蒙受到不可计量的损害。

当时中大中文系的风气，是承继了南高和东大的学风，又加上了章太炎学派的学风，今天看来，是比较落后和反动的。当时文学院长汪旭初先生主持系务，我听过他讲文字学和唐宋词，当时对他的印象是：章太炎大弟子之一，小学根底好，又长古典文学，以词学名家。教授有黄季刚先生，我听过他讲《文选》《文心雕龙》《毛诗》《训诂学》《音韵学》《三礼通论》。我那时课余就到他家里圈《十三经》《说文》等。王伯沆先生是一位由南高直到中大的老教授，年纪最长，我跟他学过古文和杜诗。他是南京的老名士，好谈理学，他对《红楼梦》圈过十九遍。吴瞿安（梅）先生，我听过他讲《清真词》《白石词》《花外集》《山中白云词》《草窗词》《梦窗词》《曲学通论》《曲律》《曲选》等课。吴先生是海内有名的词曲家，对当时影响很大。今天讲戏曲史，也有他的地位。他教的学生，以任二北（现任四川大学中文系教授）、卢前（已故）最知名。胡小石先生，我听过他讲文学史、楚辞、陶谢诗、甲骨文、钟鼎文。他在系内处处与黄先生争胜，当时隐然以代表东大旧人自居。汪辟畺先生，我听过他讲诗歌史、目录学。他不善讲话，在当时说来，他是能动笔的。后来我肯同他接近，稍稍懂得诗的做法，我作旧诗，请他改过。那时商务要出《学生小丛书》，曾约他写，他就告诉我写，我写了一本《谢灵运诗》，在一九三五年由商务出版。我又听过哲学系汤用彤先生（现任北大副校长）的西洋哲学史。当时我佩服他讲得很有条理，现在看来，可惜都是资产阶级的货物。这又使我多染□了一些资产阶级学说的毒素。我又听过他讲隋唐佛教史，所受的影响也是一样。宗白华先生（现任北大哲学系教授，当时是哲学系主任，曾主办过《学灯》，与郭沫若、田汉出过一本《三叶集》），我听过他讲艺术学、文化哲学，所受影响不大。另外，我听过何兆清先生（现任北大哲学系教授）讲科学原理和伦理学。景幼南先生讲成唯识论。总的说来，这些课都使我加深对古典文学、哲学和佛学的爱好。

一九三一的九一八事变，日本帝国主义强占我东北，国民党反动派抱不抵抗政策，在党的号召和组织下（这是我今天学习革命史后才认识到的），全国广大群众卷入抗日反蒋热潮之中。不久，南京学生游行请愿示威，我也激于义愤前去参加。先到中央党部，后到外交部，要王正廷（当时部长）出来讲话，大家气愤，就把这个衙门捣毁并把这个卖国贼打了。然后又到国民政府请愿示威。后来各地大学学生都集中到南京请愿示威，更激起了很大的抗日反蒋斗争。我这个平常不关心国事的人，在思想上受到了一次深刻的教育。

一九三二年一月中，日本兵舰炮轰南京，我同黄先生到了北京。先生旧日的学生来看他，我便认识了骆绍宾（已故，曾任北京师范大学、武汉大学、湖南大学、湖南师范学院教授，有《楚辞》及语言文字方面著作，在中华书局出版有《文选学》）和陆颖民（现任北京师范大学中文系教授，盟员）。那时，陆在北大任助教，他为我帮忙，使我在北大借读。但我去上课的时间很少，多半时间，在抄黄先生的《尔雅义疏补正》。这使我在训诂学上的学习，自然有了一些踏实工夫，可是我钻书本的精神愈强，而脱离现实就愈利害。我就这样以为得到枕中鸿宝，这一生可以吃着不尽，因此，整个精神便为这种思想所笼罩，国事如何全没管它，而打算的是个人将来问题。而黄先生所期于我的，是要我能够做到最服膺他的学生。他曾向我说："学问既成，名誉不彰，师友之罪也。"所谓"学问"，在今天看来，是成问题的。而我因此更脱离现实，看不见现实，对书本以外的事，更感模糊。在一九三二年的五月，我从北京回南，办理毕业手续，补考了未考的课，计算学分可以，就这样毕业了。

（四）中大毕业后的生活和以后教学工作及留学日本情况

一九三二年暑假后，我留校任助教，这是黄季刚先生给我指出的一条扶摇直上的道路，以后我便一心一意想成名成家。当时工作不太忙，月薪六十元；又由同学周味道（已故）的介绍，便在中大附近私立五卅中学兼任两班国文，月薪四十几元。这一来，我生活比较满意，有余款可蓄。于是我一方面做助教，一方面备课教书。空的时候，仍然在中文系、历史系、外文系听课。这样资产阶级学说的毒素更在我身上加重加深。当时我却以为这样做，便是中西兼通的饱学之士，真是幼稚可笑。再有空暇，便游历南京各地名胜，或吃茶喝酒，这又助长了我以后享乐的名士生活。当时在老师方面的风气也是如此。如黄先生要出游，我有时就陪他。在老师中间，不时地也到秦淮河老万全等酒馆聚餐，所以学生也受到这种坏的熏陶。

我在做助教时期，由于黄、汪两先生的庇护，除本系先生外，和其他人也不多接触，因此觉得环境很安定，根本没有感到人事上的问题。黄先生对我的治学指示，当时是：在年轻时候踏实用功；读书要划时代，至少在三十岁以前，要把唐以前的专籍看完。我真的这样做。可是他没教我看现代人的书，他认为好多是短书小册，不值得看，因此我也不大看时人的书。

在中大时，黄季刚先生又领我到上海去见章太炎先生。后来章先生在苏州讲学，我也去过几次，有所请益。所谈的都是有关古典文学和语言文字学的问题，这对我后来治学影响很大，我对章、黄两先生一向是钦佩到无以复加的地位，这也增加我的骄傲和自满。两位先生是我学习的榜样。

另外黄先生也给我一些影响，即当时黄先生同于右任、张溥泉等都熟，这些人当然利用黄先生在高等学校内讲所谓“学”来维护反动统治政权。而我见着或听着的，是这些人都捧黄先生，也就觉得做教授和学者真好，可以傲视一切，抬高身价，这便大大助长了我有一天做了教授，也可傲视一切、满不在乎的腐朽自私的个人主义思想。

汪辟畺先生既鼓励我写了《谢灵运诗》，后来又鼓励我写其他东西，我就写了《汉魏六朝百三家集题辞注》十余万字（稿现存），秦观《淮海词笺注》近十万字（稿现存）。

我在一九三四年一月由南京回成都结婚，当时在五卅兼教的课，便和学校商定由同学杜仲陵（当时杜去中大作学生）代授。回成都之后，我妻父赵少咸先生介绍，在华西协合大学中文系教课，又在成都公学、川大附中、成属联中等校教音韵学。赵先生本要我留在成都，我当时认为还得向黄先生问学，所以在五月内便辞了各校的课，仍回南京中大，因此把家也移住在南京，直到一九三七年八月。回南京后，又在五卅兼课半年。后来为自己写稿，又因给商务（印《万有文库》）圈书，报酬较丰，因未继续任课。（当时同学曾君一亦住在上海，为商务圈书。）在这一段时期，还为赵少咸先生借黄先生的书，过录了一部极难得的清代十三家校本的《经典释文》（这是一部研究汉语史极有用的书）。

在这个时期，中大四牌楼校门旁边开了一所鸡鸣书屋，专卖日本书，我去买了两本，又翻了一些目录，知道日本出了不少的语言学的书籍，我很想买来看看（我过去在学校学过日文）。当时同学常任侠在中大附中教书，他到日本进东京帝大研究，回来，他把那边学校情形和生活告诉我，不禁使我怦然心动。在一九三五年重九，黄先生因病逝世，我感到非常沉痛，失所依傍。一方面，恸悼逝世的老师，一方面也觉得此时可以到日本去学一些新的知识。因此，便与汪先生商量，终于得到同意，允许我去，同时我亦来脱离中大关系。我便请吴梅先生向日本东大教授盐谷温博士介绍我。去年底，我到日本访问盐谷，交涉入学，次年三月初报名，参加考试，及格，入大学院研究。到六月暑假回南京。当时我又感觉到即或留了学，回国后没有事，怎么办！那时有人约我到药专校去兼教国文，我教了一些日子，实在感觉不到兴趣，所在十月我又再去日本。当时既已觉得自己已经进了学校，也看到一些书，听过先生的指导，自己可以自学。我只好准备搜缴平时论文，那时我埋头搞日文，长进很快，我开始着手铃木虎雄《赋史大要》的译述（已于一九四二年在上海正中出版），我此时的心理，感到我学好了日文，将来可以吃翻译饭。学校如果有人事问题，我就可以到上海住亭子间过卖文生活。我先住在神田，后来搬去成城学校附近祖师ヶ谷，同住的是高师两位同学，一名伍衍之，一名李伯弈，两人已在抗战中死去，我曾有诗哭之。其他接触的人不多。当时日本法西斯统治很严，日本便衣警察对中国留学生行动随时监视，动不动打扰人，或者驱逐出境。因此，我除上学、买书、游玩外，不敢参加其他活动，留日时期的学生证，现尚可找一找。

一九三七年六月暑假，我回到了南京，不久日本法西斯军队发动七七事变，国民党反动派抱不抵抗政策，便在八月初疏散南京人口，我母亲在此时病故，埋在汤山一个公墓里，家里的人同我亲戚便先趁轮回川，我暂时留在南京。那时汪先生已辞职到西安。文学院长由楼光来先生担任，系主任由胡小石先生担任。同时聘了赵少咸先生来任语言文字方面教授。在八月中，日军敌机已经开始轰炸南京，学校不得不急筹内迁，我当时便附轮到武昌等待消息。在十月内又回南京，搬运未搬东西。那时才知道学校决定搬重庆，因此我就回四川成都。到十二月方同赵先生到重庆，赁居在沙坪坝岩口下的刘家大院。学校开课后，我除担任大一国文外，并担任了中文系的经学史和《汉书》两课，当时系里好些同事教课都起劲。

可是到一九三八年暑假，系内便发生人事摩擦，经过一些曲折才了事。后来胡先生辞了职，系主任就由楼先生兼着。这时药专搬在重庆磁器口，该校教务又约我代了短时的国文课，当时好些同事相约出一种学报，定名《学林》，并推汪旭初先生任社长（此时汪在重庆），向中宣部登记，由我和钱堃新（子厚）、黄焯（耀先）、潘重规（石禅）四人主编，大家分出一点薪资，又向外募了一点，但只印了两期即停下，刊物内容，是刊登文史和语言问题方面的文字。在这时期，留日学生在重庆成立总会，由我姨妹赵岷告诉我，我填了所登的一张登记表。以后因轰炸关系，很少进城，也没参加开会。记得当时的会长是许世瑛。

（五）由中大转川大教书时期

一九三九年暑假后，一些同事因久不改名义，而其他学校又需要人，因此，各人以人事关系都离开了中大。于是黄耀先去武大（时在乐山），钱子厚去贵大（贵阳），潘石禅去东北大学（时在三台），我去川大（时在峨眉）。初先金静安先生介绍我去东北大学，名义是副教授。后来赵先生自成都回，传言川大方面聘我，向宗鲁先生（已故）介绍，说是桑梓之地，不必去东北大学。当时我答应去。可是先要把名义和功课弄明白。后来商定教文学或语言均可。名义，本年讲师，一年后改副教授。我在十月初经成都转峨眉（到川大之先，已经去中大上了课，除大国文外，还开一班《史记》），到后，见着了文学院长向先侨先生，中文系主任李炳英先生，教授向宗鲁先生、龚向农先生，史学系教授祝屺怀先生、蒙文通先生等。向先侨先生和龚、祝两先生，是我读高师时的老师，向宗鲁先生在重庆见过，是赵先生的朋友，我与李先生多年前在成都公学同过事，蒙先生也是多年就相熟的。功课决定由我教的是一班文字学，一班声韵学，一班训诂学，以后好些年功课，名称确有变更，但是都围绕这方面在进行教学（月薪初数现已记不清）。教了一年，我就提出践诺的话，后来名义改了，可是系主任李先生不大痛快我，为什么？因为我不是他的学生，觉得我不受调教，因此他要拿小鞋给我穿。

当时学生本分做文学、语言两组，此时李把我的课排在语言组，而他使用两面手法，劝语言组的学生转入文学组，这和他在成都同我所说的和他到峨眉后所进行的办法是两样。我到峨眉，知道这种情形，终于向李先生质问，因此发生一大段纠葛。后来系主任由向宗鲁先生兼任。从此李先生便怀恨我。我往后之所以招致许多对自己不利的事情，其根植便在此。第三学期开始，向宗鲁先生到峨眉不久即病故，系主任由院长向先生兼。这时我渐渐和向先生熟起来。到第三学年终了，李先生回到成都，写信给先生表示："我不能老死荒山。"因此他就到华西协合大学去教书。因为峨眉生活苦，好些人都不愿去，他这一做，就大大撤了台。向先生在这时就添聘了李源澄先生（现任西南师范学院副教务长）、邵祖平先生（现任川大中文系教授）、潘石禅。到峨眉后，那时伪教育部规定大学教师等级，我在此时改任教授，补了著作。同时得到向先生助手郑异材（我在初教成都公学时老学生，现在四川师范学院任教）的支持和向先生的信任，就把系务给我代理，我这时觉得有机会可以干一番事业，就打起精神，注意系务，计划计划，当然我的名位思想更滋长起来。但是，这对我并无好处，无形中以后我便成了箭靶子。不久，程天放调职，黄季陆来接任，峨眉山就发生一场激烈斗争。黄一到，便扬言要把川大搬回成都，向学生许了一些诺言，这正合了大家要回成都的心意。在寒假中，川大就这样开始搬回成都。

我在峨眉，自同李先生交恶之后，时常防他来打击我（有许多事情，曾由向先生转述给我：如李当时曾找省府秘书长李伯申出来讲话等），因此，我依靠向先生非常紧，因为有些问题，他是可以挡住的。（李去年还任四川师范学院中文系主任，现住南充。）

在峨眉时的生活，除编讲义、看书外，课余则不时在报国寺门外喝茶。当时住在一处的，有吴君毅先生（现任川大教授）、叶石荪先生（现任西南师范学院教授）。有个时期，我同叶先生还学了法文。我又给龚向相先生的孙女怡孙补国文，又给当时教务长沈复斋先生（现任北大哲学系教授）的儿子铭谦、女儿铭贞，内侄女杨培荪、培谷、培英，侄儿培良等补习过国文。学生中比较熟的是孙祖武和刘芃如。（孙现在省立第一初中做教员，在抗战前，他在南京未考上金大时，我曾介绍他到苏州进章氏国学讲习会读书。刘是外文系学生，龚先生的亲戚。毕业后，去中文系语言组做了一年助教，后来去当翻译，到英国留学，现在香港《大公报》任编辑。）还有外文系学生朱遗勋同学同郑异材熟，他会刻图章，要开展览，我给他题过字。后来回成都。他回学校任助教，常约喝酒，也就熟起来，直到现在。在峨眉山这一段，真是过着天地很窄的生活，几乎没有把国家事放在脑子里，对抗战消息也不大关心。只是有时躲飞机，痛恨日本强盗。曾经以假期回成都，遇到大轰炸，当时死伤很多，感到日本强盗太残忍，非常仇恨他们。后来美军参战，我对于所谓“来华助战洋人，军民一律保护”的美国佬的胡行乱为，感到愤怒，并不觉得他们对我们有什么帮助，而是一些野兽在横行霸道。在一九四一（？）年，郑同我及周癸叔（已故）、叶石荪、曾君一、杜仲陵、李哲生（现住四川文史研究馆馆员，原任川大教授）和在乐山的程千帆、沈祖棻以及学生中的陶道恕（向先生的外甥），结了一个诗社名午社，作了以此禊集，各人作了诗以示风雅，这是在峨眉山一件最无聊赖的玩意，以后没继续。

回成都后，我同时在私立建国中学兼课，是由杜仲陵介绍去的。成都当时的环境很复杂，地方封建势力和军阀势力很大，在这种情形下，我一个初出来任事的人，虽然一心要把系务办好，可是无法压过这些势力，终于任满一年后，向先生就告诉我只做教授，另外向先生就请由中大请假回家养病的赵少咸先生出来担任系主任。这时林山腴、庞石帚两先生回校任教（当时两先生去华西任教）并增聘了程千帆任副教授，陈志宽、刘君惠（现任四川师范学院中文系教授）、钟佛操（现任四川邛崃高中语文教员）、吴英，连同原在峨眉已经聘了的赵幼文任讲师。这一来川大中文系改了一些面目，可是其他没进入川大的人（尤其是川大毕业的）就很侧目，也就认为我们成了一个宗派，我便成为蒙怨和攻击的对象。在这时候，有两桩事使向先生不高兴，那就是：赵要程千帆教诗选，不要他教；郑异材是向先生的心腹，这时只专任文学院职，不教书。这便伏下一年级发生事故的种子，也就成为向、赵不合作的原因。而郑在此时既不能得其所欲，又因教书不负责，被赵先生裁抑，因此心中对我也起仇恨。至一九四四年暑假，为了我姨妹考试问题，由于我多管闲事，便同新生院主任张登寿斗了嘴，程千帆也帮了两句。因我平时对黄看不起，他很不满意我，此时便因此事惹动了黄季陆，加以向先生和郑一年来对我的不满，结果把赵先生掀下台，把我同程千帆解聘。系务由向先生自兼，系中部署，就由郑联络和他相熟的一些人来搞，后来成为尾大不掉，无论谁做主任，都得受他们的控制，遂有“郑丞相”的绰号，这是全校都知道的，而中文系的局面从此便陷于专门对付人事的状态。

赵先生任主任时，为了扩大学生学习视野，在一年级部署了请人做专题报告，学生感兴趣。后来部分学生组织了一个中社，专门作旧诗词，请我和潘石禅作指导，出了一本《中声集》。这些学生内，有沙兆骅（现任四川省立第一女子中学语文教员）、苗安庆（现任四川仁寿中学语文教员）等。他们这个组织，有无政治活动，我不知道。

（六）到礼乐馆时期

当我和程千帆被黄解聘时，我当时觉得因小事连累程，真不过意，因此我便写信给当时任礼乐馆馆长的汪旭初先生，汪就写信给于右任向黄转圜。我在这时，闲着无事，便到成都少城公园去听西藏东本极西（极西是西藏学位名，同于一般所谓博士）讲“菩提道次第略论”，听些成、住、坏、空的道理，由法尊任翻译。汪先生后来要我到重庆，就去北碚看他，他就留我在礼乐馆任礼制组编纂，主任是卢前（已故），月薪是五百二，比川大多四十元。这样使我便转入做“鲁诸生”的一段生活，而为统治阶级上层帮凶的“叔孙通”像汪先生这样的人的助手。可是那时我又请假回成都住着，仍去建中兼了一时间的课，再回北碚。时间约一年。同时中大中文系主任汪辟疆先生又约我回中大任课。因此，胡小石先生不满意我，对我找了一些麻烦。在这时，我会见了在上海曾会见的孙鹰若先生。（是在章太炎先生处见到孙，孙是黄季刚先生的早年学生，此时任中大师院国文系的教授。胜利后，殁于安庆，我有诗哭之。）他介绍了王仲荦先生（当时任中大师院国文系讲师）同我认识。接受胡先生对我这一教训，我更感到宗派斗争互相倾诈之利害。

一九四五年暑假，川大又续聘我，以后我便两面兼着，半年在川大，半年在礼乐馆，一直到礼乐馆关门。因为我这样做，郑异材等是愿意的。

当胜利时，汪先生先回江苏，我为他在复旦大学代授半年课。我这时同陈子展先生比较熟起来，以后往来较密。

在北碚时（礼乐馆设在北碚），又为杜钢百拉去他所办的草堂国专兼课，完全尽义务。钢百是杜仲陵的堂兄（现任西南师范学院教授），早年在上海相识。此时同顾颉刚先生、熊十力先生等碰了头，但无甚往来。工作之余，因为天热，大半在江边茶铺喝茶，和同学聊天。人民大众的事，根本没考虑。可是去这里一家店子匾额写了“人人为我，我为人人”八个字，说是陶行知先生的主张，当时感到这意见不错。

这年八月，我乘复员交通工具，到了南京，我去看了我母亲的葬地。直到十月，礼乐馆馆址才定，但尚未正式办公。那时有同事郑颖荪的儿子曾祐从台湾回来，谈到台湾情形，我当时闲着无事，又觉得费用不大，又想买一些日本出的语言学的书。听人说章行严先生已去过，因此同郑君到台湾玩了一趟。住在台北，到各处玩，近两月光景，买了二三百册日文书，便在十月中旬后回南京。去台湾所见所闻，感到台湾同胞在日本殖民者压榨之下，真是剥削惨重，民不聊生。由基隆到宜兰，曾见到一些同胞只穿着用麻袋做的衣服，非常同情他们所过的贫穷生活。我回南京不久，便见报载有十二月暴动事件发生。虽然当时台湾的人民被血腥统治者残酷屠杀，而没有达到他们的成功，但是也就显出台湾人民的革命性和战斗性来。今天，我们说，一定要解放台湾，我想台湾人民所具有的革命潜力一定会起来推翻法西斯的残余统治而回到祖国的怀抱的。郑曾祐当时是去台湾省公矿局任职员，回来后，当时曾去过一封道谢信，以后即断绝来往。

在礼乐馆一段时期，写过一篇《丧服通说》，拟过《丧服草案》，还写过讨论《丧服》的文字和《论礼乐馆的使命》。这个工作，我早就感觉无聊，所以我挑来要做的，完全是和现实极其相远的东西，汪先生也以为我可以搞一搞像《三礼》那样的封建货色。在这种为国民党反动派头子所做的粉饰太平的工作，我文章里还引用了蒋匪所著的所谓《中国之命运》里面的话，实在非常可耻。

礼乐馆的同事，有杨荫浏先生（现在北京国立音乐院工作）、吴南青先生（现在北京中国戏剧学校工作），去年在北京一个戏剧观摩会上曾碰到过。有冯伯华先生（是我川大的学生，现在北京机械学院任语文教师）常通信。

在礼乐馆时期，当时“中央文化运动委员会”开会，常常通知馆务派人出席，我曾以院长之命去参加过，一次是开的欢迎黄正清（青海藏族政教首领）的会；一次是座谈时事，记得是对党不利的一些议论，当时我很茫然，就回来给馆长报告了事。

可是后来报上所载，有馆中同事告诉我，说是到会有某某等，把我的名字列上。我当时很诧异，知道这是骗局，不过假借名义用作宣传。但是当时在血腥统治下，我亦无法出来声明我是代表机关，不是个人身份。从此以后，派到我，我只好借故不去。好在我们的馆长是名士作风，对这些事，亦是虚应故事。可是今天再仔细想想，这也因自己思想上有毛病，所以才去，不然就会干脆不理。

在胜利后到南京，这一阶段生活，真是麻痹到极点，关于党和国民党反动派所作的斗争，初先一点也弄不清楚，国民党反动派的宣传，当然在那时也不要人弄清楚。自己鸩于安乐，以为天下真太平了，自己又在搞粉饰太平工作，这怎能使自己清醒过来！而另一方面，原先沾染了的一些名士臭习气，这时便具体地表现在作诗上，所作的诗，有些是忆旧，有些是应景，只是糊弄，都请过汪先生辟疆斟酌。一些好事和帮闲的人，一见着便谈这玩意儿。当时本来在老师辈和同辈中懂这一套的多，自己搞不来，所以也觉不好意思，而乱学起步来了。写的这类诗，空洞无聊，毫无一点现实意义。现在再检查，不但如此，有时还站在反动立场上说话。重九登高作诗，还捧了几个匪徒，勉强和韵，自己冒充名士，说瞎话，这不是别人来牵起自己的鼻子走，而是自己的反动思想本质在作怪，不然何以发出这些呓语来呢！因此，自己的脑子在此时已是受毒很深，被国民党反动派的宣传所笼罩蒙蔽，竟到了看不见人民力量和人民事业的进展。这时在反动报纸上或刊物上，登了我的诗，我很得意，真不知天高地厚。自己所受封建文化的遗毒实在太厉害了。一直到新中国成立后，还有时紧紧地抱着不放，这能和人民的利益相符合吗？今天只有严格地拿出来批判。如果没有正确的立场，丰富的内容，正可以不必浪费纸笔。在这时期，在《上海新闻报》(？)副刊《青鸟》，曾征求我的诗稿，我当时就很轻率地寄去了几首诗，过后没有和他们中间任何人碰过头，不知道有哪些人物。《铁道周刊》上的《饮河集》，由潘伯鹰主办，先由杨廷福把我的诗抄给他，所以上面有我的诗。《武汉日报》的文学副刊也登过我的诗，这是由程千帆交去的。总之，在这一段时期，我不健康的情绪特别厉害，所以胡诌其诗，被人要去或转抄乱登出来，无可讳言。这完全是腐朽的名利思想和名士作风的具体表现。这样浪费纸笔，于人民痛苦，有何干涉；于人民事业，有何好处？这种自我陶醉臭名士的追求意念，应该早日从思想上取消，不然会大大阻碍自己的改造的。

(七)在第二次到川大以后

我在礼乐馆时期，当时有个企图，希望在上海大学里进行教书工作，可以摆脱川大的人事关系，好搞一点真实学问。为自己将来打算，实在应当如此。可是以人事关系，未能如愿。在川大方面，这几年来，中文系的领导有了不止一次的变动。向搞不好，他便推出潘石禅来搞，潘走了，他又兼，又搞不好，他便推出林山腴先生来挡。林先生代了一年，才由他推出曾圣言来搞。其实这背后都是郑异材所联络的一批在搞，潘、向、林、曾，不过负个名，直到新中国成立才完全把这个坏局面根本解决。在新中国成立前的几年间，他们是把我和赵先生所请来的人算作一起，他们是要以川大同学来号召，这也是当时黄季陆所玩的一套。当然在这时候说不上有道理，完全是利害冲突。因为这样，我是早就有心离开，当然对他们不满的情绪非常强烈。在曾圣言任系务时，我曾告诉他：要把中文系办好（当然当时所谓的好是有限度的）一定先要自己动手，不要假手于人。可是曾的想法不一定同我一样，我说的话是多余。自然在这种情形之下，我有点爱管闲事，充分表现自私，太无涵养。他们最后还想别有拥戴，向谢文炳同志靠拢，可惜未能兑现。

新中国成立前，我在川大这一长段时间，受人事纠葛影响很大，常常悔恨第一不应该去，第二不应当和地方力量相撞，把好些宝贵时间都空耗了。如果无人事干扰，从容讲学，对学术发掘必更深入，也更愉快。从讲过的课程论，只写了一些讲义，如《中国语言文字学导论》《中国语言文字学》《中国声韵学概要》《中国语文学概说》《论古音定读》《果赢转语记疏证》等，不过几十万字，未能大大发挥，达到拟定愿望，真是遗憾。在川大迁回成都后，我和系内先生办过《文学集刊》。印行二期（川大印行），也无甚表现，对于人民事业只有阻碍作用，毫无贡献可言。我写的讲稿，从今天看来，当然还要重新批判，才可保留，否则还是白费工夫。

（八）关于同学会等的一些活动

以下补谈一些关于同学或同学会的活动。

在胜利前，大学教书，人事派别的倾轧很厉害。曾由在成都大学里教书的一些同行，商组一个出版社，作为发表大家文章园地，取名华夏，当时相约，在川大的有杜仲陵、曾君一、赵幼文、潘石禅、陈志宪、刘君惠和我。在金大的，有高文、孙望（原金大中文系主任，现状不详）和程千帆，又由程约在西北大学的高明。当时拟每月各抽出百分之一薪资，放在银行生利，可是交的人很少，存的又因伪法币贬值，化为乌有，又因在胜利后，各人四散，此事遂罢。

在过去因同学关系，出身联中的，有石室学会。在成都教育界过去也用此来攀拉关系，我是联中出身，也参加过这个会，但次数极少。在成都印过一本《石室学报》，我参加编辑，上面有我的一篇《中国语言文字学导论》。新中国成立后，已取消，无任何活动。

成都高师毕业的，也有个明远学会，过去在四川教育界所谓“高师帮”是有相当的恶势力，一些钻中学校长、教育局局长的，便拉扯这些关系。我是在抗战时期去川大教书，回成都时，曾参加过一两次聚餐会。在胜利后，我同届毕业的，也有过两三次的聚餐会。新中国成立后，这些关系早已断绝，该会已取消，无任何活动。

在中大毕业的，也有南高、东大、中大同学会。在抗战期间，因为四川籍学生进中大的多，毕业后这种同学关系比以往活动。因此成立成都分会，我去参加过几次，因此和过去同学及后来的同学会见了一些，如余霈华（民革，闻现在重庆工作）办成都市立中学，便拉我去兼教过国文。新中国成立后，已取消，无任何活动。

同乡会，过去也盛行。我去川大，同乡学生开会时，曾请我去过。新中国成立后，已取消，无任何活动。

由于同学关系，竟至酿成别人利用我，而我亦太糊涂，这便是下面要谈到的大川学院的事件。

（九）大川学院事件

我思想上有毛病，留给敌人以缺口，这便是“大川事件”。（整理者按：此下内容有缺）。

1.关于坦白交代问题，本人在思想改造及忠诚老实运动时，早已交代清楚，原写材料可以复查。现在鉴于胡风集团所办《七月》等刊物问题，再就本人曾经发表过文章情况，加以说明：（1）《论古音定读》，曾在《文化先锋》上载过。（2）《果赢转语记疏证叙说》曾在《学原》上载过，这两篇都属于语言学问题讨论，原是我在川大的讲稿，后一篇全文十余万字，在川大《文学集刊》上全载过。当时投稿，是个人名利思想作祟。（3）在《上海新闻报》（？）副刊《青鸟》上，曾登过我的旧诗，该刊曾征求我做社友，当时以系小玩意，写过几首去，此外根本没同其中一个人往来过。又《饮河集》上和《武汉日报》文学副刊上亦登过我的旧诗，是由友人辗转抄去的。登诗事，在忠诚老实运动时，曾问过负责检查同志，认为无关系，故未写上。

2.关于检举方面，现无确实材料。

殷孟伦

一九五五年七月十五

《山东大学中文论丛》稿约

1.《山东大学中文论丛》是山东大学文学院主办的学术刊物，每年四期，由山东人民出版社发行。本刊加入知网及其他公共网络平台，作者如有不同意见，请接到用稿通知后回复说明。

2.本刊发表海内外关于中国语言文学研究的论文、科学考察报告、学术札记，以及与中文学科相关的人物传记、回忆等。

3.欢迎教师科研人员及文史爱好者赐稿，尤其欢迎青年同志包括在读本科生、研究生赐稿。本刊以质论稿，不讲身份。

4.来稿要求及注意事项：

（1）稿件用简体汉字，现代汉语标点。篇幅一般在一万字以内，特殊情况可以不受字数限制。

（2）稿件内容包含标题、作者姓名及单位、摘要、关键词、正文。注释采用脚注，不设参考文献。未依本刊格式的稿件，将不能进入审稿程序。

脚注格式如下：

①期刊　洪子诚：《关于五十至七十年代的中国文学》，《文学评论》1996年第2期。

（注：如文章有三个以上的作者，仅列前三个，后加“等”）

②专著　冯尔康：《中国社会史研究》，天津人民出版社2010年版，第20页。

③译著　［美］奈斯比特：《大趋势：改变我们生活的十个新方向》，梅艳译，中国社会科学出版社1984年版，第26页。

④析出文献　林穗芳：《美国出版业概况》，见陆本瑞：《世界出版概观》，中国书籍出版社1991年版，第40页。

⑤报纸　丁文祥：《数字革命与竞争国际化》，《中国青年报》2000年11月20日。

（3）须另纸注明工作或学习单位、通信地址、电子邮箱、手机号码等联系方式。

5.本刊实行专家匿名审稿制度，基本审稿周期为两个月。无论采用与否，都将以电子邮件的方式通知作者。

6.来稿一经采用，即付稿费，每千字100元，并赠送样刊2册。

7.凡教师推荐学生稿件，需在文末注明教师身份为“特约审稿人”（即推荐人），并付给审稿费每篇200元，赠送样刊1份，以示尊重。

8.本刊推荐使用电子文档投稿，请将稿件发送至shandazhongwen@163.com。纸本投稿请寄送至：山东省济南市山大南路27号山东大学文学院《山东大学中文论丛》编辑部收，邮编250100。